KB142648

먼 곳에서 보낸 편지들

레닌 전집 후원회

강건	강건영	곽호정	권성현	권용석
권일천	김가온	김누리	김건수	김경내
김동석	김로자(정우재)	김미르	김상철	김서룡
김성인	김성봉	김성훈	김영규	김영범
김요한	김우철	김은림	김지유	김태균
김태영	김태훈	김향진	김현우	김형철
김희란	나석채	나수빈	노동자의책	노준엽
단풍	또토	몽실아빠	민들레홀씨	박경순
박민하	박상흠	박세휘	박원일	박윤종
박정직	박준성	박채은	박회송	배예주
백건우	백종성	백철현	볼셰비키그룹	서인형
손민석	손형선	송기철	신유재	신정욱
심우청	안분훈	양준호	양찬우	엄길용
왕승민	우빈	우종우	월간 워커스	유가람
유재언	이교희	이김건우	이대명	이동현
이문열	이민중	이성철	이원호	이은경
이주용	이지수	이태진	이평세	이희욱
임세환	임용현	임재성	장형창	전경민
전경진	정경직	정나위	정동헌	정연용
정영섭	정진헌	조명숙	주동빈	지동섭
채재웅	채주병	천미라	초라	최명숙
최의왕	최정환	함진철	허영식	혜경
홍정익	황형수	∀	Ted Kim	

065 레닌
전집

Владимир
Ильич
Ленин

먼 곳에서 보낸 편지들

이정인
옮김

AGORA

차례

일러두기

1. 본 전집의 대본은 V. I. Lenin, *Collected Works*, Progress Publishers, Moscow다.
2. 주석은 모두 각주로 처리했으며, 저자 주는 주석 앞에 '레닌 주'라고 표기했다. 원서 편집자 주는 주석 뒤에 '원서 편집자', 옮긴이 주는 '옮긴이'라고 표기했다.
3. 원문에서 이탤릭체로 강조된 것은 고딕체로 표기했으며, 볼드체로 강조된 것은 굵은 글씨로, 대문자로 강조된 것은 권점을 사용해 표기했다. 밑줄이 그어진 것은 동일하게 처리했다.
4. 신문이나 잡지의 이름은 우리말로 번역되어 익히 알려져 있거나 사용되고 있는 경우에는 번역된 우리말로 표기했으나, 그렇지 않은 경우에는 소리 나는 대로 표기했다.
5. 날짜는 러시아 구력이며, 신력을 표기할 때는 구력을 먼저 적고 괄호 안에 신력을 표기했다.

부르주아 평화주의와
사회주의 평화주의

레닌은 이 글을 망명한 러시아 사회주의자들이 뉴욕에서
발행하는 《노비 미르Novy Mir》('신세계'라는 뜻)에 실을 생각이
었다. 그러나 《노비 미르》에는 게재되지 않았고, 앞의 두 장을
고쳐 쓴 수정본이 1917년 1월 31일 《사회민주주의자Sotsial-
Demokrat》[1] 마지막 호(58호)에 「세계 정치의 전환A Turn in
World Politics」(이 책에 수록—편집자)이라는 제목으로 발표되었
다.—원서 편집자

1장
세계 정치의 전환

전환이 시작됐거나 시작될 징조가 나타나고 있다. 제국주의 전쟁에서 제국주의 평화로의 전환 말이다.

I 1908년 2월부터 1917년 1월까지 비합법으로 발행된 러시아 사회민주노동당의 중앙기관지. 통권 58호가 나왔다. 1907년 런던에서 열린 러시아 사회민주노동당 5차 대회의 결정으로 창간되어, 첫 호는 러시아에서, 2호부터는 파리에 이어 제네바에서 발행되었다. 러시아 사회민주노동당 중앙위원회의 결정에 따라 편집위원회는 볼셰비키와 멘셰비키와 폴란드 사회민주주의자들의 각 대표자들로 구성되었다.

레닌은 이 신문에 80여 편의 논설과 기사를 썼다. 편집위원으로 있는 동안 레닌은 일관되게 볼셰비키의 입장을 유지하였다. 그는 1911년 12월부터 《사회민주주의자》의 편집위원으로 활동하기 시작했다. 레닌은 신문 발간의 전 과정을 감독하고, 내용을 기획했으며, 기사를 편집하고, 디자인과 인쇄 문제까지 관여했다. 제국주의 전쟁이 벌어지는 동안 이 신문은 전쟁 문제에 대한 레닌과 볼셰비키의 입장과 슬로건을 전파하는 역할을 톡톡히 했다. 《사회민주주의자》는 혁명적 노동운동의 가장 중요한 문제들을 다루었고, 전쟁의 제국주의 목적과 함께 사회배외주의자와 중앙파의 위선적인 말과 기회주의적 실천을 폭로했으며, 제국주의 전쟁이라는 상황에서 프롤레타리아트의 혁명적 투쟁의 올바른 방향이 무엇인지 가리켰다. 《사회민주주의자》는 은밀히 유통되거나 중요한 기사를 지방 볼셰비키 신문에 게재하는 방식으로 러시아 국내에 전달되었으며 전시 상황임에도 불구하고 여러 나라에 전달되었다.—원서 편집자

두 제국주의 연합 모두 완전히 탈진했음은 분명한 사실이다. 전쟁을 지속하기는 어려워졌다. 자본가 일반, 특히 금융자본이 더 이상 저 추악한 '전쟁' 이윤이라는 형태로 인민을 벗겨먹기는 어려워졌다. 전쟁으로 막대한 이윤을 창출한 미국, 네덜란드, 스위스 등 중립국들의 금융자본은 충분히 배가 불렀다. 원자재 및 식료품의 공급 부족은 이 '벌이 좋은' 사업을 계속하기 어렵게 만들었다. 독일은 주요한 제국주의 경쟁자인 영국의 동맹국을 하나라도 없애려고 열심히 노력하고 있다. 독일 정부는 평화 성명들을 발표하고 있고, 그 뒤를 이어 여러 중립국 정부들이 비슷한 성명들을 발표하고 있다. 이런 것들이 가장 주요한 징조들이다.

빠른 시일 안에 전쟁이 끝날 가능성이 있는가?

이 질문에 확실한 답변을 내놓기란 굉장히 어렵다. 다만 우리가 보기에 두 가지 가능성이 꽤 명확하게 드러나고 있다.

첫째, 일반적인 공식 성문조약 형태는 아니더라도 독일과 러시아 사이에 단독 강화 조약이 체결될 가능성. 둘째, 그런 평화 조약이 체결되지 않고, 영국과 그 동맹국들이 실제로 한두 해는 더 버틸 가능성. 첫 번째 경우에는 당장은 아니라도 가까운 미래에 전쟁이 끝날 수밖에 없으며, 그 과정에서 중대한 변화가 일어나리라고는 기대할 수 없을 것이다. 두 번째 경우에는 전쟁이 무한정 길어질 수도 있다.

첫 번째 경우를 검토해보자.

최근에 독일과 러시아 사이에 단독 강화 협상들이 이루어졌다는 것, 니콜라이 2세(Nicholas II) 자신 또는 가장 유력한 궁정 도당이 그 강화를 지지한다는 것, 독일에 맞서는 러시아·영국의 제국주의 동맹에서 영국에 맞서는 러시아·독일의 제국주의적이기는 마찬가지인 동맹으로 세계 정치의 전환이 일어났다는 것, 이 모든 것은 의심의 여지가 없다.

슈튀머(Stürmer)가 트레포프(Trepov)로 교체된 것[2], 모든 동맹국들이 콘스탄티노플에 대한 러시아의 '권리'를 인정했다고 차르 정부가 공개적으로 선언한 것, 독일이 별도의 폴란드 국가를 세운 것[3], 이 징조들은 단독 강화 협상이 실패로 끝났음을 의미하는 듯하다. 어쩌면 차르 정부는 단지 영국을 협박해서 학살자 니콜라이의 콘스탄티노플에 대한 '권리'를 공식적이고 분명하게 인정받고 그 권리에 대한 모종의 '중대한' 보장을 얻어내려고 강화 협상을 시작했을 수도 있지 않을까?

러시아·독일·영국이라는 세 개의 주요 제국주의 경쟁자

---

2   보리스 슈튀머(1848~1917년)는 1916년 1월부터 11월까지 제정 러시아의 총리로 재직했다. 독일과의 평화 협상을 추진했으나 실패했고, 두마와 갈등을 일으키면서 해임되었다. 뒤를 이어 총리가 된 알렉산드르 트레포프(1862~1928년)는 영국과 프랑스가 러시아에 콘스탄티노플과 보스포루스를 약속했다고 두마에서 발언했다.─옮긴이

3   1916년 독일은 구(舊) 러시아령 폴란드 지역을 러시아와의 협상 카드로 사용하려던 계획을 버리고 병력 손실을 충원하기 위해 1917년 1월 러시아령 지역에 괴뢰국가인 폴란드 섭정 왕국을 세웠다.─옮긴이

들, 세 강도들 사이에서 벌어지는 약탈품 분배가 이 제국주의 전쟁의 주요하고 근본적인 동기라는 점을 고려할 때, 이런 가정을 믿지 못할 이유가 없다.

한편 최근 루마니아에서 독일이 거둔 승리로 더 짧아지고 강화되고 훌륭해진 독일의 강철 전선을 돌파할 현실적·군사적 가능성이 없다는 것이 명확해질수록, 폴란드를 되찾고 콘스탄티노플을 획득할 가능성이 줄어들수록, 차르 정부는 자신이 독일과 단독 강화를 할 수밖에 없다는 사실을 분명하게 인식하고 있다. 즉 영국에 맞서는 독일과 제국주의 동맹을 맺기 위해 독일에 맞서는 영국과의 제국주의 동맹을 버려야 한다는 사실을 점점 더 명확히 깨닫고 있는 것이다. 그렇게 하면 안 될 이유가 있겠는가? 러시아와 영국은 중앙아시아에서의 약탈품 분배를 둘러싼 제국주의 경쟁 때문에 전쟁 직전까지 가지 않았던가! 1898년에 영국과 독일은 러시아에 대항하기 위한 동맹을 협상했고, 포르투갈이 재정 의무를 이행하지 못할 '경우' 포르투갈의 식민지들을 두 나라가 나눠 먹기로 비밀리에 합의하지 않았던가!

독일 내부의 선도적인 제국주의자 서클들 안에서 성장하고 있는, 영국에 맞서 러시아와 동맹을 맺으려는 경향은 이미 몇 달 전에 분명하게 모습을 드러냈다. 이 동맹의 기초는 분명 갈리치아(차르 정부에게는 우크라이나인의 불만과 우크라이나 자유의 중심부를 억누르는 일이 매우 중요하다)와 아르메니아의 분할이 될 것이며, 아마 루마니아도 분할될지 모른다! 실제로 한 독일 신문은 오스트리아·불가리아·러시아가 루마니아를 분할할 수도 있다는 '암시'를 하기도 했다! 영국에 맞서 러시아와의 동맹을 성사시킬 수 있다면, 아마 일본하고라도 동맹을 성사시킬 수만 있다면, 독일은 차르 정부에게 어떤 양보라도 해줄 수 있을 것이다.

니콜라이 2세와 빌헬름 2세(Wilhelm II)의 단독 강화 조약이 비밀리에 체결되었을 수도 있다. 외교사에는 두세 명 외에는 각료들마저도 몰랐던 비밀 조약의 예들이 있다. 외교사에는 '열강'들이 '전 유럽' 회의에 모이기 전에 주요 경쟁자들끼리 비밀리에 사전 협의를 마친 예들(예컨대 1878년 베를린 회의4에 앞서 터키 약탈과 관련해 러시아와 영국 사이에 이루어진 비밀 합의)도 있다. 특히 현재 러시아 상황이 자칫 밀류코프(Milyukov)와 구치코프(Guchkov)5, 또는 밀류코프와 케렌스키(Kerensky)[6]의 집권

---

4 비스마르크(Bismarck)가 주도하여 베를린에서 열린 회의로, 발칸 반도에서의 열강의 이해관계를 조정하였다.─옮긴이

5 구치코프와 밀류코프는 러시아의 대표적인 자유주의 정치인으로, 2월 혁명 직후 몇 달 동안 임시정부의 각료로서 큰 영향력을 행사했다. 파벨 밀류코프(1859~1943년)는 흔히 카데트로 불리는 자유주의 정당인 입헌민주당의 지도자다. 알렉산드르 구치코프(1862~1936년)는 카데트보다 온건한 자유주의 정당인 10월당(10월 17일 연맹)의 지도자였다. 2월 혁명이 일어나자 밀류코프는 외무장관으로, 구치코프는 육군 및 해군장관으로 입각하여 정국을 주도했으나, 5월 초 전쟁에 반대하는 좌익과 대중의 압박으로 두 사람 모두 사임했다.─옮긴이

이라는 결과로 이어질 수 있다는 이유 때문에 차르 정부가 공식적인 정부 간 단독 강화 조약을 부인하면서, 동시에 독일과 비밀리에 양 '조약 체결국'이 향후 평화 회의에서 이러저런 방침을 공동으로 추구하기로 약속하는 의미의 비공식적이지만 '확실한' 조약을 체결했다고 해도 놀라운 일은 아닐 것이다!

이 가정이 올바른지 그른지를 말하기란 불가능하다. 그러나 어쨌든 그것은 현재 모든 정부들, 즉 부르주아 정부들 사이의 무합병 등의 원칙에 기초한 평화를 말하는 무한정 상냥한 문구들에 비해 천 배나 더 많은 진실을 담고 있으며, 상황을 있는 그대로 묘사하고 있다. 평화를 말하는 그 문구들은 순진한 바람을 드러내는 것이거나, 진실을 가리기 위한 위선과 거짓말이다. 현 시대의 진실, 현 전쟁의 진실, 평화 조약을 체결하려고 시도하는 현 국면의 진실은 제국주의 약탈품의 분배다. 이것이 본질이며, 이 진실을 이해하고 말하는 일, '상황을 있는 그대로 말하는 일', 그것이야말로 진실을 숨기고 호도하는 것을 주된 목적으로 하는 부르주아 정치와 구별되는 사회주의 정치의 근본 과제다.

두 제국주의 연합 모두 어느 정도 약탈품을 챙겼다. 가장 많이 빼앗은 것은 가장 주요하고 강력한 두 약탈자들, 바로 독

---

6   알렉산드르 케렌스키(1881~1970년)는 2월 혁명 직후 임시정부에 법무
    장관으로 입각했고, 1917년 5월 밀류코프와 구치코프가 실각하면서 임
    시정부의 실세로 떠올랐다.—옮긴이

일과 영국이다. 영국은 자신의 영토나 식민지를 단 한 치도 잃지 않고 독일의 식민지들과 터키 일부(메소포타미아)를 '획득했다.' 독일은 식민지를 거의 다 잃었지만, 벨기에, 세르비아, 루마니아, 프랑스 일부, 러시아 일부 등을 점령하며 가치를 따질 수 없을 만큼 귀중한 유럽 영토를 획득했다. 이제 싸움은 약탈품의 분배를 둘러싼 것이다. 각 강도 떼의 '두목'인 영국과 독일은 자신의 동맹국들에게 어느 정도씩 보상을 해주어야 한다. 불가리아와 그보다 조금 못한 이탈리아를 빼고 이 동맹국들은 많은 것을 잃었다. 가장 약한 동맹국들이 가장 많이 잃었는데, 영국 편에서는 벨기에, 세르비아, 몬테네그로, 루마니아가 무너졌고, 독일 편에서는 터키가 아르메니아와 메소포타미아 일부를 잃었다.

지금까지는 독일이 확실히 영국보다 많은 약탈품을 확보했다. 지금까지는 독일이 이기고 있다. 전쟁 전 그 누구의 예상보다도 독일은 훨씬 더 막강했다. 따라서 당연히 되도록 빨리 강화를 하는 쪽이 독일에게 유리하다. (가능성은 높지 않지만) 독일의 상대편에 가장 유리한 상황을 가정한다면, 아직 그쪽에 더 큰 규모의 신병을 동원하는 등의 일이 가능할 수도 있기 때문이다.

객관적 상황은 이러하다. 제국주의 약탈품의 분배를 둘러싼 투쟁의 현 국면은 이러하다. 이 상황이 주로 독일 측과 중립국 부르주아 및 정부들에게 평화에 대한 갈망과 선언 및 성명들을 불러일으키는 것은 당연한 일이다. 부르주아와 그 정부들이 인민을 기만하기 위해, 약탈품의 분배라는 제국주의적 평화의 가증스러운 민낯을 말로, 즉 민주적인 평화, 약소민족들의 해방, 군비 축소 등에 관한 새빨간 거짓말로 가리기 위해 모든 노력을 다할 수밖에 없는 것도 마찬가지로 당연한 일이다.

그러나 부르주아가 인민을 기만하는 것이 당연한 일이라면, 사회주의자들은 과연 자신의 임무를 어떻게 수행하고 있는가? 이에 대해서 우리는 다음 장에서 다루고자 한다.

2장
카우츠키와 투라티의 평화주의

카우츠키(Kautsky)는 제2인터내셔널의 가장 권위 있는 이론가이자, 이른바 독일 내 '마르크스주의 중앙파'의 가장 유명한 지도자고, 독일 의회 내 분리 그룹인 사회민주주의노동그룹(하제(Haase), 레데부어(Ledebour) 등)[7]을 조직한 반대파의 대표자다. 독일에서 몇몇 사회민주주의 신문은 지금 강화 조건에 대한 카우츠키의 글들을 싣고 있는데, 그 글들은 (널리 알려진) 평화 교섭을 제안하는 독일 정부의 공문[8]에 대한 사회민주주의노동

---

[7] 사회민주주의노동그룹은 독일 사회민주당 의원단에서 탈퇴한 중앙파 의원들이 1916년 3월에 만든 의회 그룹이다. 휴고 하제, 게오르크 레데부어 등이 지도자였다. 이 그룹은 《로제 블래터*Lose Blätter*》를 발간했고, 1916년 4월까지는 《포어베르츠*Vorwärts*》의 주도권을 쥐고 있었다. 《포어베르츠》에서 중앙파가 밀려난 후, 그들은 베를린에서 중앙기관지로 《미타일룽스블래터*Mitteilungsblätter*》를 발간했다. 이 그룹은 베를린 조직의 다수의 지지를 받았다. 사회민주주의노동그룹은 1917년 4월에 건설된 독립사회민주당의 중추가 되었다. 이들은 사회배외주의자들에 대해 불명확한 태도를 취하며 그들과의 통일을 옹호했다.─원서 편집자

[8] 1916년 12월 12일, 독일은 동맹국이 1차 세계대전에서 상당한 승리를 거둘 수 있음이 증명되었다며 협상국 측에 평화 교섭을 제안하는 외교 공문을 발표했다.─옮긴이

그룹의 공식 성명을 해설하고 있다. 독일 정부에게 확실한 강화 조건을 제시하라고 요구하는 이 성명에는 다음과 같은 특징적인 구절이 있다.

"이 [독일 정부의] 공문이 평화로 이어질 수 있기 위해서는 해외 영토를 합병하거나 정치적·경제적·군사적으로 다른 나라, 다른 민족을 종속시키려는 모든 생각을 모든 나라가 확실히 버려야 한다."

카우츠키는 자신의 글들을 통해 이런 입장을 해설하고 구체화하면서 콘스탄티노플이 러시아에 넘어가서는 안 되며 터키가 그 누구의 속국도 되어선 안 된다는 점을 자세하게 '증명'하는 일에 착수한다.

카우츠키와 그의 동료들의 이러한 정치적 슬로건과 주장들을 면밀히 살펴보도록 하자.

러시아, 즉 독일의 제국주의 경쟁자에 대해, 카우츠키는 추상적이거나 '일반적인' 요구들이 아니라 매우 구체적이고 정확하고 분명한 요구를 한다. 콘스탄티노플이 러시아 손에 들어가면 안 된다. 이렇게 그는 제국주의의 **진짜** 의도를…… 러시아 제국주의의 의도를 **폭로한다**. 하지만 독일, 즉 카우츠키를 당원으로 간주하는(그리고 그를 당의 가장 중요한 지도적 이론 기관지 《노이에 차이트 *Die Neue Zeit*》9의 편집장으로 임명한) 당의 다수가 부르주아 및 그 정부의 제국주의 전쟁 수행에 협조하고 있는 나라의 문제로 넘어오면, 카우츠키는 **자국** 정부가 지닌 제국주의적 의도들을 구체적으로 폭로하지 않고, '일반적인' 희망이나 입장에 머무를 뿐이다. 터키는 그 누구의 속국도 되어서는 안 된다고!!

카우츠키의 정책이 프랑스와 영국의 전쟁파, 다시 말해 사회배외주의자들(즉 말로는 사회주의자지만 실천에서는 배외주의자들)의 정책과 실제 내용에서 무엇이 다른가? 그들은 독일의 구체적인 제국주의 행보들은 노골적으로 폭로하는 반면, 영국과 러시아에 정복당한 국가나 민족 들의 문제는 '일반적인' 희망이나 입장으로 덮어버린다. 그들은 벨기에와 세르비아의 점령에 대해서는 목소리를 높이면서도 갈리치아, 아르메니아, 아프리카 식민지들의 점령에 대해서는 침묵한다.

실제로 카우츠키의 정책과 상바(Sembat)와 헨더슨(Henderson)의 정책은 모두 경쟁국과 적국의 사악함에 관심을 집중시키는 반면, 그와 똑같이 제국주의적인 '자국' 부르주아의 행위

---

9 '새 시대'라는 뜻. 독일 사회민주당의 이론지로서 1883년부터 1923년까지 슈투트가르트에서 발행되었다. 1917년 10월까지 카를 카우츠키가, 그후에는 하인리히 쿠노(Heinrich Cunow)가 편집을 맡았다. 마르크스와 엥겔스의 몇몇 글들이 이 잡지에 처음으로 발표되었다. 잡지를 위해 자문을 맡았던 엥겔스는 이 잡지가 마르크스주의로부터 이탈했다고 빈번히 비판했다. 1890년대 후반 엥겔스 사후에 수정주의자들의 글을 체계적으로 실었다. 이 글들 가운데에는 마르크스주의에 반대하는 수정주의 십자군전쟁을 시작한 베른슈타인(Bernstein)의 "사회주의의 제문제"라는 제하의 일련의 논문이 포함되었다. 1차 세계대전 동안 이 잡지는 사실상 사회배외주의를 지지하는 중앙파 입장을 취했다.—원서 편집자

에는 애매모호한 일반적인 문구와 감상적인 소망의 장막을 둘러줌으로써 각기 자국의 제국주의 정부들에 협조하고 있다. 만일 우리가 기독교인과 다를 바 없다면, 다시 말해 선량한 일반적인 문구에서 그것의 진짜 정치적 의미를 드러내는 것이 아니라 선량함만을 보는 데 그친다면, 우리는 더 이상 마르크스주의자라고 할 수 없을 것이며, 심지어 사회주의자라고 할 수도 없을 것이다. 모든 제국주의 열강의 외교가 한없이 너그러운 '일반적인' 말들과 '민주주의적인' 성명서들을 자랑하며 자신들이 약소민족들을 약탈하고 겁탈하고 짓밟고 있다는 사실을 감추려 하는 것을 우리는 끊임없이 목격하고 있지 않은가?

"터키는 그 누구의 속국도 되어서는 안 된다." 여기까지만 말한다면 내가 터키의 온전한 자유를 지지하는 것처럼 보인다. 하지만 사실 나는 거짓과 기만을 일삼고 있는 독일 외교관들이 흔히 하는 말을 고의로 되풀이하고 있을 뿐이다. 그들은 독일이 이미 터키를 자신의 금융적, 그리고 군사적 속국으로 만들어놓았다는 사실을 감추기 위해 그런 문구를 이용하는 것이다! 내가 만일 독일 사회주의자라면, 나의 '일반적인' 말들은 단지 독일 외교에나 이익이 될 뿐이다. 그것들의 진짜 의미는 독일 제국주의를 미화하는 것이기 때문이다.

"해외 영토를 합병하거나 …… 경제적으로 다른 나라, 다른 민족을 종속시키려는 모든 생각을 모든 나라가 확실히 버려야 한다." 얼마나 너그러운 말인가! 제국주의자들은 약소민족을 합병하고 금융적으로 억압하려는 "모든 생각을" 수천 번 씩이나 "버"리고 있지만, 우리는 그것을 실제 **사실**과 대조해보아야 하지 않겠는가? 사실은 독일, 영국, 프랑스, 미국의 모든 대은행이 약소민족들을 '**종속**'시키고 있다는 것을 볼 수 있다. 약소민족들의 철도와 기업에 막대한 금액이 투자된 마당에 과연 지금 어느 부자 나라의 부르주아 정부가 외국 민족을 합병하고 경제적으로 종속시키는 일을 **진짜로** 포기할 수 있을 것인가?

합병 등에 맞서 진짜 투쟁하고 있는 이들은 누구인가? 객관적으로 왕관 쓴 자본가 강도들에게 뿌리는 기독교 성수나 다름없는 너그러운 말들을 내뱉는 자들인가? 아니면 제국주의 부르주아와 그 정부들을 타도하지 않고서는 합병과 금융적 억압을 근절할 수 없다는 사실을 노동자들에게 설명해주는 사람들인가?

카우츠키가 설파하는 그런 평화주의의 사례는 이탈리아에서도 찾을 수 있다.

이탈리아 사회당[10]의 중앙기관지 《아반티!*Avanti!*》[11] 1916년 12월 25일자에는 유명한 개량주의자 필리포 투라티(Filippo Turati)[12]가 쓴 "아브라카다브라"라는 제목의 기사가 실렸다. 기사에 따르면 1916년 11월 22일 이탈리아 사회당의 원내의원단은 의회에 평화를 위한 동의안을 상정했다. 이 동의안은 "영국과 독일의 대표들이 선언한 원칙들 가운데 가능한 평화의 기초가 될 일반적인 합의를 확인하고, 미국 및 여타 중립국들의 중재를 통해 정부가 유용한 교섭을 도모할 것을 촉구했다."[13] 이것이 사회당의 동의안에 대한 투라티 본인의 설명이다. 1916년

10 1892년에 창당됐다. 최초 당명은 이탈리아 노동자당이었으나 1893년 레조넬에밀리아 대회에서 이탈리아 사회당으로 개명했다. 창당 때부터 당의 노선 및 전술에서 기회주의 경향과 혁명주의 경향의 첨예한 대립이 존재했다. 1912년 레조넬에밀리아 대회에서 좌파의 압력에 의해 전쟁과 정부 및 부르주아와의 협력을 지지하는 가장 노골적인 개량주의자들은 당에서 축출되었다. 세계 제국주의 전쟁이 발발하고 이탈리아가 참전할 때까지, 이탈리아 사회당은 전쟁에 반대하며 '전쟁 반대, 중립화!' 슬로건을 제기했다. 1914년 12월, 부르주아의 제국주의 정책을 지지하고 전쟁을 옹호하는 변절자들의 그룹이 당에서 배제되었다. 1915년 5월 이탈리아가 연합국 진영으로 참전하자 이탈리아 사회당은 세 개의 경향으로 나누어졌다. 우파는 부르주아가 전쟁을 수행하는 데 협조했다. 다수파인 중앙파는 '전쟁에 참여도 사보타주도 않는다'라는 슬로건 아래 움직였다. 좌파는 전쟁에 보다 단호한 입장을 취했지만 일관된 반전 투쟁을 조직하진 못했다. 좌파는 부르주아와 협조하는 개량주의자들과 단절하고 제국주의 전쟁을 내전으로 전화시켜야 할 필요성을 이해하지 못했다. 1916년 말, 이탈리아 사회당은 개량주의파의 영향 아래 사회평화주의 노선으로 기울어졌다.—원서 편집자

11 '전진'이라는 뜻의 이탈리아 사회당 중앙기관지로, 1896년 12월에 일간지로 창간했다. 1차 세계대전 동안 《아반티!》의 정책은 일관되게 국제주의적이지는 않았고, 개량주의자들과 단절하지도 못했다.—원서 편집자

12 필리포 투라티(1857~1932년)는 이탈리아 사회당 건설을 주도했던 개량주의자다. 1차 세계대전 초기에는 이탈리아의 참전을 반대하고 중립을 지지했으나, 1915년 이탈리아 참전한 후에는 조국 방위 입장으로 기울어졌다.—옮긴이

13 원문은 "영국과 독일의 대표들"이 아니라 "주요 적대 열강들의 대표들"인데 레닌이 표현을 조금 바꾼 것이다.—옮긴이

12월 6일, 의회는 사회당의 동의안에 대한 토론을 "연기"함으로써 그것을 "묻어버린다." 12월 12일, 독일 총리는 이탈리아 사회주의자들이 원한 것과 똑같은 내용을 의회에 제안한다. 12월 22일, 투라티에 따르면 윌슨(Wilson)이 "사회당 동의안의 사상과 주장을 다른 말로 바꾸어 되풀이하고 있는" 외교 공문을 들고 등장한다.[14] 12월 23일, 다른 중립국들이 무대에 등장하여 윌슨의 공문을 다른 말로 바꾸어 말한다.

우리가 독일에 매수됐다는 비난을 받고 있다고 투라티는 외친다. 윌슨과 중립국들도 독일에 매수됐다는 말인가? 12월 17일에 투라티가 의회에서 한 연설 중 한 대목은 비상한──그리고 충분히 그럴 만한──파문을 불러일으켰다. 다음은 《아반티!》의 보도에서 인용한 문제의 대목이다.

"독일이 제안한 것과 비슷한 논의가 벨기에·프랑스에서의 철수, 루마니아·세르비아 및 여러분이 원하신다면 몬테네그로의 반환과 같은 문제를 대부분 쉽게 해결할 수 있다고 가정해 봅시다. 저는 여기에 이탈리아의 것이 확실하고 전략적 성격의 담보가 되는 영토와 관련해서는 이탈리아 국경선을 변경시키는 문제도 추가하고 싶습니다." 여기서 부르주아적이고 배외주의적인 회의장은 투라티의 발언을 중단시킨다. 사방에서 함성

---

14 실제로는 미국 대통령 우드로 윌슨이 교전국들에게 평화 조건을 구체적으로 밝혀달라고 외교 공문을 보낸 것은 1916년 12월 18일이다. 연합국과 동맹국 양측 다 이에 부정적으로 답변했다.─옮긴이

이 터져나온다. "훌륭하다! 이 모든 걸 당신도 원하고 있었군! 투라티 만세! 투라티 만세!"

투라티는 부르주아들의 이런 열광에 아무래도 뭔가가 잘못됐음을 느끼고 '정정'과 '설명'을 시도했다.

"신사 여러분." 그가 말했다. "부적절한 농담을 할 필요는 없습니다. 우리가 언제나 옹호해온 민족 통일의 권리와 적절함을 인정하는 것과 그 목적을 위해 전쟁을 선동하거나 정당화하는 것은 전혀 다른 문제입니다."

하지만 투라티의 '설명'도, 그를 옹호한《아반티!》의 기사들도, 투라티가 12월 21일에 보낸 편지도, 취리히의《폴크스레히트 *Volksrecht*》[15]에 실린 "B. B."라는 사람의 글도 투라티의 정체가 발각됐다는 사실을 '정정'하거나 설명하지 못한다! 아니, 더 정확히 말하면 투라티가 아니라 카우츠키가 대표하는 사회주의 평화주의 전체의 정체가, 그리고 우리가 뒤에서 보게 될 것처럼 프랑스 '카우츠키주의자들'의 정체가 발각된 것이다. 이탈리아 부르주아 언론이 투라티의 연설에서 이 대목을 포착하고 기뻐해 마지않은 것은 합당한 일이었다.

앞에서 언급된 "B. B."는 투라티가 단지 "민족자결권"을 이야기했을 뿐이라고 주장하면서 그를 옹호하려 했다.

---

15 '인민의 권리'라는 뜻이며, 1898년부터 취리히에서 발행된 스위스 사회민주주의 일간지. 1차 세계대전 동안 이 신문에는 레닌을 포함한 치머발트 좌파의 글들이 실렸다.—원서 편집자

형편없는 옹호다! 모두가 아는 대로, 마르크스주의 강령에서——그리고 국제 민주주의에서 언제나——**피억압** 민족의 보호와 관련되는 "민족자결권"과 이것이 무슨 상관이 있는가? 그것이 제국주의 전쟁과, 즉 식민지 분할을 위한 전쟁, 외국을 억압하기 위한 전쟁, 약탈자이자 억압자인 열강들 가운데 누가 더 **많은** 외국 민족을 억압할 것인가를 놓고 벌이는 전쟁과 어떻게 연관될 수 있는가?

민족 전쟁이 아닌 제국주의 전쟁을 정당화하기 위해 활용되는 민족자결권에 대한 이런 주장이 알렉신스키(Aleksinskii), 에르베(Hervé), 하인드먼(Hyndman)의 발언과 무슨 차이가 있는가? 이들은 **공화국** 프랑스가 군주국 독일에 맞서고 있다고 주장하지만, 이 전쟁이 공화국 원리와 군주국 원리의 대립 때문에 빚어진 것이 아니라 식민지 분할 등을 위한 두 제국주의 연합의 전쟁이라는 사실을 모르는 사람은 없다.

투라티는 자신이 전쟁을 "정당화"하진 **않았다**고 해명하고 변명했다.

전쟁을 정당화할 **의도**는 없었다는 개량주의자 투라티, 카우츠키 지지자 투라티의 말을 믿어보자. 하지만 정치에서 고려해야 하는 것은 의도가 아니라 행위고, 기대가 아니라 사실이며, 상상이 아니라 현실이라는 점을 누가 모르는가?

투라티가 전쟁을 정당화하려 하지 않았다고 가정해보자. 카우츠키는 독일이 터키를 독일 제국주의의 속국으로 만드는 것을 정당화하려 하지 않았다고 가정해보자. 하지만 이 두 선량한 평화주의자들이 실제로 전쟁을 정당화했다는 사실은 그대로 남아 있다! 중요한 건 바로 이것이다. 카우츠키가 지루해서 아무도 읽어보지 않는 잡지 대신, 생기발랄하고 감명 받기 쉬운 남부 특유의 기질이 충만한 부르주아 청중을 앞에 둔 채 의회에서 '콘스탄티노플이 러시아에 넘어가서는 안 된다. 터키는 그 누구의 속국도 되어서는 안 된다'라고 선언했다면, 재기 넘치는 부르주아들이 환호성을 질렀다 해도 전혀 놀랍지 않았을 것이다. "훌륭하다! 들어라, 들어보아라! 카우츠키 만세!"

의도했든 아니든, 알았든 몰랐든, 투라티는 사실상 제국주의 강도들 사이에서 화목한 거래를 주선하는 부르주아 중개인의 관점에 서 있다. 오스트리아에 속한 이탈리아 땅의 '해방'은 실제로 이탈리아 부르주아에게 거대 제국주의 연합에 가담한 것에 대한 숨겨진 보상이 될 것이다. 그것은 아프리카의 식민지들을 분할받고 달마티아와 알바니아[16]를 세력권에 두는 것에 더해진 작은 사은품이 될 것이다. 개량주의자 투라티가 부르주아적인 관점을 취하는 것은 어쩌면 당연한 일일 수도 있지만, 사실 카우츠키도 투라티와 전혀 다를 게 없다.

제국주의 전쟁을 미화하지 않고, 부르주아가 그것을 민족 전쟁, 민족 해방을 위한 전쟁으로 그릇되게 제시하는 것을 돕

16 이탈리아 반도 동쪽의 아드리아 해 건너편 발칸 반도 서해안에 있는 지역들이다.—옮긴이

지 않기 위해서는, 부르주아 개량주의의 입장으로 굴러 떨어
지지 않기 위해서는 카우츠키와 투라티처럼 말하는 것이 아니
라 카를 리프크네히트(Karl Liebknecht)[17]처럼 말해야 한다. 즉
자국의 부르주아가 민족 해방에 대해 말할 때 그들더러 위선자
라고 말하고, 프롤레타리아가 **자국의** 정부를 향해 '총구를 돌
리지' 않는 이상 이 전쟁에서 민주주의적인 평화는 불가능하다
고 말해야 한다.

부르주아 개량주의자가 아닌 진짜 마르크스주의자, 진짜
사회주의자의 입장은 그렇게, 오직 그런 식으로만 가능하다.
진정으로 민주주의적인 평화를 위해 애쓰고 있는 것은 일반적
인 이야기, 아무것도 말하지 않으며 아무것도 강제하지 않는
평화주의의 상냥한 소망을 되풀이하는 자들이 아니라, 현 전
쟁과 그것이 준비하고 있는 제국주의적 평화의 제국주의적 본
성을 폭로하고 인민에게 범죄자 정부에 맞서는 혁명을 촉구하
는 사람이다.

간혹 일부가 카우츠키와 투라티를 옹호하면서, 정부에 대

17 독일 사회민주당 창건자인 빌헬름 리프크네히트(Wilhelm Liebknecht)
     의 아들로, 1907년 슈투트가르트에서 '청년 인터내셔널' 창설을 주도했
     다. 사회민주당 좌파의 대표적인 인물이었으며, 로자 룩셈부르크(Rosa
     Luxemburg)가 주동하여 결성한 반전 조직인 인터나치오날레 그룹에
     참가했다. 1918년 11월 독일 혁명이 발발하자 리프크네히트는 로자 룩
     셈부르크와 함께 독일 공산당을 창당하고 1919년 1월 베를린에서 봉기
     를 일으켰지만 실패했다. 결국 1월 15일 우익 의용군에게 체포된 후 사
     살되었다.―옮긴이

한 반대를 '암시'하는 것 이상으로 나아가는 것이 합법적으로 는 불가능하며, 이러한 부류의 평화주의자들이 실제로 그런 '암시'를 하고 있다고 말하기도 한다. 이에 대한 답변은 다음 과 같다. 첫째, 진실을 합법적으로 말하는 것이 불가능한 상황 은 진실을 숨기는 것의 근거가 아니라, 경찰의 감시와 검열로 부터 자유로운 비합법 조직과 언론을 건설해야 하는 필요성의 근거가 된다. 둘째, 사회주의자가 모든 합법성과 절연할 것을 **요청받는** 역사적 국면들이 존재한다. 셋째, 러시아에 농노제가 있던 시절에도 도브롤류보프(Dobrolyubov)[18]와 체르니솁스키 (Chernyshevsky)[19]는 진실을 이야기할 수 있었다. 예컨대 그들은 1861년 2월 19일의 포고령[20]에 대해서는 아무 말도 하지 않고 투라티와 카우츠키와 똑같은 식으로 말했던 당시의 자유주의 자들을 조롱하고 비난했던 것이다.

다음 장에서는 프랑스의 노동자 조직과 사회주의 조직이 최근 개최한 두 대회에서 통과시킨 결의안들에 발현된 프랑스 에서의 평화주의를 다룰 것이다.

---

18 1836~61년. 1850년대의 급진 활동가이자 저술가였다.―옮긴이
19 1828~89년. 1860년대에 러시아의 인민주의 운동을 이끌었던 철학자이 자 문학가다.―옮긴이
20 러시아에서 농노제를 폐지한다는 포고령.―원서 편집자

3장
프랑스 사회주의자들과 생디칼리스트들의 평화주의

프랑스 노동총동맹(Confédération générale du Travail)[21]과 프랑스 사회당[22]의 대회가 최근 끝났다. 현 시점에서 사회주의적 평화주의의 진짜 의미와 진짜 역할이 이들 대회에서 특히 선

[21] 1895년 설립되었으며 아나코 생디칼리스트들과 개량주의자들에게 영향을 많이 받았다. 지도부는 경제투쟁만을 인정하고, 노동조합 운동에 대한 프롤레타리아 당의 지도를 반대했으며, 1차 세계대전에서 제국주의 부르주아와 같은 편에 서서 계급협조와 '조국 방위'를 옹호하였다.
  레닌이 언급한 대회는 12월 24~6일 파리에서 개최되어 다음과 같은 사안을 논의하였다. (1)1914년 8월 이래 집행부 보고, (2)산업 관련 안건들. 대회 막바지에 집행부는 교전국들에 대한 윌슨 대통령의 평화 호소를 보고하였고, 거의 만장일치로 레닌이 다음에 인용할 결의안이 채택되었다.— 원서 편집자

[22] 쥘 게드(Jules Guesde)와 장 조레스(Jean Jauras)가 이끌었던 두 사회당, 즉 PSDF(Parti socialiste de France)와 PSF(Parti socialiste français)가 통합하여 1905년 창당했다. 개량주의자들이 주도했으며 제국주의 전쟁이 발발하자 배외주의적 입장을 취했다. 당 지도부는 공개적으로 전쟁을 지지하며 부르주아 정부에 참여했다. 롱게(Longuet)가 이끈 중앙파는 사회평화주의 노선과 사회배외주의자들에게 회유적이었다. 국제주의 입장에 가까웠던 혁명적 좌파는 주로 일반 당원들의 지지를 받았다.
  레닌이 언급한 당대회는 1916년 12월 25~30일에 열렸으며 주요 의제는 평화 문제였다.— 원서 편집자

명하게 드러났다.

여기 노동조합 대회에서 **만장일치로** 통과된 결의안이 있다. 모든 사람, 즉 악명 높은 주오(Jouhaux)[23]가 이끄는 대다수의 열렬한 배외주의자들도, 아나키스트인 브루츄(Broutchoux)[24]도…… '치머발트주의자' 메렘(Merrheim)[25]도 이 결의안에 찬성 표를 던졌다는 것이다.

전국의 협동조합 연맹들, 노동조합들, 노동회관들[26]이 개최

[23] 1879~1954년. 프랑스 및 국제 노동조합 운동의 개량주의적 지도자였다. 1909년 노동총연맹의 총서기로 선출되었으며, 제국주의 전쟁 시기에는 배외주의 입장을 취했다. 종전 이후 베르사유 평화회의에 참가하여 국제노동기구(ILO) 창설에 기여했으며, 그 공로로 1951년 노벨평화상을 받았다. 레닌은 그를 "가장 악랄한 사회주의 배신자 가운데 하나"라고 평했다.—옮긴이

[24] 1879~1944년. 프랑스 무정부주의 생디칼리스트 노조운동가다. 1차 세계대전 전에 프랑스 북부 탄광에서 낡은 노조에 맞서는 청년 노조운동을 조직하여 광부들 사이에서 부르주아와 국가에 맞서는 '직접 행동'을 선동했다. 1차 세계대전 시기에는 평화주의 입장을 취했다.—옮긴이

[25] 1881~1925년. 프랑스의 생디칼리스트이자 노조운동가로 1905년 이래 프랑스 금속노동자연합과 프랑스노동총연맹의 지도자들 가운데 하나였다. 전쟁 초기에는 사회배외주의에 반대하고 치머발트 회의에 참가하여 치머발트 우파의 일원이 되었지만, 차츰 중앙파의 평화주의로 넘어가며 사회배외주의 입장에 가까워졌다.—옮긴이

[26] '노동회관' 또는 '노동거래소'로 번역되는 프랑스의 'Bourse du Travail'는 19세기 말부터 20세기 초까지 프랑스 노동운동에서 주요한 역할을 한 노동자 조직이다. 상호부조와 교육사업을 했을 뿐만 아니라 파업을 조직하기도 했다.—옮긴이

한 이 대회는 "교전 중에 있는 모든 국가들이 종전이 가능한 조건에 대한 자국의 입장을 상호 공개적으로 천명할 것을 제안" 하는 미국 대통령의 공문에 주목하여,

―프랑스 정부가 이 제안을 수락할 것을 요구한다.

―평화의 시대를 앞당기기 위해 정부가 자신의 동맹국들에 유사한 제안을 발의할 것을 요구한다.

―최종적인 평화의 보장 수단 가운데 하나인 국가들의 연합은 오직 크고 작은 모든 민족의 독립, 영토 불가침성, 정치적·경제적 자유가 보장될 때만 실현될 수 있음을 선언한다.

노동계급이 언제나 반대해온 비밀 외교에만 득이 되는 불확실하고 모호한 상황을 끝내기 위해 이 회의에 대표자를 보낸 조직들은 이러한 견해를 지지하고 노동자 대중에게 선전할 것을 결의한다.

여기 카우츠키의 정신으로 충만한 '순수한' 평화주의의 한 예가 있다. 대부분 배외주의자들로 구성된 노동자들의 공식 조직이 승인한 마르크스주의와 하등의 공통점이 없는 평화주의 말이다. 우리 앞에 있는 것은 극히 진지한 관심을 가져야 마땅한 주목할 만한 문서로, 공허한 평화주의 문구로 이루어진 정강 위에서 배외주의자들과 '카우츠키주의자들'이 정치적으로 연합했음을 보여준다. 앞의 글에서 배외주의자들과 평화주의자들, 부르주아와 사회주의 개량주의자들 사이에 이루어진 견해

통일의 **이론적** 기초를 제시하고자 했다면, 이제 우리는 이 통일이 또 다른 제국주의 나라에서 **실제로** 실행된 것을 보고 있다.

1915년 9월 5~8일에 열린 치머발트 회의[27]에서 메렘은 이렇게 선언했다. "당, 주오, 정부, 이들은 모자 하나를 쓰고 있는 세 개의 머리일 뿐이다. 즉 그들은 하나다." 1916년 12월 26일, 메렘은 노동총동맹 대회에서 **주오와 함께** 평화주의 결의안에 찬성표를 던졌다. 1916년 12월 23일, 독일 사회제국주의자들의 가장 솔직하고 가장 과격한 기관지 가운데 하나인 켐니츠의 《폴크스슈티메*Volksstimme*》[28]는 "부르주아 당들의 해체와 사회민주주의 통일의 회복"[29]이라는 제목의 사설을 실었다. 말

---

27 스위스 치머발트에서 열린 국제사회주의자들의 최초 회의였다. 유럽 11개국에서 파견된 39명의 대표자가 참석했다. 이 회의에서는 카우츠키주의자 다수파와 레닌이 주도하는 혁명적 국제주의자가 서로 가열차게 투쟁했다. 레닌은 국제주의자들을 치머발트 좌파 그룹으로 조직했다.

이 회의는 전쟁의 제국주의적 성격을 폭로하는 선언을 채택했다. 이 선언은 전쟁공채에 찬성표를 던지고 부르주아 정부에 참가한 '사회주의자들'을 비난했다. 그리고 유럽 각국의 노동자들에게 전쟁에 반대하는 투쟁을 전개하고 무병합·무배상의 강화 체결을 위해 싸울 것을 촉구했다.

또한 전쟁 희생자들에 대한 동정을 표하는 결의안을 채택했고, 국제사회주의위원회(I.S.C.)를 선출했다. 이 회의에 대한 평가로는 레닌의 글, 「첫걸음The First Step」과 「1915년 9월 5~8일 국제사회주의자 회의에서의 혁명적 마르크스주의자들Revolutionary Marxists at the International Socialist Conference, September 5-8, 1915」(두 편 모두 본 전집 60권 『사회주의와 전쟁』에 수록―편집자)을 보라.―원서 편집자

28 '인민의 소리'라는 뜻. 1891년부터 켐니츠에서 발행된 독일 사회민주당 기관지.―원서 편집자

할 필요도 없이 이 글은 쥐데쿰(Südekum)[30] · 레기엔(Legien)[31] · 샤이데만(Scheidemann)[32] 일당, 즉 독일 사회민주당 다수파 전체와 독일 정부의 평화에 대한 사랑을 찬양하면서 이렇게 선언하고 있다. "전쟁 이후 소집될 첫 번째 당대회에서는 당비 납부를 거부하는 소수의 미치광이들(리프크네히트 지지자들!)을 포기하고 당 지도부, 의원단, 노동조합의 정책에 기초하여 당의 통일을 회복해야 한다."

이 글은 독일의 노골적인 사회배외주의자들과 카우츠키 일파의, 사회민주주의노동그룹의 "통일"——평화주의 문구에 기초한 통일——이라는 생각을 더할 나위 없이 명확히 표명하고 있으며, 프랑스에서 1916년 12월 26일 주오와 메렘 사이에 실현된 그러한 "통일" 정책을 추진하겠다고 더할 나위 없이 분명하게 선언하고 있다!

이탈리아 사회당의 중앙기관지 《아반티!》는 1916년 12월 28일자 사설에서 이렇게 쓰고 있다. "비록 비솔라티(Bissolati)[33]

---

29 《폴크스슈티메》, 298호, 1916년 12월 23일.—원서 편집자

30 독일 사회민주당원으로서 1차 세계대전 동안 극단적인 사회배외주의를 표방해서, 그의 이름이 사회배외주의의 대명사가 되었다.—원서 편집자

31 1861~1920년. 독일 노조운동의 주요 지도자였다.—옮긴이

32 1865~1939년. 1903년부터는 제국의회 의원, 1911년부터는 사회민주당 집행위원회의 일원이었다.—옮긴이

33 1857~1920년. 이탈리아 사회당 창건자들 가운데 한 명으로 개량주의 그룹에서 가장 우익적인 경향을 대표했다.—옮긴이

와 쥐데쿰이, 보노미(Bonomi)[34]와 샤이데만이, 상바와 다비트 (David)[35]가, 주오와 레기엔이 부르주아 민족주의 진영으로 넘 어가 그들이 충실하고 성실하게 지키리라 약속했던 국제주 의자들의 이데올로기적 통일을 배신했다(hanno tradito) 하더 라도, 우리는 변치 않고 흔들리지 않은 리프크네히트, 레데 부어, 호프만(Hoffmann), 마이어(Meyer)[36] 같은 독일에 있는 우 리 동지들, 그리고 메렘, 블랑(Blanc), 브리종(Brizon), 라팽뒤쟝 (Raffin-Dugens)[37] 같은 우리의 프랑스 동지들과 함께 남아 있 을 것이다."

이 선언에 드러난 혼란을 눈여겨 보기로 하자.

비솔라티와 보노미는 개량주의자이자 배외주의자로, 전쟁 이 일어나기 전에 이탈리아 사회당에서 **쫓겨났다**. 《아반티!》는 그들을 쥐데쿰, 레기엔과 같은 선상에 놓고 있는데, 이는 물론 매우 타당한 일이다. 하지만 쥐데쿰, 다비트, 레기엔은 겉으로 는 사회민주주의를 내세우지만 실제로는 사회배외주의적인 독

---

34 1873~1951년. 이탈리아 사회당 우익의 지도자였으며, 비솔라티와 함께 출당되어 사회개혁당을 세웠다.—옮긴이

35 1863~1930년. 독일 사회민주당 우파 지도자로, 1914년 8월 4일 독일 의 회에서의 전쟁공채 찬성 투표를 주도했다.—옮긴이

36 독일 사회민주당 좌파로 이후 공산당에 참여한 아돌프 호프만 (1858~1930년)과 에른스트 마이어(1887~1930년).—옮긴이

37 블랑(1874~1924년), 브리종(1878~1923년), 라팽뒤쟝(1861~1946년)은 키엔탈 회의에 프랑스 대표로 참석했던 세 사람이다.—옮긴이

일 당의 지도부다. 그리고 바로 이 《아반티!》야말로 그들을 축출하는 데 반대하고, 그들과의 단절에 반대하고, 제3인터내셔널을 건설하는 것에 반대하고 있다. 《아반티!》가 레기엔과 주오를 리프크네히트, 레데부어, 메렘, 브리종과 대비시키며 그들이 부르주아 민족주의 진영으로 넘어갔다고 선언한 것은 매우 올바르다. 하지만 우리는 메렘이 주오와 같은 편에서 표를 던지는 것을 보았으며, 그 동안 레기엔은 켐니츠의 《폴크스슈티메》의 입을 빌려 오직 리프크네히트의 지지자들만을 제외한 당의 통일, 즉 (카우츠키를 포함하여) 레데부어가 속해 있는 사회민주주의노동그룹과의 '통일'이 회복되리라고 자신만만하게 선언했다!!

이런 혼란은 《아반티!》가 부르주아 평화주의와 혁명적 사회민주주의의 국제주의를 뒤섞고 있다는 사실 때문에 빚어졌다. 반면 레기엔과 주오 같은 노련한 정치가들은 사회주의 평화주의와 부르주아 평화주의의 **동일성**을 완벽하게 인식하고 있다.

우리가 전문을 인용한 저 만장일치로 채택된 결의안에는 실로 부르주아 평화주의의 문구들만 가득할 뿐, 혁명적 의식의 그림자조차 없고, 사회주의 사상이라고는 한 마디도 찾을 수 없다. 그런데 주오 씨와 배외주의적인 그의 신문 《라 바타유La Bataille》[38]가 주오와 메렘의 '만장일치'에 대해 어찌 진정으로 기뻐하지 않을 수 있겠는가!

"크고 작은 모든 민족의" "경제적 자유"를 운운하면서, 부르주아 정부를 타도하고 부르주아를 수탈하기 전까지 그 "경제적 자유"란 현대 사회에서 소농과 부자, 노동자와 자본가로 이루어진 시민 **일반**의 "경제적 자유"를 논하는 것과 똑같이 인민에 대한 **기만**에 불과하다는 사실에는 침묵하고 있는 것도 웃기지 않은가?

주오와 메렘이 만장일치로 찬성표를 던진 결의안은 《아반티!》가 주오에 대해 올바르게 규정한 대로 '부르주아 민족주의' 사상으로 구석구석까지 철저히 물들어 있다. 반면 희한하게도 《아반티!》는 메렘에게서는 똑같은 것을 보지 **못한다.**

부르주아 민족주의자들은 언제 어디에서나 전반적인 "국가들의 연합"과 "크고 작은 모든 민족"의 "경제적 자유"에 대한 **보편적인** 문구들을 내세운다. 그러나 부르주아 민족주의자들과 달리 사회주의자들은 지금까지 항상 이렇게 말해왔다. 일부 민족(예를 들어 영국과 프랑스)들이 해외투자를 하고 있는 한, 다시 말해 그들이 약하고 낙후한 민족들에게 높은 이자로 수 **백억 프랑씩** 차관을 주는 한, 그래서 약소민족들이 그들에게

38 '투쟁'이라는 뜻. 프랑스 아나코-생디칼리스트(무정부주의적 노동조합주의)들의 기관지로, 금지된 《라 바타유 생디칼리스트*La Bataille Syndicaliste*》('생디칼리스트의 투쟁'이라는 뜻) 대신 1915년부터 1920년까지 파리에서 발행되었다. 주요 기고자는 장 그라브(Jean Grave), 주오, 코르넬리선(Cornelissen) 등이었으며, 1차 세계대전 중에 사회배외주의 입장을 취하였다. ─원서 편집자

속박되어 있는 한, "크고 작은 모든 민족"의 "경제적 자유"에 대해 장광설을 늘어놓는 것은 역겨운 위선일 뿐이라고.

사회주의자라면 주오와 메렘이 만장일치로 찬성표를 던진 그 결의안을 강한 저항 없이 단 한 문장도 용납할 수 없었을 것이다. 사회주의자라면 그 결의안과 정반대로, 윌슨이 이 전쟁으로 수십억을 벌어들인 부르주아들의 대표이자 제2의 제국주의 대전을 준비하며 광적으로 미국을 무장시킨 정부의 우두머리임이 분명하기 때문에, 윌슨의 선언이 새빨간 거짓말이며 위선이라고 외쳤을 것이다. 사회주의자라면 금융자본에 손발이 묶여 있는 금융자본의 노예이자, 영국, 러시아 등과 맺은 제국주의적인, 즉 철저하게 약탈적이며 반동적인 비밀 조약들에 묶여 있는 프랑스 부르주아 정부는 민주적이고 '정의로운' 평화에 대한 똑같은 거짓말을 내뱉는 일 외에 아무것도 실천하거나 말할 수 없는 처지에 있다고 외쳤을 것이다. 사회주의자라면 그런 평화를 위한 투쟁은 일반적이고, 공허하고, 하나 마나 하고, 아무것도 강제하지 않는 실제로는 제국주의의 악랄함을 미화할 뿐인 상냥하고 달콤한 평화주의적인 미사여구들을 되풀이 하는 데 있지 않고, 오직 인민에게 **진실**을 말하는 데에, 즉 인민에게 다음과 같이 선언하는 데 있다고 외쳤을 것이다. 민주적이고 정의로운 평화를 쟁취하기 위해서는 모든 교전국들의 부르주아 정부가 타도되어야 하며, 그것을 위해 수백만 노동자의 무장과 함께 높은 생활비와 제국주의 전쟁에 대한 공포로 주민 대중 전반의 공분을 이용해야 한다고.

이것이야말로 주오와 메렘의 결의안 대신에 사회주의자들이 말해야 했던 내용이다.

노동총동맹 대회와 같은 시기에 파리에서 열린 프랑스 사회당 대회는 이렇게 말하기는커녕, 그보다 더 **못한** 결의안을 2,838 대 109, 기권 20표로 통과시켰다. 사회배외주의자들(르노델(Renaudel)[39] 등 이른바 '다수파')과 **롱게주의자들**(롱게[40]의 지지자들, 프랑스 카우츠키주의자들)이 합작해서 그 결의안을 채택한 것이다!! 뿐만 아니라 치머발트 파 부르데롱(Bourderon)과 키엔탈 파(키엔탈 회의[41] 참석자) 라팽뒤장도 그 결의안에 찬성표를 던졌다!!

그 결의안의 본문을 인용하지는 않겠다. 지나치게 길고 전혀 흥미롭지도 못하기 때문이다. 그 결의안은 평화에 대한 얌전하고 상냥한 미사여구들을 늘어놓은 후, 곧바로 프랑스에서 이른바 '조국 방위', 즉 영국과 러시아 같은 더 크고 강력한 강도들과 동맹을 맺고 프랑스가 자행하고 있는 제국주의 전쟁을

---

39 피에르 르노델(1871~1935년)은 프랑스 사회당의 개량주의 지도자들 가운데 한 사람이다. 1차 세계대전 동안에는 사회배외주의자였다.—옮긴이

40 장 롱게(1876~1938년)는 프랑스 사회주의 운동의 주요 인물이자 언론인이다. 마르크스의 외손자다. 1914년과 1924년에 국회의원으로 선출되었고, 1차 세계대전 중에는 프랑스 사회당의 평화주의 소수파, 중앙파적 경향을 이끌었다.—옮긴이

기꺼이 계속 지지해나갈 것이라고 선언한다.

따라서 프랑스에서는 노동총동맹에서뿐 아니라 사회당에서도 사회배외주의자들과 평화주의자들(즉 카우츠키주의자들) 및 치머발트 파 일부의 통일이 현실이 되었다.

41 1916년 4월 24~30일에 베른 근방의 마을 키엔탈에서 열렸던 국제 사회주의 회의. 10개국 43명의 대표가 출석했다. 러시아 사회민주노동당 중앙위원회에서는 레닌과 다른 두 명의 대표가 출석했다.

키엔탈 회의에서는 치머발트 좌파를 레닌이 주도하여 앞서의 치머발트 회의 때보다 훨씬 더 강고한 입지를 점했다. 키엔탈에서는 12명의 대표가 좌파로 결속했고 좌파의 몇몇 제안은 20표까지, 또는 거의 과반수를 획득하기도 했다. 이것은 세계 노동운동에서의 역관계가 어떻게 국제주의에 대한 지지로 변화되어갔는가를 보여주는 지표였다. 이 회의는 '파멸과 죽음을 겪고 있는 모든 나라 인민들'에게 보내는 선언과, 평화주의와 국제사회주의사무국을 비판하는 결의를 채택했다. 레닌은 회의의 결정을 제국주의 전쟁에 대항하여 국제주의 세력들을 하나로 묶는 데서 한 걸음 전진한 것으로 평가했다.—원서 편집자

4장
기로에 선 치머발트 회의

12월 28일, 노동총연맹 대회에 대한 기사가 실린 프랑스 신문들이 베른에 도착했다. 그리고 12월 30일, 베른과 취리히의 사회주의 신문들은 치머발트 연합의 집행 조직인 베른의 국제사회주의위원회[42]가 발표한 새로운 선언문을 게재했다. 1916년 12월 말로 날짜가 적힌 이 선언문은 독일과 윌슨 및 다른 중립국들이 제기한 강화 제안에 대해 언급하면서, 이 모든 정부 발표문들을 "평화라는 이름의 희극", "자국 인민을 기만하기 위한 연극", "외교관들의 위선적인 평화주의 제스처"로 규정한다. 물론 매우 올바른 규정이다.

[42] 국제사회주의위원회(ISK, Internationale Sozialistsche Kommission)는 치머발트 연합의 집행 조직으로 1915년 9월 치머발트 회의에서 만들어졌다. 위원회는 스위스 베른에 본부를 두고, 치머발트 회의 직후 R. 그림(Grimm)의 제안으로 확대 국제사회주의위원회를 구성하여 치머발트 회의 결정에 참가한 모든 정당의 대표자들을 포함했다. 러시아 사회민주노동당 중앙위원회 대표로는 레닌, 이네사 아르망(Inessa Armand), 지노비에프(Zinoviev)가 확대위원회에 들어갔다. 국제사회주의위원회는 기관지로 회보를 발행했는데, 1915년 9월부터 1917년 1월까지 독일어, 프랑스어, 영어로 모두 여섯 호가 발간되었다.—원서 편집자

이런 희극과 거짓말은 평화 등을 가져올 수 있는 "유일한 세력"인 국제 프롤레타리아의 "전쟁 무기를 자신의 형제들이 아닌 자국에 있는 적을 향해" 돌리겠다는 "결연한 의지"와 대조된다.

인용한 문구들은 본질적으로 다른 두 개의 정치를 우리에게 명확하게 보여준다. 이 둘은 지금까지 치머발트 연합 내부에 함께 공존하는 것처럼 보였으나, 이제 완전히 갈라섰다.

한쪽에서는 투라티가 독일과 윌슨 등이 제기한 제안은 이탈리아 "사회주의" 평화주의를 "바꿔 말한 것"에 지나지 않았다고 명확하고 매우 정당하게 이야기한다. 독일 사회배외주의자들의 주장과 프랑스에서 벌어진 표결은 양측 모두 자신들의 정책을 평화주의로 위장하는 것이 유용하다는 사실을 완벽하게 인식하고 있다는 사실을 보여준다.

다른 쪽에서, 국제사회주의위원회의 선언문은 모든 교전국 및 중립국 정부들이 제안하는 평화주의를 희극이자 위선으로 규정한다.

한쪽에서는 주오와 메렘이, 부르데롱·롱게·라팽뒤장과 르노델·상바·토마(Thomas)[43]가 단합한다. 또 독일의 사회배외주

43 알베르 토마(1878~1932년)는 프랑스 사회당의 개량주의 정치인이다. 1910년 이래 사회당 의원단의 지도자들 가운데 한 사람이었다. 1차 세계대전 시기에는 사회배외주의 입장을 취하여 부르주아 정부에 군수장관으로 입각했다.—옮긴이

의자들인 쥐데쿰·다비트·샤이데만이 카우츠키 및 사회민주주의노동그룹과 임박한 "사회민주주의 통일의 회복"을 선언한다.

다른 쪽에서 국제사회주의위원회는 "사회주의 소수파들"이 "자국 정부들" 및 "그들의 사회애국주의 용병들(Söldlinge)"과 힘차게 맞서 싸울 것을 요청한다.

이쪽, 아니면 저쪽이다.

부르주아 평화주의의 공허함, 어리석음, 위선을 폭로할 것인가, 또는 그것을 "사회주의" 평화주의로 "바꿔 말할 것인가?" 정부의 "용병들"인 주오와 르노델 들, 레기엔과 다비트 들에 맞서 싸울 것인가, 또는 프랑스나 독일식의 공허한 평화주의 열변 속에 그들과 야합할 것인가?

이 선이 바로 언제나 사회배외주의자들과 분리에 격렬하게 반대해온 치머발트 우파와, 이미 치머발트 회의에서부터 선견지명을 발휘해 공개적으로 우파와 거리를 두려고 주의했으며 회의 및 그후 언론을 통해 독자적 강령으로 활동한 좌파 사이를 가르는 분수령이다. 평화가 다가온다는 것, 또는 단지 일부 부르주아 분자들이 평화 문제를 심각하게 토론하고 있다는 사실만으로 두 노선 사이의 특히 명확한 불일치가 빚어지고 있는 것은 우연히 벌어진 일이 아니라 필연적인 것이다. 왜냐하면 부르주아 평화주의자들과 그들을 흉내 내거나 앵무새처럼 따라 하는 '사회주의자'들은 평화를 언제나 근본적으로 특별한 어떤 것으로 상상하고 있기 때문인데, 이는 색깔이 다른 이 두 평화주의자들 모두 '전쟁은 평화 정책의 연속이며, 평화는 전쟁 정책의 연속'이라는 생각을 늘 이해하지 못한다는 점에서 비롯된다. 1914~7년의 제국주의 전쟁이 늦추어 잡더라도 1898년부터 1914년까지 이루어진 제국주의 정책의 연속이라는 사실을 부르주아 제국주의자도 사회제국주의자도 보고 싶어하지 않았고, 지금도 마찬가지다. 부르주아 정부가 혁명적으로 타도되지 않는다면 평화는 이제 제국주의 평화, 제국주의 전쟁의 연속이 될 수밖에 없다는 사실을 부르주아 평화주의자도 사회주의 평화주의자도 보지 않는다.

그들은 구체적인 역사적 상황, 제국주의 열강 사이에 벌어지는 투쟁의 구체적인 현실을 망각한 채, 공격이나 방위 일반에 관한 무의미하고 저속하며 속물적인 문구들을 사용하여 현재의 전쟁을 평가하고, 똑같이 속물적인 일반적인 문구들로 평화를 평가한다. 그리고 사회배외주의자들, 노동자 당 내부에 있는 이들 정부와 부르주아의 하수인들이 평화를 가져오는 일에, 비록 평화에 대해 말만 할 뿐일지라도 각별히 열심인 것은 당연한 일인데, 전쟁이 드러낸 자신들의 개량주의와 기회주의의 깊이를 감추고 약화된 대중에 대한 영향력을 재건하기 위해서다. 따라서 우리가 앞에서 본 것처럼 독일과 프랑스의 사회배외주의자들은 "반대파" 내부의 줏대 없이 흔들리는 평화주의 집단과 "통일"을 이루기 위해 열심히 노력하고 있는 것이다.

치머발트 연합 내부에서도 필시 화해 불가능한 두 노선 사이에 벌어진 분열을 가리려는 시도가 있을 것이다. 이런 시도는 두 가지 양상으로 나타날 것이라고 예상할 수 있다. "실용적"화해는 기회주의적이고 평화주의적인 실천에 (국제사회주의위원회가 발표한 선언문의 문구들과 같은) 우렁찬 혁명적 문구들을 기계적으로 결합시키는 것이다. 그것이 제2인터내셔널의 방식이었다. 호이스만스(Huysmans)[44]와 반데르벨데(Vandervelde)[45]의 선언문들과 몇몇 대회 결의안들의 초혁명적인 문구들은 단지 유럽 정당들 중 다수가 보인 초기회주의적인 실천을 가려주는 역할을 했을 뿐, 그것을 변화시키지도, 약화시키지도, 그것과 투쟁하지도 못했다. 이러한 전술이 치머발트 연합 내에서 새로이 성공을 거둘 수 있을지 의심스럽다.

'원칙주의적인 화해자들'은 마르크스주의를 날조하려고 할 텐데, 예를 들어 개량이 혁명을 배제하진 않는다, 민족의 경계,

---

44 호이스만스(1871~1968년)는 벨기에 출신의 언어학자, 저널리스트이자 노동운동가로 1904년부터 1919년까지 제2인터내셔널 국제사회주의사무국 서기로 일했다. 제국주의 전쟁 시기에는 중앙파적 입장을 취했다. 교육장관 등으로 벨기에 정부에 여러 번 입각했으며 2차 세계대전 동안 망명했다가 종전 후 벨기에 총리를 지냈다.―옮긴이

45 반데르벨데(1866~1938년)는 벨기에 노동당의 지도자로 1900년부터 1918년까지 제2인터내셔널 의장을 지냈다. 1차 세계대전 동안 사회배외주의 입장을 취했고, 부르주아 정부에 입각해 국무장관과 외무장관 등을 거쳤다. 10월 혁명에 대해 적대적인 태도를 취했다. 옛 사민주의자들이 재결집한 사회주의노동자 인터내셔널 창건을 주도하고 1938년까지 의장을 지냈다.―옮긴이

국제법, 군비 지출 등에 일정한 '개선'을 가져오는 제국주의 평화가 그 운동의 '발전의 한 국면'으로서 혁명운동과 공존 가능하다 등과 같은 논법의 기풍으로 말이다.

이는 마르크스주의에 대한 날조가 될 것이다. 물론 개량은 혁명을 배제하지 않는다. 하지만 지금 문제가 되는 것은 그것이 아니다. 논점은 혁명가들이 개량주의자들 앞에서 **자기 스스로를** 배제시키지 말아야 한다는 것, 즉 사회주의자는 자신의 혁명적인 활동을 개량주의적인 활동으로 바꿔치기해서는 안 된다는 것이다. 유럽은 혁명적 상황을 겪고 있다. 전쟁과 높은 물가가 상황을 악화시키고 있다. 전쟁에서 평화로 이행한다고 해서 꼭 그런 상황이 없어지지는 않을 것이다. 왜냐하면 손에 최고의 무기를 들고 있는 수백만 노동자들이 **자국의** 부르주아에게 무기를 돌리라는 리프크네히트의 조언을 따르는 대신 부르주아가 자신들을 '평화적으로 무장해제'시키도록 무조건 허용하리라는 법은 어디에도 없기 때문이다.

문제는 평화주의자들, 카우츠키주의자들이 제기하는 것처럼 개량주의적인 정치 캠페인이냐, 개량의 거부냐가 아니다. 이는 문제를 부르주아적으로 각색한 것이다. 문제는 이것이다. 완전히 성공하지 못할 경우 부산물로 개량을 낳는(전세계 모든 혁명의 역사가 이를 입증해왔다) 혁명적 투쟁이냐, 아니면 개량과 개량의 약속에 대해 떠들기만 하고 아무것도 하지 않을 것이냐.

지금 평화주의의 형태로 나타나는 카우츠키, 투라티, 부르데롱의 개량주의는 혁명의 문제를 방기할 뿐만 아니라(그것 자체가 사회주의에 대한 배신이다), 체계적이고 지속적인 혁명적 활동을 실천적으로 포기하는 것이자, 가두시위가 모험주의라는 주장(카우츠키, 《노이에 차이트》, 1915년 11월 26일)으로, 혁명 투쟁의 노골적이고 단호한 적인 쥐데쿰, 레기엔, 르노델, 토마 등과의 통일을 옹호하고 실행하는 것으로 나아가기까지 한다.

이러한 개량주의는 혁명적 마르크스주의, 즉 혁명 투쟁을 발전시키기 위해 그 투쟁 과정에서 개량을 이용하기를 포기하거나 거부하지 않으면서도, 공개적으로 혁명을 촉구하고 부르주아 정부를 타도하며, 무장한 프롤레타리아트에 의한 권력 쟁취를 위하여 현재 유럽의 혁명적 상황을 최대로 활용해야 하는 혁명적 마르크스주의와 결코 화해할 수 없다.

유럽 전반에서 사태의 경로가 어떻게 전개될지, 특히 치머발트 연합 내부의 두 집단 사이의 투쟁을 비롯한 개량주의 평화주의와 혁명적 마르크스주의 사이의 투쟁이 어떻게 전개될지는 가까운 미래에 드러날 것이다.

1917년 1월 1일, 취리히에서

보리스 수바린에게 보내는 공개 서한

이 글은 프랑스 사회주의자 보리스 수바린(Boris Souvarine)이 써서 1916년 12월 10일에 《르 포퓰레어 뒤 사트르*Le Populaire du Centre*》에 게재한 공개 서한 「스위스에 있는 우리의 친구들에게A nos amis qui sont en Suisse」에 대한 답장으로 작성된 것이다.

레닌은 이 글을 수바린에게 보내는 한편, 1918년 1월 사회주의 언론인 《라 베리테*La Vérité*》에 게재해달라고 서문과 함께 넘겼다. 이 글은 1월 24일, 《라 베리테》 45호에 게재되었으나 검열 당국에 의해 금지당했다. 《라 베리테》는 "Lénine"이라는 서명을 포함하여 "인쇄되지 못한 문서. 레닌의 서한"이라는 제목 아래 공란으로 인쇄되었다. 사흘 후인 1월 27일, 《라 베리테》는 레닌이 쓴 글을 상당 부분 삭제하고 자체적으로 부제들을 달아 48호에 실었다. 《라 베리테》의 교정쇄를 기준으로 한 전문은 1929년 《프롤레타르스카야 레볼루치야*Proletarskaya Revolutsia*》 7호에 게재되었다.—원서 편집자 수바린 동무[1]는 자기 편지가 특히 내게 보내는 것이라고 말했습니다. 나는 더욱 기쁜 마음으로 국제사회주의의 가장 중요한 문제들을 제기하고 있는 그의 편지에 답장을 씁니다.

수바린은 "조국 방위"가 사회주의와 양립 불가능하다고 여기는 사람들이 "비애국적인" 관점을 갖고 있다고 생각합니다. 그리고 자기 딴에는 투라티, 레데부어, 브리종의 관점을 "방어"하고 있습니다. 이들은 전시 공채에 반대표를 던지면서도 "조국 방위"를 용인한다고 선언한 사람들입니다. 즉 그는 "중앙파"(나는 '늪지파'[2]라고 부르고 싶지만) 또는 그것의 주된 이론·문필상 대표자인 카를 카우츠키의 이름을 따서 카우츠키주의라

---

[1] 레닌은 수바린에게 "citoyen"이라는 호칭을 썼다. 이 단어는 '시민'이나 '공민'이라는 뜻이나, 여기서는 프랑스 대혁명 이후 봉건사회의 잔재가 남아 있는 경칭 무슈(Monsieur)나 마담(Madame) 대신, 평등과 만민 우애의 정신을 담은 호칭으로 사용된 예를 따라 사용되었다.—옮긴이

[2] 프랑스 대혁명 당시 급진적인 자코뱅 산악파와 온건한 지롱드파 사이에서 중도적 입장을 취한 그룹을 늪지파(Le Marais) 또는 평원파(La Plaine)라고 불렀기 때문이다.—옮긴이

고 불리는 경향의 관점을 방어하고 있습니다. 말이 난 김에 덧붙이자면, 수바린이 "그들(즉 제2인터내셔널의 붕괴를 말하는 러시아 동지들)은 카우츠키, 롱게 등의 인사들을 …… 샤이데만과 르노델 류의 민족주의자들과 동일시한다"고 말한 것은 잘못입니다. 나도, 내가 속한 당(러시아 사회민주노동당 중앙위원회)노 사회배외주의자의 견해를 "중앙파"의 견해와 동일시한 적이 없습니다. 우리 당 차원의 공식 성명인 1914년 11월 1일에 발표된 중앙위원회 성명서[3]와 1915년 3월 채택된 결의안[4](두 문서 다 우리의 팸플릿 『사회주의와 전쟁Socialism and War』[5]에 다시 전재되어 있는데, 수바린도 알고 있을 것입니다)에서 우리는 언제나 사회배외주의자들과 "중앙파"를 구분지어왔습니다. 우리가 보기에 전자는 부르주아 편으로 넘어갔습니다. 그들에 대해서 우리는 단순히 투쟁하는 것이 아니라 갈라설 것을 요구합니다. 후자는 주저하고 동요하면서 사회주의적인 대중과 배외주의적인 지도자들을 화합시키려 애쓰기 때문에 프롤레타리아트에게 가장 나쁜 해악을 끼치고 있습니다.

수바린은 "사실들을 마르크스주의적 관점에서 고찰"하고

3 「전쟁과 러시아 사회민주주의The War and Russian Social-Democracy」. 본 전집 58권 『마르크스』에 수록되어 있다.—옮긴이

4 「러시아 사회민주노동당 재외지부 회의The Conference of the R.S.D.L.P. Groups Abroad」. 본 전집 59권 『제2인터내셔널의 붕괴』에 수록되어 있다.—옮긴이

5 본 전집 60권 『사회주의와 전쟁』에 수록되어 있다.—옮긴이

자 한다고 말합니다.

그러나 마르크스주의적 관점에서, "비애국적"과 같은 일반적이고 추상적인 규정은 아무 가치도 없는 것입니다. 조국과 민족은 역사적인 범주에 있는 것들입니다. 나는 민주주의를 지키기 위해 행해지거나 민족 억압에 저항하는 전쟁을 결코 반대하지 않으며, 그런 전쟁이나 내전에 대해서는 "조국 방위"라는 말을 사용하는 것을 꺼리지 않습니다. 사회주의자는 언제나 억압받는 이들의 편에 서며, 따라서 억압에 맞서는 민주주의적이거나 사회주의적인 투쟁을 위한 전쟁에 반대할 수 없습니다. 때문에 1793년 반동적인 유럽의 왕조들에 맞서 프랑스가 벌인 전쟁, 가리발디(Garibaldi)의 전쟁 등이 지닌 정당성을 부인하는 것은 우스꽝스러운 짓이 될 것입니다. 마찬가지로 오늘날 일어날 수 있는 억압자들에 맞선 피억압자들의 전쟁, 예컨대 잉글랜드에 대항하는 아일랜드인의 반란, 프랑스에 대항하는 모로코의 반란, 러시아에 대항하는 우크라이나의 반란 등이 지닌 정당성을 부인하는 것 또한 똑같이 우스꽝스러운 짓이 될 것입니다.

마르크스주의적인 관점은 각각의 경우에서 전쟁의 정치적 내용을 규정할 것을 요구합니다.

다만 무엇이 전쟁의 정치적 내용을 결정합니까?

모든 전쟁은 정책의 연속일 뿐입니다. 현재의 전쟁은 어떤 정책의 연속입니까? 1871년부터 1914년까지 프랑스, 영국, 독일에서 사회주의와 민주주의를 유일하게 대표했던 프롤레타리아트 정책의 연속입니까? 아니면 쇠퇴하고 소멸하고 있는 반동적 부르주아가 식민지를 약탈하고 약소국을 억압하는 정책인 제국주의 정책의 연속입니까?

완벽히 명쾌한 해답을 얻기 위해서는 정확하고 올바르게 질문하는 것으로 충분합니다. 오늘날의 전쟁은 제국주의 전쟁입니다. 그것은 노예를 얻기 위해 싸우고 있는, 노예제도를 유지하고 더욱 강화하고 싶어하는 노예주들의 전쟁입니다. 1899년에 게드[6]가 자신이 미래에 저지를 배신을 미리 규탄하면서 말한 것처럼 "자본가들의 강도질"인 것입니다. 게드는 당시 이렇게 말했습니다.

다른 전쟁들이 있다. …… 그것은 매일 일어나는 것으로, 판로를 위해, 판매할 상품을 위해 벌어지는 전쟁들이다. 이런 측면에서, 이 전쟁은 사라지지 않으며 반대로 영구화될 위험이 있다. 이 전쟁은 극히 자본주의적인 전쟁, 즉 우리의 피를 대가로 하여 세계 시장을 놓고 다투는 만국의 자본가들이 이윤을 위해 벌이는 전쟁인 것이다. 이제 유럽의 자본주의 각국에 이런

6 쥘 게드(1845~1922년)는 프랑스 사회주의 운동과 제2인터내셔널의 창건자들 가운데 한 사람이다. 1901년 사회당(PSdF)을 창당했고, 1905년 조레스의 사회당(PSF)과 통합했다. 조레스의 개량주의에 맞서 마르크스주의의 원칙들을 수호하려 했으나, 1차 세계대전이 발발하자 사회배외주의 입장을 취하여 부르주아 정부에 입각했다.―옮긴이

약탈을 위한 상호 학살의 수뇌부에 사회주의자가 있다고 상상해보라! 프랑스의 밀랑(Millerand)[7]에 더하여 영국의 밀랑, 이탈리아의 밀랑, 독일의 밀랑이 이런 자본가들의 강도짓에 노동자들을 끌어들여 서로 싸우게 하고 있다고 상상해보라! 동지들, 내 묻건대 국제 연대는 무엇이 남겠는가? 밀랑과 같은 이들이 통상적인 현상이 되는 순간 우리는 모든 국제주의에 '안녕'을 고하고 민족주의자가 되어야 할 것이며, 그것에는 결코 여러분도 나도 동의하지 않을 것이다.

—쥘 게드, 『경계하라!*En Garde!*』, 파리, 1911년, 175~6쪽

프랑스가 자유, 민족 독립, 민주주의 등을 위해 이 1914~7년 전쟁을 수행하고 있다는 것은 사실이 아닙니다. 프랑스는 독일이 더 많은 권리를 갖게 될 수 있는——물론 부르주아 권리의 관점에서——자신의 식민지와 영국의 식민지를 유지하기 위해 싸우고 있습니다. 프랑스는 러시아에게 콘스탄티노플 등을 주기 위해 싸우고 있습니다. 따라서 이 전쟁을 이끌고 있는 것은 민주적이고 혁명적인 프랑스, 즉 1792년의 프랑스, 1848년의 프랑스, 코뮌의 프랑스가 아닙니다. 그것은 부르주아 프랑

---

7 1859~1943년. 급진 사회주의자로 정치 활동을 시작했으나 1899년 부르주아 정부에 입각하면서 많은 논란을 일으켰다. 이후 점점 우경화되어 1920년 중도우파의 지지를 받으며 대통령으로 선출되었으나, 대통령의 권한을 강화시키려는 시도가 좌파의 반발을 사서 사임했다.—옮긴이

스, 차르의 벗이자 동맹인 반동적인 프랑스입니다. 이 프랑스는 자신의 노획물과 식민지에 대한 "신성한 권리"와 약하거나 가난한 민족들에 빌려준 수십억의 차관을 통해 전세계를 착취할 "자유"를 옹호하는 "세계의 고리대금업자"(이 표현은 내 것이 아니라 《뤼마니테 *L'Humanité*》[8]의 기고자인 뤼시스(Lysis)[9]의 것입니다)인 것입니다.

혁명 전쟁과 반동적인 전쟁을 구별하기 어렵다고 말하진 마십시오. 내가 이미 제시한 과학적 기준 외에 누구나 이해할 수 있는 순전히 실질적인 기준을 원하십니까?

여기 있습니다. 어느 정도 규모가 있는 모든 전쟁은 사전 준비가 필요합니다. 혁명 전쟁이 준비되는 동안에 민주주의자들과 사회주의자들은 그런 전쟁에서 자신들이 '조국 방위'를 지지한다고 미리 말하기를 꺼려하지 않습니다. 반면 반동적 전쟁이 준비되는 동안에는 단 한 명의 사회주의자도 미리, 즉 전

8 '인류'라는 뜻. 프랑스 사회당의 기관지(일간)로서 1904년에 장 조레스가 창간했다. 1차 세계대전 동안 프랑스 사회당 내 극단적인 우익 진영의 대변지가 되어 사회배외주의 정책을 추구했다.
프랑스와 국제 노동자운동의 주요 지도자인 마르셀 카섕(Marcel Cachin)이 1918년 이 신문의 정치 편집자가 되었다. 1918~20년 《뤼마니테》는 프랑스 정부가 소비에트 러시아에 군사적 개입을 하려는 것을 반대하는 캠페인을 벌였다. 1920년 12월 투르 대회에서 사회당 분열로 공산당이 결성된 직후 공산당의 기관지가 되었다.—원서 편집자

9 프랑스 언론인 외젠 르타이외르(Eugène Letailleur, 1869~1927년)의 필명이다.—옮긴이

쟁이 선포되기 전에 자신이 그런 전쟁에서 '조국 방위'를 지지할 것이라고 결심하지 않을 것입니다.

마르크스와 엥겔스는 1848년과 1859년에 독일의 인민들에게 러시아에 맞서 싸우라고 촉구하기를 주저하지 않았습니다.

반면 1912년 바젤 대회에서 사회주의자들은 이미 예상하고 있던 1914년에 실제로 발발한 이 전쟁에 대해서 감히 '조국 방위'를 말하지 못했습니다.

영국에 대항해 아일랜드가, 프랑스에 대항해 모로코·알제리·튀니지가, 이탈리아에 대항해 트리폴리가, 러시아에 대항해 우크라이나·페르시아·중국 등이 시작할 수 있을 전쟁 또는 봉기에 동조할 것이라고 공공연하게 선포하는 일을 우리 당은 주저하지 않습니다.

하지만 사회배외주의자들은 어떨까요? 그리고 '중앙파' 사람들은 어떨까요? 예컨대 일본과 미국의 전쟁, 명백히 제국주의적이며, 수백만의 인민을 위협하는 수십 년 동안 준비된 전쟁이 발발하는 그런 경우에 자신들이 '조국 방위'를 지지하거나 지지할 것이라고 감히 공개적이고 공식적으로 선언할 수 있을까요? 한번 해보라고 하지요! 그런 결정을 내린다면 근로 대중들의 웃음거리가 될 것이며 사회주의 정당들에게 조롱당하고 쫓겨날 것임을 너무나 잘 알고 있기 때문에 나는 그들이 그러지 못할 것이라는 쪽에 기꺼이 내기를 걸겠습니다. 이것이야말로 사회배외주의자들과 '중앙파' 사람들이 이 주제에 대해 어떤 명확한 성명도 내지 않고 회피와 기만과 모호한 태도로 일관하면서, 지난 1915년 프랑스 당 대회에서 통과된 것과 같이 '공격당한 국가는 방어할 권리가 있다'는 궤변으로 궁지에서 벗어나려 하는 이유입니다.

마치 중요한 건 전쟁의 원인과 목적이 무엇이고 어떤 계급이 그것을 이끌고 있는가가 아니라, 누가 먼저 공격했는가라는 말 같지 않습니까? 예컨대 1796년에 프랑스 혁명군이 아일랜드 사람들과 연대하기 시작했을 때, 정신이 나가지 않은 어느 사회주의자가 영국의 '조국 방위' 권리를 인정할 수 있다고 했다면 수긍할 수 있겠습니까? 당시 영국을 공격한 것은 프랑스였으며, 프랑스 군은 아일랜드에 상륙할 준비까지 했었지만 말입니다. 만약 내일 러시아와 영국이 독일에게 따끔한 가르침을 받고 난 뒤, 자신들의 1789년과 1793년을 실행하고 있는 페르시아·인도·중국 및 기타 아시아의 혁명적 민족들이 연합하여 러시아와 영국을 공격한다면, 그 두 나라에 '조국 방위' 권리가 있다고 인정할 수 있겠습니까?[10]

이것이 우리가 톨스토이(Tolstoy)와 의견을 공유한다는 참으로 가당찮은 고발에 대한 내 답변입니다.[11] 우리 당은 톨스

---

10 당시 전황은 독일에게 유리한 편이었다. 레닌은 영국·러시아가 독일에 패전을 당해 약화되면 그들의 영향력 아래 있던 약소민족들이 투쟁에 나설 가능성을 생각한 듯하다.—옮긴이

11 볼셰비키의 패전주의를 톨스토이의 비폭력 무저항주의에 빗대는 비판이 있었던 것으로 보인다.—옮긴이

토이의 교의와 평화주의를 모두 다 거부하며, 사회주의자들은 현재의 전쟁을 사회주의를 위한 부르주아에 대한 프롤레타리아트의 내전으로 전환시키기 위하여 노력해야 한다고 주장합니다.

만일 동지가 이를 공상적이라고 말한다면, 나는 프랑스와 영국 등의 부르주아는 동지와 생각이 다른 게 분명하다고 답하겠습니다. 혁명이 피할 수 없이 끊임없이 무르익고 있으며 곧 닥쳐오리라는 사실을 예감하고 예견하지 않았더라면, 그들은 분명 '평화주의자들'을 잡아 가두거나 징집하기까지 하는 비열하고 우스꽝스러운 배역을 맡으려 들지 않았을 것입니다.

수바린 동지도 제기했지만 이는 나를 분열이라는 문제로 끌고 갑니다. 분열! 그것은 사회주의 지도자들이 서로를 위협하려 할 때 불러오는 귀신이자, 그들 스스로도 너무나 무서워하는 것입니다! 수바린은 이렇게 말합니다. "지금 새로운 인터내셔널을 창립하는 게 무슨 이점이 있다는 말입니까? 수적으로 너무 미미하기 때문에 그것의 활동은 아무것도 생산하지 못할 것입니다."

그러나 말을 똑바로 하자면 프랑스에서의 프레스만(Pressmane)과 롱게의 "활동", 독일에서 카우츠키와 레데부어의 "활동"이야말로 아무것도 생산하지 못하고 있음을 매일매일의 사실이 증명하고 있습니다. 그들이 분열을 두려워한다는 바로 그 점 때문에 말입니다! 그리고 독일에서 카를 리프크네히트와 오토 륄레(Otto Rühle)[12]가 분열을 두려워하지 않고, 공공연하게 분열의 **필요성**을 선언하며(1916년 1월 12일자 《포어베르츠》에 실린 륄레의 서한을 보십시오), 분열을 실행하는 데 주저하지 않았다는 바로 그 점 때문에 그들의 활동은 수적으로 미미함에도 불구하고 프롤레타리아에게 막대한 중요성을 지닐 수 있었습니다. 리프크네히트와 륄레 단 두 명이 108명을 상대했습니다. 그러나 이 둘은 수백만의 사람들을, 착취당하는 대중을, 인구의 압도적인 다수를, 인류의 미래를, 매일 자라나고 성숙하는 혁명을 대표합니다. 108명은 단지 프롤레타리아 내부에서 부르주아에 굴종하는 소수파의 비굴한 정신을 대표할 뿐입니다. 중앙파 또는 늪지파의 약점을 드러낼 때, 브리종의 활동은 아무것도 생산하지 못하는 것으로 끝나고 맙니다. 반대로 브리종이 사실상 '단결'을 파괴하고 의회에서 용감하게 '전쟁 타도!'를 부르짖을 때, 또는 연합국들이 러시아에 콘스탄티노플을 주기 위해 싸우고 있다고 말하면서 공개적으로 진실을 외칠 때, 그의 활동은 아무것도 생산하지 못하는 상태에서 벗어나 프롤레타리아를 조직하고, 일깨우고, 고무합니다.

진정한 혁명적 국제주의자들이 수적으로 미미하다? 허튼소리 마시오! 1780년의 프랑스나 1900년의 러시아를 예로 들어봅시다. 의식적이고 단호한 혁명가들, 프랑스에서는 당대의

---

12 1874~1943년. 독일 사회민주당 좌파 정치인이다. 1912년 이래 제국의회 의원이었으며 1차 세계대전 시기에 국제주의 입장을 유지했다.—옮긴이

혁명적 계급인 부르주아를 대표했고, 러시아에서는 오늘날의 혁명적 계급인 프롤레타리아를 대표하는 그런 혁명가들의 숫자는 극히 미미했습니다. 그들은 기껏해야 자기 계급의 1만 분의 1, 심하게는 10만 분의 1밖에 되지 않는 작은 무리에 불과했습니다. 그러나 수년 후, 이 작은 무리가, 이른바 미미하기 짝이 없는 소수가 대중을, 수백만, 수천만의 사람들을 이끌었습니다. 왜? 이 소수야말로 진정으로 이들 대중의 이해를 대변했기 때문에, 다가오는 혁명을 믿었기 때문에, 혁명에 기꺼이 헌신할 준비가 되어 있었기 때문입니다.

수적으로 미미하다? 대체 언제부터 혁명가들이 다수에 속하는가, 소수에 속하는가에 따라 자기 정치가 좌우되게 했던 말입니까? 1914년 11월에 우리 당이 분열이야말로 그해 8월의 배신에 대한 유일하게 올바르고 적합한 응답이라고 선포하며 기회주의자들과의 분열을 요구[13]했을 때, 많은 사람들이 그 주장을 현실과의 접점을 완전히 상실한 자들의 몰지각한 종파주의라고 생각했습니다. 2년이 지난 지금 어떤 일이 벌어지고 있는지 보십시오. 영국에서 분열은 기정사실입니다. 사회배외주의자 하인드먼은 당을 떠나야만 했습니다. 독일에서 분열은 모두의 눈앞에서 펼쳐지고 있습니다. 베를린, 브레멘, 슈투트가

---

13 레닌이 작성하여 러시아 사회민주노동당 중앙위원회 명의로 1914년 11월 1일 《사회민주주의자》를 통해 발표한 「전쟁과 러시아 사회민주주의」를 가리킨다.—옮긴이

르트의 조직들은 당…… 카이저 하수인들의 당, 독일판 르노델·상바·토마·게드 도당의 당에서 추방되는 영광마저 얻었습니다. 그럼 프랑스에선? 한편에서는 이 신사분들의 당은 여전히 '조국 방위'를 지지한다고 선언하고 있습니다. 다른 한편에서는 치머발트주의자들이 자신들의 팸플릿 『치머발트 사회주의자들과 전쟁』에서 '조국 방위'는 사회주의가 아니라고 선언하고 있습니다. 이게 분열이 아니란 말입니까?

또 세계가 가장 큰 위기를 맞았던 최근 두 해를 겪고 나서도 오늘날 프롤레타리아 전술의 가장 중요한 문제에 대해 정반대의 해답들을 내놓는 사람들이 어떻게 같은 당에서 어깨를 맞대고 성실하게 활동할 수 있단 말입니까?

중립국이지만 미국도 보십시오. 거기에도 분열이 있지 않습니까. 한쪽에서는 '미국의 베벨(Bebel)' 유진 뎁스(Eugene Debs)[14]가 자신은 사회주의 승리를 위한 내전이라는 오직 한 종류의 전쟁만을 인정할 뿐이며, 단 한 푼이라도 미국의 전쟁 비용이 되게 찬성표를 던지느니 차라리 총살당하겠다고 사회

---

14 선반 노동자였던 아우구스트 베벨(1840~1913년)은 19세기 후반 독일 사회주의 운동과 노동운동의 가장 유명한 지도자였다. 1869년 빌헬름 리프크네히트와 함께 독일 사회민주노동당 창당을 주도했다. 1890년대와 1900년대 초 독일 사회민주당 내부에 등장한 개량주의 및 수정주의에 적극 반대했으나, 말년에는 중도적인 경향을 드러내기도 했다. 미국 철도 노동자인 유진 뎁스(1855~1926년)는 1905년 세계산업노동자연맹(IWW)의 건설에 관여했고, 1차 세계대전 중에는 국제주의 입장에 서서 미국의 참전을 반대했다.―옮긴이

주의 신문에 선언하고 있습니다(1915년 9월 11일자 《어필 투 리즌 *Appeal to Reason*》[15] 1032호를 보십시오). 한편 다른 쪽에서는 미국판 르노델과 상바 들이 '조국 방위'와 '전쟁 준비'를 지지하고 있습니다. 그리고 미국판 롱게와 프레스만 들――딱한 사람들 같으니!――은 사회배외주의자들과 혁명적 국제주의자들을 화해시키려고 애쓰는 중입니다.

이미 두 개의 인터내셔널이 존재하고 있습니다. 하나는 상바-쥐데쿰-하인드먼-플레하노프(Plekhanov) 일당의 인터내셔널입니다. 또 하나는 카를 리프크네히트, 매클린(Maclean, 노동자 계급투쟁을 지지했다는 이유로 영국 부르주아가 강제 노동형을 선고한 스코틀랜드 교사), 회글룬트(Höglund, 전쟁에 반대하는 혁명적 선동을 해서 강제노동형에 처해진 스웨덴의 의원이자 '치머발트 좌파'의 설립자 가운데 한 사람), 반전 선동으로 인해 시베리아 종신유배형에 처해진 다섯 명의 두마 의원 등의 인터내셔널입니다. 한편에는 자국 정부가 제국주의 전쟁을 수행하도록 돕고 있는 이들의 인터내셔널이, 다른 편에는 제국주의 전쟁에 대항하는 혁명적 투쟁을 수행하고 있는 이들의 인터내셔널이 있습니다. 의회에서의 웅

15 '이성에 대한 호소'라는 뜻. 1895년 캔자스 주 지라드에서 미국의 사회주의자들이 발행한 신문이다. 미국 사회당과 공식적인 관계는 없었으나 사회주의 이념을 선전했으며 노동자들 사이에서 폭넓은 인기를 누렸다. 1차 세계대전 중 국제주의적 입장을 견지했다.
레닌이 언급한 것은 1915년 9월 11일자에 실린 유진 뎁스의 기사 「나는 언제 싸울 것인가」다.―원서 편집자

변도, 사회주의 '정치가'의 '외교'도 이 두 인터내셔널을 통일시킬 수 없습니다. 제2인터내셔널은 이미 수명을 다했습니다. 이미 제3인터내셔널이 탄생했습니다. 비록 제2인터내셔널의 고위 사제들과 교황들이 제3인터내셔널에 축성과 세례를 해주기는커녕 저주를 퍼붓는다 해도(반데르벨데와 스타우닝(Stauning)[16]의 발언을 보십시오), 제3인터내셔널이 날마다 새로운 힘을 얻어가는 것을 막진 못합니다. 제3인터내셔널은 프롤레타리아트로 하여금 기회주의자들을 제거할 수 있게 하고, 무르익고 있는 임박한 사회 혁명에서의 승리로 대중을 이끌 것입니다.

글을 끝맺기 전에 수바린의 개인적인 문제 제기에 몇 마디 답변을 해야겠습니다. 그는 베른슈타인, 카우츠키, 롱게 등에 대한 개인적 비판의 수위를 낮추라고 (스위스의 사회주의자들에게) 요구합니다. 나로서는 그 요구를 받아들일 수 없다고 할 수밖에 없습니다. 그리고 무엇보다 수바린에게 "중앙파"에 대한 내 비판은 정치적인 것이지 개인적인 것이 아니라는 점을 지적하고자 합니다. 쥐데쿰, 플레하노프 같은 분들의 대중적 영향력은 이제 구제불능입니다. 이들의 권위는 너무나 망가진 나머지 어딜 가든 경찰이 그들을 보호해줘야 할 지경입니다. 그러

---

16 1873~1942년. 덴마크 사회민주당 및 제2인터내셔널 우파의 지도자로, 1910년부터 덴마크 사회민주당과 당 의원단의 대표를 지냈고, 1차 세계대전 중에는 친독일 성향의 사회배외주의 입장을 취했다. 1916~20년 무임소장관으로 부르주아 정부에 입각했다.—옮긴이

나 "중앙파"는 "단결"과 "조국 방위"라는 선전에 의해, 타협하려는 욕망에 의해, 가장 깊은 차이를 말로 감추려는 노력에 의해 노동운동에 가장 큰 해악을 끼치고 있습니다. 그것이 사회 배외주의자들의 도덕적 권위의 최종적 붕괴를 지연시킴으로써 그들의 대중적 영향력을 유지시켜주고, 기회주의적인 제2 인터내셔널의 주검을 소생시키고 있기 때문입니다. 이 모든 이유들로 인해 나는 카우츠키 및 기타 '중앙파' 대표자들에 대한 투쟁이야말로 사회주의자로서 내 의무라고 생각하는 겁니다.

수바린은 특히 "길보(Guilbeaux)[17]와 레닌에게, '훈수꾼'이어서 사회주의 내의 인물과 사안들에 관해 종종 올바른 판단을 내릴 수 있다는 이점도 있지만 아마도 분명히 불리함도 지니고 있을 모든 사람들에게 편지를 보냅니다"라고 말합니다.

참으로 속 들여다 보이는 암시입니다. 치머발트에서 레데부어가 우리 '치머발트 좌파'더러 해외에서 대중에게 혁명을 촉구하고 있다고 비난했을 때, 그는 똑같은 생각을 보다 명료하게 표현했습니다. 치머발트에서 내가 레데부어에게 한 말을 수바린 동무께 똑같이 들려드리겠습니다. 내가 러시아에서 체포됐던 것이 29년 전입니다. 그 29년 동안 나는 대중에게 혁명을 촉구하는 일을 멈춘 적이 전혀 없습니다. 나는 감옥에서, 시베리아에서, 나중에는 해외에서 그렇게 했습니다. 나는 차르 검

---

17   1885~1938년. 프랑스 사회주의자이자 언론인이다. 1차 세계대전 시기에는 평화주의자였고, 1916년 키엔탈 회의에 참여했다.—옮긴이

사들의 발언에서뿐 아니라 혁명 언론에서도, 내가 해외에 살면서 러시아 대중들에게 혁명을 촉구하고 있기 때문에 진정성이 없다고 비난하는 '암시'를 자주 접했습니다. 차르 검사들한테서 나오는 이런 '암시'야 전혀 놀라운 것이 아닙니다. 하지만 레데부어에게는 다른 성격의 논증을 기대하고 있었다는 점을 인정할 수밖에 없습니다. 마르크스와 엥겔스가 1847년 저 유명한 『공산당 선언Communist Manifesto』을 썼을 때 그들 또한 해외에서 독일 노동자들에게 혁명을 촉구하고 있었다는 사실을 아마 레데부어는 까먹은 모양입니다! 혁명 투쟁은 많은 경우 해외로 망명한 혁명가들 없이는 불가능합니다. 프랑스는 이를 여러 번 경험했습니다. 수바린 동지는 레데부어와…… 차르 검사들의 나쁜 선례를 따르지 않는 편이 나을 것입니다.

수바린은 또 "레닌은 우리〔프랑스 소수파〕가 인터내셔널의 극좌파 중에서도 가장 좌익적인 일원이라고 생각하는" 트로츠키(Trotsky)를 "단순한 배외주의자로 낙인찍습니다. 거기엔 얼마간 과장이 있다는 점을 인정해야만 합니다"라고 말합니다.

네, "얼마간 과장이 있다는 점"은 확실합니다. 단지 내가 아니라 수바린이 그렇게 하고 있습니다. 왜냐하면 나는 트로츠키의 입장을 배외주의로 낙인찍은 적이 없기 때문입니다. 내가 트로츠키를 비판하는 바는 그가 너무나 자주 러시아에서 '중앙파'의 정책을 대변하고 있다는 점입니다. 사실을 살펴봅시다. 러시아 사회민주노동당의 분열은 1912년 1월부터 공식

적으로 존재해왔습니다.[18] (중앙위원회를 중심으로 결집한) 우리 당

18 1912년 1월, 멘셰비키는 러시아 사회민주노동당의 (프라하) 6차 대회 결
    정 사항에 따라 출당되었다.

    러시아 사회민주노동당의 6차 전체 대회는 1912년 1월 5일부터 17일
    (18~30일)까지 프라하에서 개최되었는데, 실질적으로 당대회로서의 성
    격을 갖고 있었다.

    이 대회에서 레닌은 주도적 위치를 차지했다. 그는 현재 정세와 당의
    임무, 국제사회주의사무국의 업무에 대해 보고했고 논의에 참여하였다.
    또한 모든 주요한 의제 사안에 대한 결의안들의 초안을 작성하였다.

    대회는 청산파 인사들이 자신들의 행위를 통해 명백하게 당의 외부
    에 자리매김하였음을 선언했고, 그들을 출당했다. 또 트로츠키 그룹을
    비롯한 해외에 있는 반당(反黨) 그룹들을 규탄했고, 중앙위원회의 감독
    및 지도 아래 업무를 수행하는 단일한 해외 당 조직의 절대적 필요성을
    공인했으며, "사회민주적 활동의 러시아 내 중심, 즉 중앙위원회에 복종
    하기를 거부하며, 러시아 국내와 독자적으로 연락을 취하고 중앙위원회
    를 무시함으로써 분열을 야기하는" 해외 당 조직은 "러시아 사회민주노
    동당의 명의를 사용할 권리가 전무"함을 지적했다. 대회는 "당 업무의
    성격 및 조직적 형태"에 관한 결의안을 채택하였고, 레닌의 조직 규약안
    을 승인했으며, 《사회민주주의자》를 당 중앙기관으로 하였으며, 당 중앙
    위원회를 선출하고 러시아 국내에 중앙위원회 부서를 설치하였다.

    프라하 대회는 새로운 유형의 정당인 볼셰비키 당을 건설하고 그 단
    결을 강화함에 있어 두드러진 역할을 수행했다. 그것은 멘셰비키에 대항
    하는 투쟁의 역사적 단계 전체를 종결지었으며, 볼셰비키의 승리를 굳
    건하게 하고 멘셰비키 청산파 일당을 당으로부터 추방했다. 지역 당 조
    직들은 대회의 결정 사항에 기초하여, 훨씬 더 당과 밀착해 결집하였다.
    대회는 러시아 전체 조직으로서의 당을 강화하였고, 새로운 혁명적 고
    조의 조건들 내에서 그것의 정치적 노선과 전술을 규정했다. 프라하 대
    회는 국제적으로도 굉장히 중요했다. 그것은 기회주의자들과의 온전한
    조직적 단절을 목표로 하는 항쟁을 수행함으로써, 제2인터내셔널을 구
    성하고 있는 정당들의 혁명적 성원들에게 기회주의에 맞서 어떻게 싸워
    야 하는지를 보여주었다.─원서 편집자

은 다른 그룹, 즉 가장 유명한 지도자로 마르토프(Martov)와 악셀로트(Axelrod)를 둔 조직위원회[19]를 기회주의라고 비판했습니다. 트로츠키는 마르토프의 당 소속이었으며 1914년까지 그 당에 있었습니다. 그 무렵 전쟁이 발발했습니다. 우리 측 두마 의원단 다섯 명(무라노프(Muranov), 페트롭스키(Petrovsky), 샤고프(Shagov), 바다예프(Badayev), 사모일로프(Samoilov))[20]은 시베리아로 추방당했습니다. 페트로그라드의 우리 노동자들은 전시산업위원회[21] 참여(프랑스의 입각 문제만큼 중대한, 러시아의 우리에게는 가장 중대한 실천적 사안)에 반대하는 투표를 했습니다. 반면 포트레소프(Potresov)[22], 자술리치(Zasulich), 레비츠키(Levitsky)[23] 등 조직위원회의 가장 유명하고 영향력 있는 문필가들은 '조국 방위'와 전시산업위원회 참여에 지지를 표명했습니다. 마르

19 The Organizing Committee. 멘셰비키 당의 지도 중앙으로서, 1912년 8월에 열린 멘셰비키 청산파와 모든 반당 그룹들 및 경향들의 회의에서 선출되었다. 1917년 8월에 멘셰비키 당 중앙위원회가 선출될 때까지 존속했다.―원서 편집자

20 1912년에 선출된 4차 국가두마의 볼셰비키 의원단 5인은 1차 세계대전이 벌어지자 당의 정책에 따라 전쟁공채 찬성 투표를 거부했고, 전쟁의 제국주의적·반민중적 성격을 폭로하고 차르, 지주, 부르주아에 맞선 투쟁을 선동하는 활동을 벌였다. 이런 혁명적 활동의 결과 1914년 11월 볼셰비키 의원단은 반역죄로 기소되어 재판을 받고 시베리아 종신유형을 선고받았다. 레닌은 이 사건에 대해 「러시아 사회민주노동당 두마 의원단 재판으로 무엇이 폭로되었는가?What Has Been Revealed By the Trial of the Russian Social-Democratic Labour Duma Group?」(본 전집 59권 『제2인터내셔널의 붕괴』에 수록)라는 글을 썼다.―옮긴이

토프와 악셀로트는 이의를 제기하며 전시산업위원회 참여에 반대표를 던졌습니다. 하지만 일부가 배외주의로 돌아서서, 참여에 동의한 자기 당과 절연하지 않았습니다. 이 때문에 우리는 키엔탈에서 마르토프가 실제로는 그 경향의 일부만을 대표할 수 있음에도 불구하고 조직위원회 전체를 대표하려고 했던 것을 비판했던 것입니다. 그 당 소속 두마 의원단(치헤이제〔Czcheidze〕, 스코벨레프〔Skobelev〕 등)은 분열된 상태입니다. 일부는 '조국 방위'를 지지하고 일부는 반대합니다. 그렇지만 그들

---

21 전시산업위원회는 러시아에서 제국주의적 부르주아지가 전쟁 수행 중인 차르 정부를 돕기 위한 것으로 1915년 5월 설립되었다. 러시아의 대자본가인 10월당원 지도자 구치코프(Guchkov)가 중앙전시산업위원회의 의장이었다. 노동자를 자신들의 영향하에 두고 배외주의적 감정을 조장하고자 시도한 부르주아지는 러시아에서 자본가와 노동자 사이에 '계급 휴전'이 실현된 것과 같은 인상을 만들어내려는 의도에서 이 위원회 내에 '노동자 그룹'을 조직하기로 결정했다. 볼셰비키는 위원회의 보이콧을 선언했고, 대다수 노동자들의 지지로 그것을 성공적으로 수행했다. 볼셰비키 선전의 결과로 총 239개 지방 및 지역 위원회 중 70개만이 '노동자 그룹' 선거를 시행했고, 그 중 36개 위원회만이 노동자 대표를 선출했다.─원서 편집자

22 1869~1934년. 저명한 멘셰비키 지도자이자 청산파의 이론가다. 잡지 《보즈로즈데니예Vozrozhdeniye》('쇄신'이라는 뜻)와 《나샤 자리야Nasha Zarya》('우리의 새벽'이라는 뜻)를 비롯한 멘셰비키 청산파의 간행물에서 지도적인 역할을 맡았다. 1차 세계대전 시기에는 사회배외주의적 입장을 취했다.─원서 편집자

23 마르토프의 동생 블라디미르 체더바움의 필명이다. 멘셰비키로 활동했다.─원서 편집자

모두는 전시산업위원회 참여를 지지했으며, 쥐데쿰과 르노델이 주창한 '조국 방위' 구호의 또 다른 표현에 불과한 '조국을 구해야 한다'는 모호한 공식을 사용하고 있습니다. 게다가 그들은 포트레소프의 입장(사실상 플레하노프의 입장과 동일합니다. 마르토프는 공개적으로 포트레소프에 반대했고, 포트레소프가 플레하노프에게 참여 요청을 했기 때문에 그의 잡지에 참여하기를 거절했습니다)에 반대하지 않았습니다.

그럼 트로츠키는? 마르토프의 당과 관계를 끊은 후에도 트로츠키는 계속 우리를 분열주의자라고 비난합니다. 트로츠키는 조금씩 왼쪽으로 이동한 끝에 러시아 사회배외주의 지도자들과 단절할 것을 요구하는 데까지 이르렀습니다. 하지만 그는 치헤이제 파[24]에 관해서는 단결을 원하는지 분열을 원하는지 명확하게 말하지 않습니다. 그리고 그것이야말로 가장 중요한 문제입니다. 실제로 내일 평화가 찾아온다면 우리는 모레 새로운 두마 선거를 치르게 될 것입니다. 그래서 치헤이제와 함께할 것이냐 적대할 것이냐의 문제가 즉각 우리 앞에 대두될 것입니다. 우리는 그런 동맹에 반대합니다. 마르토프는 그 동맹을 지지합니다. 그렇다면 트로츠키는? 우리는 모릅니다. 트로츠키가 편집진에 속해 있는, 파리에서 발간되는 러시아어

---

24 두마 당시 치헤이제가 이끈 멘셰비키 의원단. 1차 세계대전 중에 이 그룹은 중앙파의 중도주의적 입장을 취했지만, 실제로는 러시아 사회배외주의자들의 정책을 전면적으로 지지했다.—원서 편집자

신문《나셰 슬로보 *Nashe Slovo*》는 500호가 발간되는 동안 한 마디도 명확한 언급을 하지 않았습니다. 이것이 우리가 트로츠키와 뜻을 같이하지 않는 이유입니다.

우리만 그런 것이 아닙니다. 치머발트 회의에서 트로츠키는 치머발트 좌파에 동참하기를 거부했습니다. 그는 헨리에터 롤란트-홀스트(Henriette Roland-Holst)[25] 동지와 함께 '중앙파'를 대표했습니다. 여기 롤란트-홀스트 동지가 최근 네덜란드의 사회주의 신문《데 트리뷴 *De Tribune*》[26]에 쓴 글(1916년 8월 23일자 159호)이 있습니다. "트로츠키와 그의 그룹처럼 제국주의에 맞서 혁명적인 투쟁을 수행하고자 하는 이들은, 대부분 개인적 문제로 야기되어 극좌파를 분열시키고 있는 망명자들 간의 대립의 결과를 극복하고 레닌주의자들에 합류해야 한다. '혁명적 중앙파'란 불가능하다."

우리와 트로츠키, 마르토프의 관계에 대해 지나치게 길게 이야기해서 미안합니다. 프랑스 사회주의 언론들이 그것에 관해 자주 언급하면서도 독자들에게 제공하는 정보는 대개 매우

25 1869~1952년. 네덜란드의 사회주의자이자 시인이다.―원서 편집자

26 네덜란드 사회민주당 좌파의 기관지. 1907년 판네쿡(Pannekoek), 헤르만 호르터르(H. Gorter), 다비트 베잉쿠프(D. Wijnkoop)와 헨리에터 롤란트 홀스트가 1907년 창간했다. 1909년 좌파가 사회민주노동당에서 축출되어 네덜란드 사회민주당을 창당하자 그 당의 공식 기관지가 되었다. 1918년 사회민주당이 공산당으로 개명한 뒤에도 계속 당 기관지 역할을 했으며, 1940년까지 같은 이름으로 발행되었다.―원서 편집자

부정확합니다. 프랑스의 동지들에게 러시아 사회민주주의 운동에 관한 내용을 더 잘 알려주어야 마땅합니다.

레닌

| 1916년 12월 후반기에 집필

국제사회주의위원회와 모든 사회주의 정당들에 제언하기 위한 테제

초안

이 "초안"은 1917년 1월 초에 작성되었으며, "국제사회주의 위원회 및 언론 게재를 위함"이라는 레닌의 주석이 달려 있다.

1917년 1월 7일, 국제사회주의위원회의 카우츠키주의자 의장이었던 로베르트 그림은 좌익의 반발에도 불구하고 스위스 사회민주당 집행부로 하여금 전쟁 문제에 관한 비상 당대회를 무기한 연기하도록 하였다. 같은 날 독일 사회민주당의 중앙반대파는 베를린에서 회의를 열어 카우츠키가 기초한 평화주의 선언문인 「독일 당 반대파 평화 선언Ein Friedensmanifest der deutschen Parteiopposition」을 채택하였다. 이후 이 선언문은 몇 개의 독일 신문과 스위스의 사회주의 신문 《폴크스레히트》 1월 11일자에 게재되었다. 이는 치머발트 우파와 사회배외주의자들의 공개적 연합을 의미했으므로 레닌은 자신의 초고를 수정했으나, 발행을 연기하였다. 그 글에는 레닌이 단 다음과 같은 주석이 있었다. "1917년 1월 7일 이전에 작성되어 부분적으로 시의성을 결격." 그후 레닌은 이 초안에 기초하여 호소문 「투쟁을 지지하는 노동자들에게」(이 책에 수록—편집자)를 작성했다.—원서 편집자

1. 세계 정치는 제국주의 전쟁으로부터 다수의 부르주아 정부들이 공개적으로 제국주의 평화를 호소하는 상황으로 전환했으며, 이는 지금 세계 사회주의의 발전에서 나타난 전환과 조응한다.

2. 첫 번째 전환은 평화주의의 선량하고 감상적인 문구들, 약속과 맹세 들의 범람을 낳았다. 이를 통해 제국주의 부르주아들과 제국주의 정부들은 인민에 대한 기만을 더더욱 강화한다. 즉 약탈 전쟁의 비용을 순순히 지불하도록 인민을 '평화적으로' 길들이고, 수백만 프롤레타리아를 평화적으로 무장해제시키려고 하며, 약간의 양보를 통해 식민지를 분할하고 약소민족들을 금융적으로(가능하다면 정치적으로도) 억압하기 위한 거래를 준비하고 있다는 사실을 감추려고 한다. 임박한 제국주의 평화의 내용을 구성하는 이런 거래들은 특히 전시에 체결된 현존하는 거래, 즉 교전 중인 양측 제국주의 연합에 속한 모든 열강들 사이에 비밀리에 맺어진 약탈적인 조약들의 직접

적인 연속이다.

3¹. 두 번째 전환은 사회주의를 배반하고 부르주아 민족주의 또는 제국주의 편으로 넘어간 조류인 사회배외주의자들과 독일의 카우츠키 일당, 이탈리아의 투라티 일당, 프랑스의 롱게·프레스만·메렘 등이 대표하는 **치머발트 우파**의 '화해'에 있다. 실천적으로 제국주의 정책과 제국주의 평화를 은폐하며, 그것들을 폭로하는 대신 **미화**하는 데 봉사하는, 공허하고 무의미하며 아무 구속력 없는 평화주의 문구들을 기초로 하여 단합한 이 두 조류는 노동자들에 대한 가장 큰 기만을 향해 결정적인 한 걸음을 내딛고 있다. 즉 정부들과 부르주아가 약탈적인 제국주의 전쟁을 수행하는 것을 '조국 방위'라고 부르며 협조한 노동계급 내부의 특권 계층과 지도자들의 사회주의 문구로 위장한 부르주아 노동 정책이 노동운동에 지배력을 강화하는 방향으로 말이다.

4. 사회평화주의² 정치, 또는 사회평화주의 미사여구에 기

---

1 레닌주 4번과 같이 볼 것.

2 레닌은 혁명적 대중투쟁을 촉구하지 않고 민주적인 평화조약 체결이 가능하다는 평화주의 선전을 행하는 사회주의 운동 내 경향들을 사회평화주의(social-pacifism)라고 불렀다. 그는 사회평화주의자들의 선전이 노동계급의 사기를 떨어뜨리고 평화에 대한 환상만 불어넣는다고 비판했다.—옮긴이

초한 정책은 현재 주요 유럽 국가의 사회주의 당들에서 우세를 점하고 있다(다음과 같은 것들을 보라. 독일 사회민주주의 언론에 실린 카우츠키의 평화주의적인 기사 다섯 편과 평화주의 문구들에 기초하여 평화 및 카우츠키주의자들과 연합할 만반의 준비가 되었다는 비슷한 시기 켐니츠의 《폴크스슈티메》에 게재된 사회제국주의 지도자들의 사설, 독일의 카우츠키주의 반대파들이 1917년 1월 7일에 발표한 평화주의 선언, 프랑스 사회당 대회에서 롱게주의자들과 르노델 일당이, 노동총동맹 대회에서 주오·메렘·브루츄가 인민을 기만하는 평화주의 문구로 구성된 결의안들에 함께 찬성 투표한 일, 1916년 12월 17일에 행해진 유사한 성격을 가진 투라티의 연설과 이탈리아 사회당 전체의 그 입장에 대한 옹호). 현재 준비되고 있는, 즉 양대 제국주의 연합의 **부르주아** 정부들에 의해 준비되고 있는 평화의 **가능한 모든 조건** 아래에서 이 정책은 사회주의 조직들과 생디칼리스트(주오와 메렘) 조직들이 정부의 음모적인 제국주의 비밀 외교를 위한 도구로 변했다는 사실을 의미한다.

5. 현재 양대 제국주의 연합의 부르주아 정부들이 준비하고 있는 평화의 가능한 조건들은 실은 전쟁이 불러왔고 앞으로도 불러올 수 있는 세력 관계의 **변화**에 의해 결정된다. 이 변화들의 기본적이고 주요한 특징은 다음과 같다. (a)현 시점까지는 독일 제국주의 연합이 그 상대보다 훨씬 강력하다는 것이 드러났다. 독일과 독일의 연합 세력에게 점령된 영토들(식민

지들, 약소국들, 금융자본의 세력권 등)은 새로운 제국주의 세계 분할을 위한 담보물이다. 평화는 단지 그것을 공식화할 뿐이다. (b)영국 제국주의 연합은 봄이 되면 자신의 군사적 상황이 나아질 것이라고 기대하고 있다. 그러나 (c)전쟁이 야기한 탈진과, 가장 주요하게는 금융과두제가 전례 없는 '전시 이윤'을 통해 이미 획득한 것 이상으로 인민을 강탈하기는 어렵다는 사실이 프롤레타리아 혁명에 대한 공포와 결합하여 일부 부르주아 서클들로 하여금 양대 제국주의 약탈자 집단의 거래를 통해 가능한 빨리 전쟁을 끝내기를 열망하게 만들고 있다. (d)영국-러시아 연합 대 독일의 대립에서 (본질적으로 똑같이 제국주의적인) 독일-러시아 연합 대 영국의 대립으로 세계 정치의 전환이 눈에 띄게 일어나고 있다. 그 근저에는 프랑스, 영국, 이탈리아 등과의 비밀 조약에서 약조된 바와 달리 차르 정부가 콘스탄티노플을 점령할 능력이 없다는 사실이 있다. 그래서 차르 정부는 갈리치아, 아르메니아, 가능하다면 루마니아 등의 분할에서 보상을 찾으려 하고 있으며, 아시아를 약탈하기 위해 영국에 맞서 독일과 연합하려 한다. (e)세계 정치에서 또 하나의 중대한 변화는 미국 금융자본이 유럽을 제물로 삼아 막대하게 성장했다는 것이다. 이로 인해 미국은 최근 유례없는 정도로 (훨씬 약한 일본 제국주의와 마찬가지로) 군비를 확장하고 있으며, 값싼 평화주의 문구들을 통해 이러한 군비 확장에서 '자국' 노동자들의 관심을 다른 곳으로 돌릴 수 있다는 것에 매우 기뻐하고 있다…… 유럽에 대한 평화주의 문구로!

6. 프롤레타리아 혁명에 대한 공포로 인해, 부르주아는 가능한 모든 방식으로 이 객관적인 정치적 상황과 이 제국주의적인 현실을 은폐하고 윤색하며, 그것으로부터 노동자들의 관심을 돌리고, 노동자들을 속일 수밖에 없다. 이를 위한 최고의 수단은 '민주적' 평화, 약소민족 '일반'의 자유, '군비 제한' 등에 관한 아무 구속력 없고, 위선적이며, 허위로 가득한 외교상의 통상적인 문구들이다. 인민을 기만하는 것은 제국주의 부르주아가 훨씬 더 쉽게 할 수 있는 일이다. 예컨대 '합병 없는 평화'에 대해 이야기할 때 모든 부르주아는 자기 적국의 합병을 염두에 두며, 자신이 이미 성사시킨 합병에 대해서는 '겸손하게 침묵하기' 때문이다. 독일인들은 자신들이 사실상 콘스탄티노플, 베오그라드, 부쿠레슈티, 브뤼셀뿐만 아니라 알자스-로렌, 슐레지엔 일부, 프로이센령 폴란드 등도 합병했다는 것을 '잊어버린다', 차르 정부와 그 하수인들, (플레하노프, 포트레소프 일당, 즉 러시아 조직위원회 당의 다수파를 포함한) 러시아의 제국주의 부르주아는 러시아가 에르주룸과 갈리치아 일부뿐만 아니라 핀란드, 우크라이나 등도 합병했다는 것을 '잊어버린다', 프랑스 부르주아는 영국 부르주아와 마찬가지로 자신들이 독일의 식민지들을 강탈했다는 것을 '잊어버린다', 이탈리아 부르주아는 자신이 트리폴리, 달마티아, 알바니아 등을 약탈하고 있다

는 것을 '잊어버린다' 등……

7. 이러한 객관적 상황에서, 모든 진정한 사회주의 정치의, 모든 진실된 프롤레타리아 정치의(의식적인 마르크스주의 정치는 말할 것도 없이) 명백하고 무조건적인 임무는 그 무엇보다도 먼저 지속적이고 체계적이며 대담하고 단호하게 **자국 정부와 자국 부르주아의 평화주의적이고 민주적인 위선을 폭로하는** 일이 되어야 한다. 그렇게 하지 않는다면 사회주의, 생디칼리즘, 국제주의의 모든 문구들은 순전히 인민을 기만하는 것일 뿐이다. 왜냐하면 제국주의 적대국의 합병을 폭로하는 일은 (그 나라의 이름을 직접 명시하든, 아니면 합병 '일반'을 반대하는 문구 등 자신의 생각을 감추는 '외교적' 방법을 통해 잠자코 암시하기만 하든 상관 없이) 샤이데만 일당, 상바 일당, 플레하노프 일당 등 사회주의자로 가장한 자들을 비롯한 모든 제국주의자들, **모든 부정한 언론인들의** 직접적인 이해가 달린 일이자 직접적인 사업이기 때문이다.

8. 투라티 일당, 카우츠키 일당, 그리고 롱게 및 메렘 일당은 이 직접적인 임무를 전혀 이해하지 못하고 있다. 그들은 국제 사회주의 내에서 하나의 조류를 온전히 대표하고 있는데, **실제로는**——그들의 고매한 의도가 무엇이든——각기 '자국'의 제국주아 부르주아가 인민을 기만하고 그 제국주의적 목적

을 윤색하는 일을 단지 돕고 있을 뿐이라는 것이 **객관적** 사실이다. 이 사회평화주의자들, 달리 말해 입으로는 사회주의자지만 실제로는 부르주아 평화주의라는 위선의 대변자들인 이들은 지금 기독교 성직자들과 정확히 똑같은 역할을 수행하고 있는데, 수세기 동안 이 성직자들은 이웃에 대한 사랑과 그리스도의 계명에 관한 미사여구들을 가지고 억압자 계급인 노예주, 봉건 영주, 자본가 들의 정책을 미화하고 그들의 지배와 피억압 계급들을 화해시키는 역할을 수행해왔던 것이다.

9. 노동자들을 기만하는 것이 아니라 노동자들의 눈을 뜨게 하는 정책은 다음과 같은 내용으로 구성되어야 한다.

⒜만국의 사회주의자들은 평화의 문제가 의제로 제기된 바로 지금, 평소보다 더욱 정력적으로 **자국** 정부와 **자국** 부르주아의 본모습을 폭로해야만 한다. 식민지의 분할과 관련해, 세력권의 분할과 관련해, 다른 나라에서의 공동의 금융 사업과 관련해, 주식 매입과 관련해, 독점권 및 이권 제공 등과 관련해 그들이 자신의 제국주의 동맹들과 이미 체결했거나 곧 체결할 비밀 협약들을 폭로해야 하는 것이다.

왜냐하면 제국주의 평화의 실제의, 진정한, 거짓 없는 기초와 본질이 그 속에, **오직** 그 속에 있기 때문이다. 그 밖의 모든 것은 인민을 속이는 것이다. 민주적 평화, 합병 없는 평화 등을 지지하는 것은 이러한 말들을 되풀이하면서 서약하고 맹세하는 자들이 아니라, **진정한** 사회주의와 진정한 민주주의의 이러한 위대한 원칙들을 **행동**으로 파괴하고 있는 **자국의 부르주아**를 **실제로** 폭로하는 사람들이다.

모든 의회 의원, 편집자, 노동조합 간사, 기자, 명망가 들은 정부들과 금융업자들이 숨기고 있는 제국주의 거래들의 진정한 기초에 대한 진실이 담긴 자료들을 언제든 입수할 수 있다. 사회주의자가 이러한 의무를 수행하지 **못한다**는 것은 사회주의에 대한 **배신**이다. 특히 지금은 어떤 정부도 자신의 진짜 정책, 조약, 금융 협약 등에 대한 폭로를 자유롭게 발행하도록 허가하지 않으리라는 점에 의심의 여지가 없다. 이 점이 그러한 폭로를 단념할 이유는 전혀 되지 못한다. 오히려 이는 검열에 대한 비굴한 굴종에서 벗어나 검열 없는 자유로운 발행, 즉 비합법 출판으로 전환해야 하는 이유가 된다.

왜냐하면 다른 나라의 사회주의자들이 '자기' 나라와 싸우고 있는 나라의 정부와 부르주아를 폭로할 수는 없기 때문이다. 그들은 그 나라 인민의 언어, 역사, 특성 등을 알지 못할 뿐만 아니라, 그런 폭로는 **국제주의자의** 의무가 아니라 **제국주의자의** 음모이기에 그렇다.

자신이 국제주의자라고 서약하고 맹세하는 자가 아니라, **자국의 부르주아, 자국의 사회배외주의자들, 자국의 카우츠키주의자들**을 상대로 하여 진정한 국제주의에 입각한 투쟁을 벌이는 사람만이 국제주의자다.

(b)만국의 사회주의자는 **자국** 정부의 모든 정치적 미사여구들뿐 아니라 **사실상** 그 정부에 봉사하고 있는 **자국** 사회배외주의자들의 모든 정치적 미사여구들도 전혀 믿지 말아야 한다는 점을 무엇보다 강조해서 선동해야 한다.

(c)만국의 사회주의자는 무엇보다 오늘날 진실로 지속 가능하고 진실로 민주적인 (합병 등이 없는) 평화는 현존하는 그 모든 **부르주아** 정부들에 의해서가 아니라 **오직** 부르주아 지배를 타도하고 그것을 수탈하기 시작하는 **프롤레타리아** 정부들에 의해 맺어질 경우에만 가능하다는 명명백백한 진실을 대중에게 설명해야 한다.

이제 부르주아의 편으로 넘어간 모든 사회주의 지도자들이 전쟁이 일어나기 전에 거듭 말해온 진실, 즉 현대 자본주의 사회가 특히[3] 선진국들에서는 사회주의로 이행할 수 있을 만큼 충분히 성숙했다는 것을 전쟁은 대단히 명확하게, 또한 실천적으로 증명해주었다. 인민의 힘을 약탈 전쟁에 쏟아넣게 하게 위해, 예를 들어 독일이 금융 거물이나 귀족, 군주 일당 일이백 명의 이해관계에 따라 6,600만 인민의 모든 경제생활을 **단일한 중앙 기관을 통해 이끌어야** 했다면, 계급의식적인 노동자들이 가난한 대중들의 투쟁을 지도하고 그들이 사회제국주의와 사회평화주의의 영향에서 벗어날 경우에도, 인구 9할의

---

3 원고에는 "특히"라는 단어 위에 "최소한"이라고 적혀 있다.—원서 편집자

이해관계에 따라 가난한 대중들이 같은 일을 수행할 수 있을 것이다.

사회주의를 위한 모든 선동은 추상적이고 일반적인 것에서 '대중과 그들의 이해에 기초하여 은행을 몰수하고, 독일에서 '병기 및 탄약 조달국'[4]이 수행하고 있는 것과 같은 일을 수행하라!' 같은 구체적이고 당장 실천할 수 있는 것으로 바뀌어야 한다.

(d)만국의 사회주의자는 다음과 같은 명명백백한 진실을 대중에게 설명해야 한다. '민주적' 평화라는 문구를 진지하게, 성실하고 정직하게 받아들이고, 제국주의 평화를 은폐하기 위한 거짓된 기독교적 문구로 그것을 사용하지 않는다면, 노동자들이 정말로 지금 당장 그런 평화를 이룩할 수 있는 방법은 단 하나뿐이다. 그것은 바로 자신의 무기를 자국 정부를 향해 돌리는 것이다. (다시 말해 카를 리프크네히트의 조언을 실천하는 것이다. 그는 이 말을 한 대가로 강제 노역형을 받았다. 이것을 우리 당은 1914년 11월 1일자 선언[5]에서, 제국주의 전쟁을 부르주아에 맞선 프롤레타리아의 사회주의를 위한 내전으로 전화해야 한다는 말로 달리 표현했다.)

모든 사회주의 당들이 연서명한 1912년 11월 24일의 바젤

4 W.U.M.B.A., Waffen-und Munitionsbeschaffungsamt. 1916년 독일이 본격적으로 전시경제로 들어가면서 만들어진 부서로, 원료 조달에서부터 모든 군수품 생산을 총괄했다.—옮긴이

5 레닌의 「전쟁과 러시아 사회민주주의」(본 전집 58권 『마르크스』에 수록)를 볼 것.—옮긴이

선언은 현재 벌어지고 있는 바로 이 전쟁을 염두에 두고 있었다. 그리고 그것이 바로 이 임박한 전쟁과 관련하여 정부들에 "프롤레타리아 혁명"의 엄포를 놓았을 때, 그것이 파리 코뮌을 언급했을 때, 그 선언은 사회주의의 배신자들이 지금에 와서는 비겁하게도 부인하고 있는 진실을 이야기한 것이었다. 왜냐하면 1871년 파리 노동자들이 전세계의 사회주의자들이 찬탄해 마지않는 그들의 영웅적 시도, 즉 부르주아 지배를 타도하고 사회주의 실현을 위해 권력을 쟁취하려는 시도를 위해 나폴레옹 3세가 자신의 카이사르적인 욕심을 채우려고 그들에게 지급한 훌륭한 무기들을 사용할 수 있었다면, 훨씬 수가 많고 더 잘 조직되고 더 계급의식적인 여러 나라의 노동자들이 훨씬 더 훌륭한 무기를 손에 쥐고 있으며 하루하루 전쟁의 경과가 대중을 계몽하고 혁명화하고 있는 오늘날에 그와 유사한 시도는 천 배는 더 실현 가능하며 성공 확률이 클 것이기 때문이다. 지금 모든 나라에서 이런 관점으로 체계적인 선전선동을 시작하는 것을 가로막는 주요한 걸림돌은 샤이데만에 더해 카우츠키 등이 거짓되게 핑계대고 있는 '대중의 피로'가 아니다. '대중'은 아직 총을 쏘는 데 지치지 않았으며, 그들의 계급적 적들이 터키·루마니아·아르메니아·아프리카 등의 분할에 관해 의견일치를 보지 않는 한, 봄이 되면 대량으로 총을 쏘게 될 것이다. 주요한 걸림돌은 계급의식적인 노동자들 일부가 사회제국주의자들과 사회평화주의자들에 대해 신뢰를 품고 있다는 점이다. 그래서 그러한 경향, 사상, **정책** 들에 대한 신뢰를 파괴하는 것이 당면한 주요 임무가 되어야 한다.

가장 폭넓은 대중의 **정서**라는 면에서 볼 때 그런 시도가 어느 정도까지 가능할지는 오직 그런 선동과 선전을 최대한 단호하고 정력적으로 모든 곳에서 개시함으로써, 또 점증하는 대중의 분노가 혁명적으로 표출되는 모든 현상들, 파업과 시위들을 최대한 성실하고 헌신적으로 지원하는 것을 통해 **증명**할 수밖에 없다. 이런 파업과 시위 들 때문에 러시아 부르주아의 대표자들은 혁명이 진행되고 있다는 사실을 솔직하게 시인할 수밖에 없었으며, 헬페리히(Helfferich)[6]는 제국의회에서 이렇게 말해야 했다. "포츠담 광장에서 시체들을 보느니 사회민주당 좌파를 감방에 넣는 편이 낫다." 그는 대중이 좌파의 선동에 반응하고 있다는 사실을 시인한 것이다.

어떠한 경우든 사회주의자들이 대중 앞에 명쾌하게 내놓아야 할 대안은 이것이다. 자본가의 이윤을 위해 계속 서로를 죽

---

6 카를 헬페리히(1872~1924년)는 독일 부르주아 정치인이자 경제학자로 독일 금융과두제의 대표적인 인물이다. 바그다드철도와 도이체방크 이사로 재직하면서 중동 국가들에 대한 제국주의 정책을 추진했고, 1차 세계대전 시기에 재무장관, 내무장관, 부총리로 재임했다. 1916~7년 독일 프롤레타리아트와 사회민주당 좌파의 반전 운동을 무자비하게 탄압했으며, 1918년 소비에트 러시아에 강요된 약탈적인 브레스트리토프스크 조약에 중요한 역할을 했다. 1918년 11월 혁명 이후, 친제정파인 독일 인민당의 지도자가 되어 독일 군국주의의 재건을 맹렬히 지지했다.—옮긴이

이면서 천정부지로 뛰는 물가와 굶주림, 수십억 부채의 굴레, 그리고 민주적이고 개량주의적인 약속들로 가려진 제국주의적 휴전이라는 희극을 감내하든지, 아니면 부르주아에 맞서 떨쳐 일어나라는 것.

무장을 하고 있으며 전투 기술도 잘 알고 있는 대중들은 바로 지금, 이제껏 자신들이 도와온 저 제국주의 학살의 어리석음과 범죄성을 깨닫고 허탈해 하고 있다. 그런 상황에서, 봉기를 일으키기 위해 모든 생각과 노력을 기울여야 한다고 노동자들과 대중들에게 촉국하지 촉구하지 않는다면, 그 당은 도덕적으로 자살을 감행하는 꼴이 될 것이다.

(e)사회주의자들은 자신의 활동을 개량주의에 맞서는 투쟁에 집중해야 한다. 언제나 부르주아 사상으로 혁명적 노동운동을 타락시켜왔던 개량주의는 지금은 얼마간 특수한 형태를 취하고 있는데, 말하자면 그것은 부르주아가 전후 수행해야 하는 개량들에 '의존'하고 있다! 개량주의는 마치 프롤레타리아 사회주의 혁명을 전파하고 선전하고 준비하면서 우리가 '실용적' 측면을 '간과하고', 개량을 얻을 기회를 '놓치고' 있는 것처럼 문제를 제기한다.

가두시위마저 '모험주의'라고 비난하는 카우츠키의 지지자들과 사회배외주의자들에게서 흔히 볼 수 있는 이런 문제 제기는 죄다 근본적으로 비과학적이고 그릇된 부르주아적인 거짓말이다.

전쟁 동안 세계 자본주의는 집중 일반을 향해서뿐만 아니라, 독점 일반으로부터 전보다 훨씬 더 큰 규모의 **국가자본주의**로의 이행을 향해 한 걸음 더 전진했다. 이런 방향으로의 경제 개혁은 필연적이다.

정치 영역에서 제국주의 전쟁은 전시에 아일랜드인이나 체코인들이 일으킨 '사고들'(반란 또는 연대 전체의 적진으로의 탈주)을 감수하느니 정치적으로는 독립해 있되 경제적으로는 종속된 소국들을 동맹국으로 두는 편이 제국주의자들의 관점에서 때때로 훨씬 더 유리할 수 있다는 사실을 증명했다. 따라서 제국주의가 결코 완전히 버릴 수 없는 약소민족을 직접 억압하는 정책과 나란히, 몇몇 경우 신생 약소민족 국가나 폴란드 같은 잡종 국가들과 '자발적인'(즉 금융적 억압이 유발한) 동맹 정책을 펼치는 것도 오롯이 가능하다.

하지만 그렇다고 사회민주주의자들이 자신의 대의명분을 배반하지 않고 그러한 제국주의적 '개량들'에 찬성 '투표'를 하거나 가담할 수 있다는 것은 결코 아니다.

오직 부르주아 개량주의자들──카우츠키, 투라티, 메렘은 **본질적으로** 그 입장으로 넘어갔다──만이 문제를 이렇게 제기한다. 택일하라, 혁명을 포기하고 개량을 얻을 것인가, 또는 어떤 개량도 얻지 못할 것인가.

그러나 1905년 러시아 혁명을 비롯한 세계사의 경험 전체는 우리에게 정반대의 사실을 가르쳐준다. 택일하라, (혁명이 완전히 성공하지 못할 경우에는) 필연적으로 개량을 부산물로 얻는 혁명적 계급투쟁을 할 것인가, 아니면 어떤 개량도 얻지 못할 것인가.

왜냐하면 변화를 강제하는 유일하게 진정한 힘은 오직 대중의 혁명적 활력뿐이기 때문이다. 그리고 그러한 활력은 제2인터내셔널에서 그랬던 것처럼 단지 종이 위에 머무르는 것이 아니라, 혁명의 꽁무니가 아니라 그 선두에서 진군하는 당들에 의해 전면적인 혁명적 선전선동 및 대중의 조직화로 이어져야 한다.

오늘날 같은 '결정적인' 세계사의 시기에 사회민주주의는 공개적으로 혁명을 선포하고, 혁명을 반대하거나 '회의적'으로 받아들이는 자들을 노동자당에서 모두 축출해야 한다. 오직 그렇게 할 때에만, 오직 혁명 정당으로서 모든 활동을 수행할 때에만, 그럴 때에만 대중이 폭넓게 혁명을 지지할 경우에는 자신의 대의를 완전히 성공시킬 수 있을 것이요, 혁명이 부분적으로만 성공적일 경우에는 개량, 즉 부르주아의 양보를 대중에게 줄 수 있다.

그렇게 하지 않고 샤이데만과 카우츠키의 정책을 따른다면 개량은 무화되거나, 혁명을 향한 거듭되는 투쟁으로 나아가기 위해 프롤레타리아가 활용할 수 있는 가능성들을 제거해버리는 경찰의 반동적인 규제 아래 수행되지 않으리라는 보장이 없다.

(f)사회주의자들은 카를 리프크네히트의 슬로건을 실행하기 위해 진지하게 분투해야 한다. 그 이름에 대한 대중의 공감은 혁명적 활동이 가능하고 전도유망하다는 사실을 보증해주는 것 가운데 하나다. 그 이름에 대한 샤이데만 일당과 카우츠키 일당의 태도는 위선의 한 예다. 이들은 **말로는** "만국의 리프크네히트들"을 걸고 맹세하지만 **행동으로는** 리프크네히트의 전술에 맞서 싸운다.

리프크네히트는 샤이데만 부류(르노델, 플레하노프, 비솔라티 같은 자들)와 단절했을 뿐만 아니라, 카우츠키 **조류**(롱게, 악셀로트, 투라티)와도 단절했다.

리프크네히트는 이미 1914년 10월 2일에 당 위원회에 보내는 서한에서 아래와 같이 선언했다.

"만약 독일 당이 스스로를 사회민주당이라고 부를 권리를 잃고 싶지 않다면, 지금 완전히 땅에 떨어진 세간의 존경을 다시 얻고자 한다면, 나는 독일 당이 머리부터 발끝까지 환골탈태해야만 한다고 가장 굳은 신념으로 선언한다."(「전쟁 이후의 계급투쟁」, 『리프크네히트 사건』, 22쪽에서 인용. 이 책은 독일에서 비밀 출간됨. 원고에 적혀 있던 그대로 게재함!)[7]

모든 당은 리프크네히트의 슬로건을 채택해야 한다. 샤이데만·레기엔·르노델·상바·플레하노프·반데르벨데 부류 및 그 일당을 당에서 축출하지 않고서, 또는 카우츠키·투라티·롱게·메렘의 경향에 양보하는 정책과 단절하지 않고서, 그 슬로건을 실행할 수 있다고 생각하는 것은 당연히 우스꽝스러운 일일 것이다.

* * *

10. 우리는 따라서 치머발트 회의의 소집을 제안하며 이 회의에 다음과 같은 제안들을 한다.

⑴롱게, 메렘, 카우츠키, 투라티 등 확실한 사회주의 평화주의 경향은 (앞에서 진술된 테제들에 근거하여) 부르주아 개량주의로 규정하여 결연하게 무조건적으로 거부할 것. 이 경향은 키엔탈 회의에서 원론적으로 거부되었으며, 앞에서 언급된 이 조류의 대표자들이 각론에서 그것을 옹호하는 것도 거부되어야 한다.

⑵마찬가지로 사회배외주의와도 조직적으로 단호한 단절을 선언할 것.

⑶전쟁 및 부르주아들이 내놓은 감상적인 평화주의의 거짓 문구들에 대하여 대중들의 인내심이 다했다는 사실과 정

7 원서에는 이 부분이 독일어 그대로 인용되어 있다. "Ich habe erklärt, dass die deutsche Partei, nach meiner innersten Überzeugung, von der Haut bis zum Mark regeneriert werden muss, wenn sie das Recht nicht verwirken will, sich sozialdemokratisch zu nennen, wenn sie sich die jetzt gründlich verscherzte Achtung der Welt wiedererwerben will." (Klassenkampf gegen den Krieg! Material zum "Fall Liebknecht". Seite 22.) (Geheim gedruckt in Deutschland: "Als Manuskript gedruckt".)—옮긴이

확하게 연결 지어 노동계급에게 당면한 긴급한 혁명적 임무를 설명할 것.

(4)평화주의의 길을 택한 이탈리아 사회당의 정책과, 1916년 11월 4일 간접세 허용에 찬성투표를 하고, 1917년 1월 7일 '중앙파' R. 그림[8]과 사회애국주의자 그로일리히(Greulich)[9], G. 뮐러(Müller)[10] 일당의 야합을 통해 전쟁 문제 논의를 위해 1917년 2월 11일로 예정된 특별 당대회를 무기한 연기했으며, 이제는 당이 조국 방위를 거부할 경우 의원직을 사퇴하겠다고 공개적으로 협박하는 바로 그 사회애국주의 지도자들의 노골적 최후통첩을 아무 소리 없이 수용하고 있는 스위스 사회민주당의 정책은 치머발트 회의와 키엔탈 회의의 전체 정신과 모든 결의에 대한 완전한 절연이라고 공개적으로 규정하고 규탄할 것.

제2인터내셔널의 슬픈 경험은 일반적인 문구로 정식화된 '일반적인' 혁명적 결의들이 현실에서 '개량주의적 실천'과 결합

---

8   1881~1958년. 스위스 사회민주당의 주요 지도자였다. 1차 세계대전 중에는 중앙파·평화주의 입장을 취했고, 치머발트 회의와 키엔탈 회의의 의장과 국제사회주의위원회의 의장을 지냈다.―옮긴이

9   1842~1925년. 스위스 사회민주당의 창립자들 가운데 한 사람으로, 당 우파의 지도자였다. 1차 세계대전 중에는 사회배외주의로 치머발트 운동과 대립했다.―옮긴이

10 1860~1921년. 스위스 사회민주당 우파로 1차 세계대전 중에는 사회배외주의 입장을 취하여 치머발트 운동과 대립했다.―옮긴이

할 때, 또 국제주의를 천명하면서도 동시에 국제적 연합조직의 일부를 구성하는 개별 정당들의 근본적인 전술 문제에 관해 진정으로 국제주의적인 공동의 결정은 거부할 때, 그 실천에 끼치는 막대한 해악을 충분히 보여주었다.

우리 당은 이미 치머발트 회의 전에도, 그리고 회의 자리에서도 부르주아적 기만인 평화주의 및 평화에 관한 추상적 설교에 대한 우리의 결정적인 비판을 동지들에게 알려주는 것이 우리의 임무라고 생각했다. (소책자 『사회주의와 전쟁』[II]에 첨부된 우리 당 결의안의 독일어 번역본과 별개의 전단에 첨부된 프랑스어 번역본이 회의에서 배포되었다.) 우리는 **치머발트 좌파**의 형성에 일조했는데, 이는 우리가 치머발트 연합이 사회배외주의와 투쟁하는 한에서만 그것을 지지한다는 점을 보여주기 위해 바로 치머발트 회의 자리에서 별도로 조직되었다.

이제 치머발트 다수파, 또는 치머발트 우파가 사회배외주의와 투쟁하는 것이 아니라 그것에 온전히 투항하는 방향으로, 공허한 평화주의 문구들로 만들어진 정강을 기초로 하여 그것과 **통합**하려는 방향으로 선회하였음이 결정적으로 드러났다고 우리는 굳게 확신한다. 그리고 이러한 상황에서 치머발트 파가 통일되어 있으며 제3인터내셔널을 향해 투쟁하고 있다는 환상을 지지하는 일은 노동운동에 크나큰 해악을 끼칠

II 본 전집 60권 『사회주의와 전쟁』에 수록.—편집자

것이라 공개적으로 선언하는 것이 우리의 임무라고 생각한다.
우리는 '협박'도 아니고 '최후통첩'도 아닌 공개적인 통보로서
우리의 결정을 선언한다. 이러한 상황이 변화하지 않는 이상,
우리는 치머발트 연합의 일원으로 남아 있지 않을 것이다.

| 1916년 12월 26일(1917년 1월 7일) 전에 집필

V. A. 카르핀스키에게
보내는 편지

이 편지는 레닌이 취리히에서 써서 제네바에 있는 카르핀스키(Karpinsky)[1]에게 보낸 것이다. 편지의 목적은 해외 러시아 사회민주노동당 그룹들 내에서 논의를 하기 위해서였다.—원서 편집자

친애하는 동지들!

극히 중요한 소식을 보냅니다.

동지들이 논의한 뒤에 브릴리안트(Brilliant)[2]와 길보에게도 전해주세요. 그럼 우리는 답을 알게 될 겁니다. 그들이 누구 편인지, 그들이 누구인지, 비겁자인지, 싸울 수 있는 사람들인지.

이제 여기서 투쟁의 전체 판이 바뀔 겁니다.

그들이 어떤 반응을 보였는지, 항의문이나 공개 서한을 발표할 가능성이 있는지 내게 알려주십시오.

우리는 넨(Naine)[3]이 프랑스어권 스위스에서 확고한 권위를

---

[1] 카르핀스키(1880~1965년)는 1904년 제네바로 망명한 후 주로 볼셰비키가 발행하는 신문들과 잡지들의 제작에 참여했다. 1차 세계대전 기간에는 볼셰비키 기관지 《사회민주주의자》의 발행을 주관했으며, 그 업무와 관련하여 레닌은 100통이 넘는 편지를 그에게 보냈다.—옮긴이

[2] 1905년에 입당한 G. Y. 소콜니코프(Sokolnikov)를 가리킨다. 그는 1888년에 태어나 1939년에 사망했으며, 전쟁 기간 동안 《나셰 슬로보》의 기고가로 활동했다.—원서 편집자

누리고 있다는 사실을 이용해야만 합니다.

행운을 빌며. 레닌.

1917년 1월 7일 일요일, 취리히에서 스위스 사회당4 당 위원회(Parteivorstnad) 회의가 열렸습니다.

그들은 수치스러운 결정을 내렸습니다. 특별히 전쟁 문제를 논의하기 위해 1917년 2월 11일 베른에서 열기로 했던 당대회를 무기한 연기하기로 한 것입니다. 핑계는 높은 물가와 투쟁해야 한다, 아직 노동자들이 준비되어 있지 않다, 위원회에서 만장일치가 이루어지지 않았다 등, 노골적으로 당을 조롱하는 핑계들이더군요. (이미 위원회에서 두 개의 초안이 작성되어, 비공개로 인쇄되었습니다. 조국 방위에 반대하는 아폴터[Affolter]·놉스[Nobs]·슈미트[Schmid]·넨·그라버[Graber]5의 초안, 조국 방위에 찬성하는 G. 뮐

3 샤를 넨(1874~1926년)은 법률가이자 스위스 사회민주당의 지도자들 가운데 한 사람으로 특히 프랑스어권 지역에서 영향력을 갖고 있었다. 1차 세계대전 초기에는 국제주의 입장을 취하여 치머발트 회의에 참여하고 국제사회주의위원회 위원으로 활동했지만, 1917년 중앙파로 이동했다가 곧 완전히 우파로 넘어갔다. 1919~21년 2.5인터내셔널 건설에 참여했다.—옮긴이

4 스위스 사회민주당을 말한다. 프랑스어와 이탈리아어를 사용하는 주들에서는 사회당으로 흔히 불렸다.—옮긴이

5 아폴터, 놉스, 슈미트, 그라버는 당시 스위스 사회민주당 국회의원이자 당 위원회의 좌파 위원들이었다. 이들은 1차 세계대전 초기에는 국제주의 입장을 취했으나, 이 논쟁 후 사회평화주의로 전향했다.—옮긴이

러·플뤼거(Pflüger)·후버(Huber)·클뢰티(Klöti)[6]의 초안.)

1월 7일 회합의 분위기는 매우 험악했습니다. R. 그림은 우파, 즉 기회주의자들, 즉 국수주의자들의 선두에 서서 '외국인들'과 젊은이들에게 가장 악랄한 말들을 퍼부으며, '분열'(!!!) 죄 등을 고발했습니다. 넨, 플라텐(Platten)[7], 놉스, 뮌첸베르크(Münzenberg)[8]는 대회 연기를 단호하게 반대했습니다. 넨은 그림에게 "국제주의자 서기장"으로서의 자기 스스로를 난도질하고 있다고 노골적으로 말하더군요!

이런 결정이 내려진 것은 그림이 완벽하게 배신했으며, 사회국수주의자들인 기회주의 지도자들이 당을 조롱하고 있다는 것을 보여줍니다. 조국 방위 거부와 이 문제를 전쟁이 끝날

6 플뤼거, 후버, 클뢰티는 모두 스위스 사회민주당 우파에 속한 당 위원회 위원들이었다.—옮긴이

7 프리츠 플라텐(1883~1942년)은 스위스 사회민주당 좌파로 훗날 스위스 공산당을 창건한 사람들 가운데 한 명이다. 1912~8년 스위스 사회민주당 서기로 일했고, 1차 세계대전 중에는 치머발트 회의와 키엔탈 회의에 참석해 치머발트 좌파의 일원이 되었다. 1917년 4월 레닌이 봉인열차로 러시아에 돌아갈 때, 주요한 역할을 했다. 1919년 제3인터내셔널(코민테른) 건설에 참여했고, 1921~3년 스위스 공산당 서기를 지냈다.—옮긴이

8 빌헬름 뮌첸베르크(1889~1940년)는 1910년 독일에서 스위스로 이주하여 1914~7년 스위스 사회민주당 청년 조직을 이끌었고, 기관지《프라이에 유겐트Freie Jugend》('자유로운 청년'이라는 뜻)를 편집했다. 1915~9년 사회주의 청년 인터내셔널 서기 및 기관지《유겐트 인터나치오날레 Jugend-Internationale》의 편집자로 활동했다. 1차 세계대전 시기에 국제주의 입장을 취했다.—옮긴이

때까지 당 '대중들'의 논의에 부치지 않는다고 결정하지 않는다면 의원직을 사퇴할 것이라고(원래의 표현 그대로!!) 협박하는 (그림을 비롯한) 한 줌의 지도자들에 의해 치머발트·키엔탈 전체의 모든 단결과 행동이 **사실상** 공문구로 전락해버린 겁니다. 그들은 전쟁이 끝날 때까지 당의 '군중'이 이 사안을 논의하는 것을 허락하지 않겠노라고 단단히 마음을 먹었습니다. 《그뤼틀리아너 *Grütlianer*》[9](1월 4일자와 8일자)는 **진실을 말하면서** 이런 당의 따귀를 때리고 있습니다.

좌파의 투쟁 전체, 치머발트·키엔탈을 위한 투쟁 전체는 이제 다른 차원으로 옮겨졌습니다. 당을 모독하고 있는 이들 지도자 일당에 대항하는 투쟁으로 말입니다. 우리는 모든 곳에서 좌파를 결집하고, 투쟁 방법을 논의해야만 합니다. 서둘러야 합니다!

가장 좋은 투쟁 방식은(단 1분도 낭비할 수 없습니다) 곧장 라쇼드퐁[10]과 제네바에서 항의 결의를 조직하고, 여기에다 넨에게 보내는 공개 서한을 써서 즉시 발행하는 것이라고 생각합니다. 신문에 항의 기사들이 실리는 것을 막으려고 '지도자들'이

---

9 스위스의 부르주아 개량주의 단체인 그뤼틀리 협회의 기관지. 1851년 취리히에서 창간되었고, 1차 세계대전 중에는 사회배외주의자의 나팔수 역할을 했다. 레닌은 이 신문을 "일관되고 공인된 노동운동 내 부르주아의 하수인"이라 규정했다. ─ 원서 편집자

10 라쇼드퐁은 스위스 서부 프랑스 국경 근처에 위치한 소도시로, 시계 공업이 발전했다. ─ 옮긴이

모든 수단을 다 동원하리라는 건 불 보듯 뻔합니다.

공개 서한은 여기에서 이야기한 모든 것들을 다 거리낌 없이 이야기하고 단도직입적으로 다음과 같은 질문들을 제기해야 합니다. (1)넨은 이런 사실들을 부정하는가? (2)대회 결정 사항들을 지도부의 결정으로 폐기하는 것이 사회주의자들의 민주적 정당 내에서 容納할 수 있는 일이라고 생각하는가? (3)1917년 1월 7일 회의에서 나타난 사회주의 배신자들의 투표와 발언을 당에 숨기는 것이 容納할 수 있는 일인가? (4)좌파적인 언사를 말하면서 동시에 치머발트의 적들, '조국 방위론자들', 플뤼거·후버 일당들을 도와 치머발트의 결의를 실질적으로 파탄낸 국제사회주의위원회 의장(그림)을 그대로 놔두는 것이 容納할 수 있는 일인가? (5)《베르너 타그바흐트*Berner Tagwacht*》[11]에서 독일 사회애국주의자들을 욕하면서 뒷구멍으로 스위스 사회애국주의자들을 도와주고 있는 것이 용납할 수 있는 일인가? 등.

다시 말하건대, 신문을 활용하는 것은 불가능할 것입니다. 그건 확실합니다. 적당한 그룹의 명의로 넨에게 보내는 공개 서한을 발행하는 것이 가장 좋은 방식입니다. 가급적이면 서둘

---

11 '베른의 파수대'라는 뜻. 1893년 베른에서 창간된 사회민주주의 신문. 1차 세계대전 초기에 카를 리프크네히트와 프란츠 메링(Franz Mehring)을 비롯한 좌파 사회민주주의자들의 글들을 실었다. 1917년에는 사회배외주의를 공공연하게 지지했다.—원서 편집자

러주시고, 지체 없이 답변해주시기 바랍니다.

| 1916년 12월 26일(1917년 1월 8일) 집필

베른의 국제사회주의위원회 위원인 샤를 넨에게 보내는 공개 서한

친애하는 동지,

1월 7일 당 위원회 회의에서, 국회의원 로베르트 그림 씨는 모든 사회국수주의자들과 한편이 되어 상당 부분 그들을 이끌면서 당대회 연기 결정을 지지했습니다. 그가 한 발언은 우리의 인내심의 잔을 넘치게 했으며, 그의 본색을 완전히 드러냈습니다.

치머발트에서 선출된 국제사회주의위원회의 위원장이자 치머발트 회의와 키엔탈 회의의 의장, 온 세상의 눈에 치머발트 연합 전체에서 가장 '권위 있는' 대표가 치머발트의 배신자임이 분명한 사회애국주의자들과 한패가 되어, 그들의 선두에 서서 당대회를 막기 위한 안건을 발의한 것입니다. 그 당대회는 유럽에서 가장 자유로운 나라이자 시간과 장소를 고려할 때 가장 큰 국제적 영향력이 있는 나라에서, 제국주의 전쟁에서 나타난 조국 방위 문제를 해소하기 위해 오래전에 특별히 결정되었던 것입니다!

가만히 있어도 되겠습니까? 국회의원 로베르트 그림 씨의

가면이 벗겨진 마당에, 그가 전체 치머발트 운동에 영원히 지워지지 않는 먹칠을 하고 치머발트 운동을 웃음거리로 만들어 버린 상황에서, 평온을 유지해도 되겠습니까?

전시 상황이라는 속박 때문에 현재 엄청나게 어려운 처지에 있는 이탈리아 사회당을 제외하면, 스위스 사회당은 치머발트 운동의 가장 중요한 대변자로 세계 무대에 섰던 유일한 유럽 사회주의 정당입니다. 스위스 사회당은 군 검열과 군 당국의 방해 없이 공개적인 대회를 통해 공공연하게 공식적으로 치머발트에 참여하고, 그것을 지지했으며, 국제사회주의위원회에 위원 두 사람을 파견했습니다. 당에서 나가서 따로 그뤼틀리 협회를 꾸린 노골적인 사회애국주의자들과의 투쟁 때문에 연기됐다가 1916년 11월 4~5일 취리히에서 개최된 당대회에서, 스위스 사회당은 전쟁과 조국 방위 문제에 관한 입장을 확정짓기 위해 1917년 2월 베른에서 특별 당대회를 개최하기로 결정했었습니다. 그런데 지금 당의 몇몇 개인들이 대회를 방해해 그것을 무산시키려고, 전시에 노동자들 스스로가 군국주의와 조국 방위에 대한 태도를 논의하고 결정하는 것을 막으려고 작정한 것입니다.

우리는 이 몇몇 개인들의 맨 앞에서 국제사회주의위원회의 위원장을 발견하게 됩니다! 그들이 하고 있는 일은 전체 치머발트 운동에 대한 폭거인데 말입니다.

이것은 치머발트에 대한 완전한 배신 아닙니까? 치머발트의 모든 결의 사항들을 매장해버리는 행위 아닙니까?

대회의 연기를 정당화하는 공식 논거들을 몇 가지만 훑어 보아도 이런 조치의 의미를 전부 다 파악할 수 있습니다.

그들은 "노동자들은 아직 이 문제를 판단할 준비가 돼 있지 않다"고 하더군요!

제국주의 전쟁, 양대 제국주의 연합의 전쟁, 식민지를 강탈하고 약소민족을 억압하기 위한 전쟁에서 조국 방위란 '열강'의 경우든 지금 잠시 중립을 지키고 있는 약소민족의 경우든 사회주의에 대한 배반이라고 치머발트와 키엔탈의 모든 성명서와 결의안 들이 거듭해서 선언하고 있습니다. 그 생각은 치머발트와 키엔탈의 모든 공식 문서들에서 수십 가지 방식으로 되풀이되었습니다. 스위스의 모든 사회주의 신문들, 특히 국회의원 그림 씨가 편집장을 맡고 있는 《베르너 타그바흐트》는 수백 편의 기사와 논설을 통해 그 생각을 거듭해서 제시하고 주장했습니다. 많은 성명서들은 카를 리프크네히트, 회글룬트, 매클린 등의 생각에 동의를 표하면서, 그것이 모든 치머발트주의자들의 공통된 신념임을 수백 번 강조했습니다. 그것은 곧 이 사람들이야말로 대중의 입장과 이해관계를 올바르게 이해했다는 것, 대중, 즉 대다수 억압받는 자들과 착취당하는 자들의 마음은 이들의 편에 가 있다는 것, 교전 중인 '강대국' 독일에서든 약소 중립국 스웨덴에서든 제국주의 전쟁에서 조국 방위는 사회주의에 대한 배신이라는 사실을 프롤레타리아트는 계급적 본능을 통해 이해하게 되리라는 것을 의미했습니다.

그런데 이제 국제사회주의위원회의 위원장이, H. 그로일리히, P. 플뤼거, 후버, 만츠섀피(Manz-Schäppi) 등 스위스 사회당 내에서 확고하게 사회애국주의를 대표하는 자들의 열렬한 찬성과 따뜻한 지지를 업고 "노동자들은 아직 이 문제를 판단할 준비가 돼 있지 않"기 때문에 당대회가 연기되고 있다는 위선적이고 거짓된 주장을 하고 있습니다.

그것은 거짓말입니다. 참을 수 없고 구역질나는 위선입니다. 모두 알다시피——또 《그뤼틀리아너》가 이 씁쓸한 진실을 공개적으로 밝혔다시피——대회가 연기된 이유는 사회애국주의자들이 노동자들을 두려워하기 때문입니다. 노동자들이 조국 방위에 반대하는 결정을 내릴 것을 두려워하기 때문이며, 그래서 조국 방위에 반대하는 결정이 통과될 경우 의원직을 사임할 것이라고 협박하고 있기 때문입니다. 스위스 사회당의 사회애국주의 '지도자들'은 전쟁이 일어난 후 2년 반이 지난 지금도 '조국 방위', 즉 제국주의 부르주아 가운데 어느 한쪽 진영을 옹호하는 일에 찬성하고 있습니다. 이들은 대회 개최를 방해하기로, 스위스 사회주의 노동자들의 의사에 반해 사보타주를 행하기로, 노동자들이 전쟁에 대한, '조국 방위'에 대한, 즉 제국주의 부르주아의 하인들에 대한 자신의 태도를 전쟁 동안 논의하고 결정하는 것을 가로막기로 작정했습니다.

이것이 바로 모두가 완벽하게 잘 알고 있는 대회 연기의 진짜 이유입니다. 이것은 국제사회주의위원회 위원장의 치머발트에 대한 배신입니다! 그는 스위스의 계급의식적인 노동자들의 뜻을 거스르고 스위스 사회당 내 사회애국주의자들의 편으로 넘어가버린 것입니다.

이것이 공인된 사회애국주의 신문 《그뤼틀리아너》가 이미 밝힌 쓸쓸한 진실의 전말입니다. 이 신문은 사회당 내부의 그뤼틀리 파 지도부인 그로일리히·플뤼거·후버·만츠섀피 일당이 무슨 생각을 하고 무엇을 하고 있는지를 항상 가장 잘 알고 있습니다. 그런데 1917년 1월 7일 회의가 열리기 사흘 전 이 신문은 다음과 같은 보도를 했습니다.[1]

대회를 연기한 또 하나의 "공식"적인 이유가 1916년 12월 또는 11월에 전쟁 문제에 대한 결의안을 작성하기 위해 특별 선출된 위원회가 "만장일치의 결정에 도달하지 못했"기 때문이라고 말입니다!!

사회애국주의 그뤼틀리 당에 가입하진 않았지만 그뤼틀리 협회의 사회애국주의 관점을 전적으로 공유하면서 사회당 당적으로 사회주의 노동자들을 속이고 있을 뿐인 그로일리히, 플뤼거, G. 뮐러, 후버, 만츠섀피, 오토 랑(Otto Lang)[2] 등과 같은

[1] 레닌의 수고에는 이 부분에 인용을 위한 공간이 있다.—원서 편집자

[2] 오토 랑(1863~1936년)은 스위스 사회민주당의 창립자들 가운데 한 명이자 주요한 이론가로 1904년에 채택된 당 강령을 작성했다. 1차 세계대전 시기에는 사회배외주의 입장을 취했다.—옮긴이

'지도자들'이 스위스 사회당 내에 남아 있는 한 그 문제에 대한 만장일치는 **불가능**하다는 사실을 그림 일당은 미리 알지 못했다는 듯이 말입니다!

또 1916년 여름에 조국 방위 문제에 관한 어떠한 의견 통일도 없었고, 있을 수도 없었다는 사실을 그림 일당이 명확히 알지 못했다는 것처럼 말입니다! 플뤼거, G. 뮐러 등이 작성한 사회애국주의 테제는 1916년 여름에 발표되었으며, 국회의원 그림은 사회민주당 의원단 다수파의 견해라면 몰라도 최소한 그로일리히 일당의 **사회애국주의** 견해들이라면 당연히 수천 번 이상 볼 수밖에 없었을 텐데 말입니다.

그림 일당은 스위스 사회주의 노동자들을 속이고 싶어합니다. 그게 바로 위원회를 구성할 때 명단을 공개하지 **않은** 이유입니다. 하지만《그뤼틀리아너》가 그 명단을 공개하면서 모두가 알고 있는 당연한 사실로 그런 위원회는 만장일치의 결정에 도달할 수 없다고 덧붙였을 때, 이 신문은 진실을 말하고 말았습니다!

노동자들을 기만하기 위해 그림 일당은 위원회의 결의안들을 **즉각** 발표하지 **않기로** 결정하였습니다. 이들은 노동자들에게 사실을 **숨겼습니다**. 그러나 이 결의안들은 오래전에 완성되었고, 몰래 인쇄되기까지 했습니다!!

예상했던 대로 '조국 방위'를 수용하는, 즉 그것의 제국주의적 성격이 수천 번 폭로된 전쟁 동안에 **사회주의에 대한 배반**을 정당화하는 결의안에는 후버, 플뤼거, 클뢰티, G. 뮐러가 서명했습니다. '조국 방위'를 거부하는 결의안에는 놉스, 아폴터, 슈미트, 넨, 그라버가 서명했습니다.

그림과 사회애국주의자들은 사회주의 노동자들에게 괘씸하고 파렴치한 장난을 치고 있습니다.

노동자들은 아직 준비되지 않았다고 그들은 소리칩니다. 하지만 그와 동시에 이 지도자들은 두 가지 다른 사상, 두 가지 화해 불가능한 정책, 즉 사회애국주의 정책과 치머발트 정책을 명쾌하게 노동자들 앞에 제시해줄 이미 완성된 결의안들을 감추고 있습니다!!

그림과 사회애국주의자들은 뻔뻔스럽게 노동자들을 기만하고 있습니다. 대회를 무산시키기로, 결의안들을 공개하지 않기로, 노동자들이 두 정책을 공개적으로 가늠하고 논의할 수 있는 기회를 막아버리기로 작정한 것은 바로 그들이기 때문입니다. 그런데도 그들은 노동자들이 "아직 준비가 돼 있지 않다"고 소리칩니다!

대회를 연기하는 다른 "공식"적인 근거들은 다음과 같은 것들입니다. 물가폭등에 맞서 싸워야 되기 때문에, 선거운동을 해야 되기 때문에 등.

이 주장들은 노동자들에 대한 완전한 모욕입니다. 우리 사회민주주의자들이 사회 개량을 위한 투쟁에 반대하지 않는다는 사실을 누가 모르며, 사회애국주의자들, 기회주의자들, 개량주의자들과 달리 우리는 개량을 위한 투쟁에 매몰되지 않고 그것을 혁명을 위한 투쟁에 종속시킨다는 사실을 누가 모른단 말입니까? 이것이야말로 치머발트 회의와 키엔탈 회의의 성명서들이 되풀이해서 이야기하고 있는 정책이라는 것을 그 누가 모른단 말입니까? 우리는 선거도, 물가를 낮추기 위한 개량도 반대하지 않습니다. 다만 우리의 최우선 관심사가 대중에게 공공연하게 진실을 말하는 것일 뿐입니다. 그 진실이란 바로 은행과 대공업을 몰수하지 않고는, 즉 사회 혁명 없이는 물가폭등을 극복하는 것이 **불가능**하다는 것입니다.

전쟁에 맞서, 전쟁에 관해, 치머발트의 모든 성명서들이 프롤레타리아트에게 요청하는 것이 무엇입니까?

그것은 혁명적 대중투쟁을, 노동자들이 자신의 무기를 자국에 있는 적에게로 돌릴 것을, 즉 노동자들이 자신의 무기를 **자국** 부르주아와 **자국** 정부를 향해 돌릴 것을 요청하고 있습니다(가장 최근인 1916년 12월 말에 국제사회주의위원회가 발표한 성명 「노동자계급에게」를 보십시오).

이로써 조국 방위를 거부하는 정책이야말로 물가폭등에 맞선 진정으로 혁명적이고 진정으로 사회주의적인 투쟁과 **연결**되어 있고, 부르주아 개량주의적인 것이 아니라 진정 사회주의적인 선거운동의 활용과 **연결**되어 있음이 생각할 줄 아는 모든 사람에게 명백하지 않습니까?

사회애국주의 정책, 제국주의 전쟁에서의 '조국 방위' 정책은 개량주의 정책이라는 것, 물가폭등을 해결하기 위한 사회주의적 정책도 아니고 부르주아 개량주의적인 선거운동 투쟁에 불과하다는 것이 명백하지 않습니까?

어떻게 '조국 방위' 문제를 결정짓는(즉 사회애국주의 정책과 사회주의 정책 가운데 하나를 선택하는) 대회를 물가폭등 등에 대항해야 한다는 '명목으로' '연기'할 수 있단 말입니까?? 이 따위 그릇되고 거짓된 근거를 대면서 그림과 사회애국주의자들은 노동자들에게 자신들이 치머발트 정신이 아니라 부르주아 개량주의 정신으로 물가폭등에 맞서 투쟁하고 선거운동을 수행하려 한다는 진실을 흐리려 드는 겁니까?

1916년 8월 6일, 그림은 취리히에서 열린 전(全) 스위스 노동자 대표 115인 회의[3]에서 연설했습니다. 그는 이들 앞에서 부르주아 개량주의적인 방식으로, 순전히 개량주의적인 방식으로 물가폭등에 맞선 투쟁을 설명했습니다! 그림은 자신의 목표를 향해, 즉 사회주의 노동자들을 반대하고 치머발트에 반대하는 사회애국주의자들과의 화해를 향해 '확고한 발걸음으

3 원문은 독일어 용어 "Arbeitervertrauensleute aus der ganzen Schweiz"를 그대로 썼다. '전(全) 스위스 노동자 대표 115인 회의'란 물가폭등이 초래한 상황을 논의하기 위해 1916년 8월 6일 취리히에서 노동단체 대표 115인이 개최한 회의를 말한다. 주요 보고는 그림이 작성하였다. 결의안 및 회의에 대한 간략한 취재는 1916년 8월 8일자 《폴크스레히트》 183호에 「스위스 노동자들과 물가폭등」이라는 제목으로 게재되었다. 이 회의가 국회에 제출한 호소문은 8월 10일자 《폴크스레히트》 185호에 「물가폭등에 대한 대책」이란 제목으로 게재되었다.—원서 편집자

로' 나아가고 있습니다.

이 모든 것 중에서 특히 역겨운 것은 그림이 스위스인이 아닌 사회애국주의자들을 맹렬하게 비난함으로써 자신이 사회배외주의자들의 편으로 넘어간 것을 감추고 있다는 사실입니다. 여기에 그림이 행한 배신의 가장 깊은 뿌리들 가운데 하나가, 1917년 1월 7일 드러난 모든 기만 정책의 가장 깊은 근원들 가운데 하나가 도사리고 있습니다.

《베르너 타그바흐트》를 보십시오. 이 신문은 러시아·영국·독일·오스트리아의 사회애국주의자들, 한마디로 모든 사회애국주의자들에게 온갖 비난을 퍼부어왔습니다……. 스위스 사람들만 빼고 말입니다! 그림은 심지어 독일 사회민주당 지도부의 일원인 사회애국주의자 에베르트(Ebert)[4]를 "매음굴 깡패"[5](《베르너 타그바흐트》***호[6])라고 부르기도 했습니다.

---

4 1871~1925년. 독일 사회민주당 우파의 주요 지도자들 가운데 한 사람이다. 1905년 독일 사회민주당 지도부의 일원이 되었고, 1913년 당 대표가 되었다. 1912년 이래 제국의회 의원이었고, 1차 세계대전 당시 독일 사회민주당의 우파 배외주의자들을 이끌며 정부에 협력했다. 1918년 11월 혁명이 벌어지자 독일 총리로 임명되어 이른바 인민대표위원회를 주도했다. 1919년 1월 반동적 군부와 의용단을 조직하여 카를 리프크네히트와 로자 룩셈부르크가 살해되는 데 큰 역할을 했다. 1919년 2월 바이마르 공화국의 초대 대통령이 되었으며, 그가 이끈 사회민주당과 부르주아 정당들의 연립정부는 독일 노동자계급의 혁명적 투쟁을 무자비하게 탄압했다.—옮긴이

5 원문은 "einen Rausschmeißer in einem Bordell"이라는 독일어 문구를 그대로 썼다.—옮긴이

이 그림이란 양반은 얼마나 용감합니까! 얼마나 기사도 넘치는 용사입니까! 얼마나 용맹무쌍한지 베른에서 사회애국주의자들을 마구 공격합니다⋯⋯. 베를린의 사회애국주의자들을 말입니다! 이 기사는 또 얼마나 고결한지 어떤 사회애국주의자들에 대해서는 입을 닫아줍니다⋯⋯. 베른과 취리히의 사회애국주의자들에 대해서는 말입니다!

그렇지만 베를린의 에베르트와, 취리히의 그로일리히·만츠샤피·플뤼거와, 베른의 뮐러·쉬네베르거(Schneeberger)[7]·뒤르(Dürr)[8] 사이에 대체 무슨 차이가 있습니까? 전혀 없습니다. 그들은 모두 사회애국주의자입니다. 그들은 완전히 똑같은 견해를 갖고 있습니다. 그들이 대중에게 전파하는 사상은 사회주의가 아니라 '그뤼틀리주의', 즉 개량주의적이고 국수주의적이고 부르주아적인 사상입니다.

1916년 여름에 그림이 전쟁 문제에 대한 테제를 작성했을 때, 그는 좌우익을 모두 기만하고 양쪽의 차이를 '이용'해먹을

---

6 몇 호인지는 기재되어 있지 않다.―편집자

7 1868~1945년. 스위스 사회민주당 소속 개량주의적 노동조합 지도자였다. 금속노조 서기 및 위원장, 스위스 노조연합 위원장을 지냈다. 1차 세계대전 시기에 사회배외주의자로서 치머발트 운동과 충돌했다.―옮긴이

8 1875~1928년. 스위스 사회민주당 소속의 개량주의적 노동조합 지도자였다. 바젤 금속노조 위원장과 스위스 금속노조 서기를 지냈다. 1차 세계대전 동안 사회배외주의자였으며, 1916년 스위스 노조연합 서기가 되었다.―옮긴이

수 있기를 바라면서, 의도적으로 그 차이를 장황하고 모호하게 표현했습니다. 로베르트 그림의 테제는 다음과 같은 문장으로 끝납니다.

(전쟁의 위협과 혁명적 대중행동의 필요가 있을 경우) "당과 노동조합 기구들은 합의에 도달해야 한다."

하지만 스위스 노동조합의 지도부에는 누가 있습니까? 그 자리에 있는 사람들은 바로 쉬네베르거와 뒤르입니다. 1916년 여름에 편집자로서 《스위스 금속노동자 신문*Schweizerische Metallarbeiterzeitung*》을 책임지고 있던 이들은 '조국 방위' 입장을 공개 천명하고 치머발트의 모든 정책을 노골적으로 반대하면서, 이 신문을 반동적이고 개량주의적이며 사회애국주의적인 정신으로 이끌었습니다.

그리고 1917년 1월 7일의 사건이 또다시 입증해준 것처럼 스위스 사회당의 지도부에는 사회애국주의자들인 그로일리히, 플뤼거, 만츠새피, 후버 등이 있습니다.

그럼 과연 결과는 무엇입니까?

바로 이렇습니다. 그림의 테제는 **전쟁에 반대하는 혁명적 대중행동**의 지도력을 바로 사회애국주의자들, 즉 쉬네베르거·뒤르·그로일리히·플뤼거 일당의 손아귀에 쥐어주자고 제안한 것입니다! 그런 행동을 **반대하는** 바로 그 사람들의 손아귀에, 개량주의자들의 손아귀에 말입니다!!

자, 1917년 1월 7일 이후 그림의 '전술들'은 바닥을 드러냈습니다.

그는 좌파의 지도자로, 국제사회주의위원회의 위원장으로, 치머발트주의자들의 대표이자 지도자로 인정받고 싶어합니다. 그는 가장 '혁-혁-혁명적인' 문구들을 가지고 노동자들을 기만하면서 **실제로는** 당의 오랜 사회애국주의적·부르주아 개량주의적인 실천을 은폐하고 있습니다.

그는 자신이 카를 리프크네히트, 회글룬트 등과 같은 입장이라고, 자신은 그들의 지지자라고, 자신은 그들의 정책을 좇고 있노라고 맹세하고 서약합니다.

하지만 카를 리프크네히트는 독일에서, 회글룬트는 작은 중립국 스웨덴에서, **외국이 아니라 자국의** 사회애국주의자들에 맞서 투쟁했습니다. 그들은 다른 나라가 아니라 자기 나라에서, 베를린에서, 스톡홀름에서, 개량주의자들과 국수주의자들을 공격했습니다. 사회애국주의자들에 대한 거침없는 폭로는 그들에게 **베를린**과 **스톡홀름**의 그로일리히들·플뤼거들·쉬네베르거들·뒤르들의 증오라는 영광을 선사해주었습니다.

프랑스의 배외주의자들이 독일인 리프크네히트를 칭송하고, 독일의 배외주의자들이 영국인 매클린을 칭송할 때, 이들이 **외국의** 국제주의를 칭송하는 '국제주의적인' 문구들로 자신의 국수주의를 감추려고 하는 협잡꾼 같은 행동을 하고 있다는 사실을 알아차리는 것이 그렇게나 어려운 일입니까? 그럼이 스위스를 **제외한** 모든 나라의 사회애국주의자들에게 비난을 퍼부을 때 바로 똑같은 태도를 취하고 있다는 사실을, 특히 자신이 스위스 사회애국주의자들 편으로 전향한 것을 감추기 위해 그렇게 하고 있다는 사실을 알아차리는 것이 그렇게나 어려운 일입니까?

그림은 독일인 사회애국주의자 에베르트가 독일 노동자들에게서 《포어베르츠》를 강탈한 것에 대해, 분열을 소리 높여 비난하면서도 당에서 좌익 인사들을 **축출한** 것에 대해 그를 "매음굴 깡패"라고 맹렬히 비난했습니다.

하지만 그림은 저 통탄할 1917년 1월 7일의 통탄할 주인공들과 함께 자국에서, 스위스에서, 무엇을 하고 있는 겁니까?

그림도 조국 방위 문제를 논의하기 위해 엄중히 약속된 특별 대회를 스위스 노동자들에게서 강탈하지 않았습니까? 그림도 분열을 소리 높여 비난하면서 당에서 치머발트주의자들을 축출할 준비를 하고 있지 않습니까?

어린애처럼 순진하게 생각하지 말고, 정면으로 진실을 마주합시다!

1월 7일 회의에서 그림의 새로운 친구들이자 후원자들인 사회애국주의자들은 그와 한편이 되어 분열을 비난했습니다. 그들은 특히 청년 조직을 분열 책동 혐의로 고발했습니다. 그들 중 하나는 당 서기장 플라텐에게 이렇게 고함쳤습니다. "저 자는 당 서기장이 아니다, 당의 배신자다."[9]

이러한 일들을 듣고도, 그리고 '지도자들'은 이를 당에 숨기려고 급급한 판에, 어떻게 가만히 있을 수 있겠습니까? 스위스의 사회주의 노동자들이 이런 방식에 어떻게 분노하지 않을 수 있겠습니까?

청년동맹과 플라텐이 범한 죄가 무엇입니까? 그들의 죄라고는 출세주의자가 아니라 치머발트의 충실한 지지자이자 충실한 치머발트주의자였다는 것뿐입니다. 그들의 죄라고는 대회를 연기하는 것에 반대했다는 것뿐입니다. 만일 호사가들이 대회 연기에 반대하는 것은, '그림 폐하에게' 일반적으로 '반대'하는 것은 독자 분파로 활동하고 있는 치머발트 좌파뿐이라고 떠든다면, 이것이 쓸데없는 소문에 지나지 않는다는 사실은 1917년 1월 7일에 입증되지 않았습니까? 넨 동지, 동지야말로 직접적이든 간접적이든, 공식적이든 비공식적이든 치머발트 좌파와는 전혀 관련이 없는데도 불구하고 그림에 반대해서 말하고 있지 않습니까?

분열을 조장한다! 그것은 자신들이야말로 리프크네히트들과 회글룬트들을 당에서 쫓아내고 있다는 사실을 감추기 위해 모든 나라에서 사회애국주의자들이 제기하고 있는 전혀 새로울 것 없는 고발입니다.

| 1916년 12월 26~7일 집필

---

9   원문은 독일어 문장 "Er sei kein Parteisekretär, er sei Parteiverräter"를 그대로 인용했다.—옮긴이

투쟁을 지지하는 노동자들에게

전쟁과 자국 정부를 편드는
사회주의자들을 반대하는
투쟁을 지지하는 노동자들에게

국제 정세는 갈수록 명확해지고 갈수록 험악해지고 있다. 교전 중인 양대 연합들은 최근 이 전쟁의 제국주의적 성격을 극도로 분명하게 드러내고 있다. 자본주의 국가의 정부들과 부르주아 및 사회주의 평화주의자들이 민주적 평화, 합병 없는 평화 등과 같은 평화주의 미사여구들을 열심히 퍼트릴수록 그것의 공허함과 허구성은 더 빠르게 드러난다. 독일은 여러 약소민족들을 군홧발로 짓밟고 있는데, 전리품 일부를 거대한 식민지들의 확보와 바꾸지 않는 이상 그것들을 포기하지 않겠다고 작정한 것이 분명하다. 자신들이 당장이라도 기꺼이 제국주의적인 강화 협정을 맺을 수 있다는 사실을 감추기 위해 위선적인 평화주의 미사여구들을 사용하고 있는 것이다.

마찬가지로 영국과 그 동맹국들도 독일에게 빼앗은 식민지들과 터키 일부 지역 등을 단단히 틀어쥐고 있다. 그들은 콘스탄티노플을 차지하고 갈리치아를 짓밟고 오스트리아를 분할하고 독일을 파멸시키기 위해 계속 끝없는 학살을 하면서도 자신들은 '정당한' 평화를 위해 싸우고 있다고 주장한다.

전쟁 초기만 해도 소수만이 이론적으로 확신했던 진실이 이제 점점 더 많은 계급의식적 노동자들에게 명확한 것이 되고 있다. 그것은 전쟁에 반대하는 진지한 투쟁, 전쟁을 영원히 끝장내고 영구적인 평화를 공고히 할 투쟁은 모든 나라 정부에 맞서 프롤레타리아가 지도하는 대중의 혁명적 투쟁이 일어나지 않는 이상, 부르주아의 지배를 타도하지 않는 이상, 사회주의 혁명을 일으키지 않는 이상 어림도 없다는 것이다. 인민들을 전례 없이 억압하고 있는 이 전쟁 자체가 교착 상태를 타개할 이 유일한 방책으로 인류를 이끌고 있다. 즉 그것은 국가 자본주의의 길을 향해 큰 발걸음들을 옮기도록 인류를 강제하고 있다. 경제는 자본가들의 이익을 위해서가 아니라 혁명적 프롤레타리아트의 지도 아래, 오늘날 기아와 전쟁의 참사로 죽어가고 있는 대중의 이해관계에 따라 실행될 수 있고 그렇게 되어야만 한다.

이 진실이 더 분명해질수록, 우리가 이미 치머발트 회의에서 지적한 사회주의 활동의 화해 불가능한 두 조류, 정책, 경향들 사이를 가르는 심연은 더 크게 벌어진다. 우리는 그 회의에서 치머발트 좌파로 행동했으며 회의 직후 모든 사회주의 정당들과 모든 계급의식적 노동자들에게 이 좌파를 대표하여 선언문을 발표했다. 이러한 차이를 다른 말로 하면, 한쪽에는 공식 사회주의가 명백히 파산했으며 그 대표자들이 부르주아 및 자국 정부들에 투항했다는 사실을 숨기려는 시도들, 즉 이러한 사회주의에 대한 완전한 배신을 대중과 화해시키려는 시도들이 있고, 다른 한쪽에는 이 파산의 심각성, 프롤레타리아를 저버리고 부르주아에게로 투항한 '사회애국주의자'들의 부르주아적 정책을 폭로하며, 대중에 대한 그들의 영향력을 일소하고 진정으로 전쟁에 대항하는 투쟁을 위한 기회와 조직적 기초를 만들어내려는 노력들이 있는 것이다.

회의에서 다수였던 치머발트 우파는, 사회애국주의자들과 절연하고 제3인터내셔널을 건설하자는 생각에 맞서 온 힘을 다해 싸웠다. 그때부터 영국에서는 분열이 명확한 사실이 되었다. 1917년 1월 7일, 독일에서 가장 최근 열렸던 '반대파'의 회의는 사실을 고의로 회피하지 않는 모든 이들에게 독일에도 각기 정반대 경향으로 활동하고 있는 화해 불가능한 두 개의 적대적인 노동자 당이 있다는 사실을 드러냈다. 하나는 대부분 지하에서 활동하고 있는 사회주의 정당으로, 카를 리프크네히트가 그 지도자들 가운데 한 사람이다. 다른 하나는 노동자들을 전쟁 및 그들의 정부와 화해시키려고 애쓰고 있는 철저히 부르주아적인 사회애국주의 정당이다. 똑같은 분열이 세계의 모든 나라에서 나타나고 있다.

키엔탈 회의에서 치머발트 우파는 자기 자신의 노선을 지속할 수 있을 만큼 충분한 다수를 점하지 못했다. 치머발트 우파는 사회애국주의적인 국제사회주의사무국에 반대하는 결의안, 가장 날카로운 말로 그것을 규탄하는 결의안에 찬성표를 던졌다. 그들은 노동자들에게 그 사회주의적인 치장과 상관 없이 거짓을 말하고 있는 평화주의 미사여구들에 대해 경고 하는 사회평화주의에 반대하는 결의안에도 찬성표를 던졌다. 부르주아의 타도와 사회주의의 조직 없는 평화에 대한 희망이 환상이라는 점을 노동자들에게 명확히 밝히지 않는 사회주의 평화주의는 노동자들에게 부르주아에 대한 믿음을 주입하고, 제국주의 정부들과 그들이 맺는 협약들을 윤색하며, 사태의 진행이 일정에 올려놓은 무르익은 사회주의 혁명에서 대중의 주의를 돌리게 하는 부르주아 평화주의의 메아리에 불과하다.

그러나 무슨 일이 벌어졌는가? 키엔탈 회의 후 프랑스, 독일, 이탈리아 같은 몇몇 주요 국가들에서 치머발트 우파 전체가 키엔탈에서 규탄하고 거부했던 바로 그 사회평화주의에 완전히 빠져들었던 것이다! 이탈리아 사회당은 의원단 및 그 주요 대변자 투라티가 내뱉고 있는 평화주의 발언들을 암묵적으로 받아들였다. 하필이면 이 전쟁에서 엄청난 이윤을 축적했고 지금도 축적하고 있는 여러 중립국의 자본가 정부 대표들과 독일 및 그 동맹국들이 똑같은 문구들로 똑같은 말을 하고 있는 바로 지금, 이런 평화주의 미사여구들의 완선한 기만성이 드러난 지금에 말이다. 평화주의 미사여구들이 실제로 제국주의 전리품들의 분배를 위한 투쟁이 새로운 전환점을 맞았다는 사실을 은폐해주는 역할을 하고 있음이 밝혀진 것이다!

독일에서는 치머발트 우파의 지도자 카우츠키가 아무 의

미 없고 아무런 구속력 없는, 단지 노동자들에게 환상과 부르주아에 대한 희망만 심어주는 유사한 평화주의 성명을 발표했다. 카를 리프크네히트의 전술들을 실천하고 있는 독일의 진정한 사회주의자들이자 진정한 국제주의자들인 인터나치오날레 그룹과 독일 국제사회주의자그룹은 그 성명을 공식적으로 거부할 수밖에 없었다.

프랑스에서는 치머발트 회의에 참여했던 메렘·부르데롱과 키엔탈 회의에 참여했던 라팽뒤쟝이 아무 의미도 없을뿐더러, 객관적으로 철저히 거짓된 평화주의 결의안에 **찬성** 투표를 했다. 이 결의안은 현 정세에서 제국주의 부르주아를 너무나 이**롭게** 하는 것으로, 치머발트 및 키엔탈의 모든 선언문에서 사회주의의 배신자로 규탄된 주오와 르노델도 그것에 찬성표를 던졌다!

메렘이 주오와 한편이 되고, 부르데롱과 라팽뒤쟝이 르노델과 한편이 되어 투표한 것은 어쩌다가 벌어진 우연한 사건이 아니다. 그것은 이미 모든 곳에서 준비되고 있는 국제주의 사회주의자들에 **맞선** 사회애국주의자들과 사회평화주의자들의 **통합**을 뚜렷하게 보여주는 징조다.

제국주의 정부들이 줄줄이 발표한 외교 문서들에 평화주의 문구들과 카우츠키·투라티·부르데롱·메렘이 내뱉고 있는 똑같은 평화주의 문구들,——양자 모두에 르노델이 정답게 손을 내밀고 있는——이 모두는 평화주의가 현실 정치에서는 인민을 회유하는 수단에 불과하다는 사실을, 제국주의 학살을 이어가기 위해 정부가 대중을 길들이는 데 **일조하는** 수단에 불과하다는 사실을 폭로하고 있다!

이러한 치머발트 우파의 완전한 파산은 치머발트주의자들이 자유롭게 회동할 수 있는 유럽 유일의 국가이자 그들의 본부로 기능했던 스위스에서 한층 더 뚜렷하게 드러났다. 전시에도 정부의 간섭을 받지 않고 당대회를 열었으며, 독일·프랑스·이탈리아 노동자들 속에서 반전 국제 연대를 고취하기에 다른 어떤 당보다도 좋은 처지에 있었던 스위스 사회당은 치머발트에 공식적으로 참가하고 있었다.

그런데도 이 당 지도자들 가운데 하나이자 치머발트와 키엔탈 회의의 의장, 베른 국제사회주의위원회의 저명한 성원이자 대표인 국회의원 R. 그림은 프롤레타리아 당에 영향을 주는 결정적 문제에 있어서 자기 나라 사회애국주의자들의 편으로 넘어가고 말았다. 1월 7일 스위스 사회당 당 위원회 회의는 조국 방위와 사회평화주의를 규탄한 키엔탈 회의의 결정들에 대한 당의 입장을 결정하기 위해 특별히 소집되었던 당대회를 무기한 연기하기로 결정했다!

1916년 12월자로 국제사회주의위원회가 서명한 성명서에서 그림은 정부들의 평화주의 언사가 위선적이라고 표현하면서도 메렘과 주오, 라팽뒤쟝과 르노델을 단합시키고 있는 사회주의 평화주의에 대해서는 단 한 마디도 하지 않는다. 이 성명서에서 그림은 사회주의 소수파들에게 정부 및 정부의 사회애국주의 용병들에 맞서 투쟁하라고 호소하고 있지만, 그와 동시에 스위스 당의 '사회애국주의 용병'들과 한편이 되어 당대회를 매장해버렸던 것이다. 그가 모든 계급의식적이고 진정으로 국제주의적인 스위스 노동자들의 정당한 공분을 사고 있는 이유가 바로 이 때문이다.

그 어떤 변명도 1917년 1월 7일 당 위원회의 결정이 스위스 사회주의 노동자들에 대해 스위스 사회애국주의자들이 거둔 완전한 승리, 치머발트에 대해 스위스 내 치머발트의 적들이 거둔 승리를 의미한다는 사실을 감출 수 없다.

노동운동 내부에 있는 부르주아의 일관되고 노골적인 종들의 기관지 《그뤼틀리아너》가 그로일리히와 플뤼거 부류의 사회애국주의자들——여기에 자이델(Seidel), 후버, 랑, 쉬네베르거, 뒤르 등도 추가해야 할 것이다——은 대회 개최와 노동자들이 조국 방위 문제를 결정하는 것을 막고 싶어하며, 만일 대회가 열려 치머발트의 정신에 따른 결의가 채택될 경우 의원직을 사퇴하겠다고 협박하고 있다고 보도했을 때, 그것은 모두 익히 짐작하고 있던 바를 사실로 확인해준 것이었다.

그림은 당 위원회 회의와 자신의 신문인 《베르너 타그바흐트》를 통해 참기 힘들 정도로 터무니없는 거짓말을 늘어놓았다. 1917년 1월 8일자 신문[1]에서 그는 노동자들이 준비되어 있지 않다는 둥, 물가폭등에 항의하는 운동이 필요하다는 둥,

'좌파'들도 연기에 동의하고 있다는 둥의 구실로 대회 연기를 정당화하려 했다.

진실은 좌파, 즉 진정한 치머발트주의자들은 한편으로 두 개의 악 중 차악을 택하고, 다른 한편 사회애국주의자들과 그들의 새로운 친구 그림의 진짜 의도를 폭로하기를 바라면서, 대회를 3월로 연기할 것을 제안했다가, 5월로 연기하는 안에 투표했다는 것이다. 그리고 7월 이전까지 주 위원회들이 대회 일정을 결정해야 한다고 제안했지만, 치머발트와 키엔탈 회의의 의장 로베르트 그림이 '조국 방위론자'들을 이끌고 이 모든 제안들을 부결시켰던 것이다.

진짜 문제는 이것이었다. 베른의 국제사회주의위원회와 그림의 신문이 **외국**의 사회애국주의자들에 대해서는 비판을 쏟아내면서, 스위스 사회애국주의자들에 대해서는 처음에는 침묵을 통해, 그 다음에는 그림의 배신을 통해 **못 본** 척하는 짓을 두고만 보고 있을 것인가, 아니면 정직한 국제주의 노선, 즉 무엇보다 먼저 **자국**의 사회애국주의자들과 투쟁하는 노선을 추구할 것인가?

진짜 문제는 이것이었다. 스위스 당에서 사회애국주의자들과 개량주의자들의 지배를 혁명적 문구들로 은폐할 것인가, 아니면 물가폭등뿐 아니라 전쟁에 반대하여 투쟁하는 문제,

---

I   1917년 1월 8일자 《베르너 타그바흐트》 6호의 사설 「당 결정 사항」을 가리키는 것으로 보인다.—원서 편집자

즉 사회주의 혁명을 위한 투쟁을 일정에 올리는 문제를 다루는 혁명적 강령과 전술로 그들에 맞설 것인가?

진짜 문제는 이것이었다. 수치스럽게 파산해버린 제2인터내셔널 최악의 전통을 치머발트에서도 되풀이할 것인가, 당 위원회에서 당 지도자들이 결정하고 말한 것들을 노동자 대중들에게 계속 숨길 것인가, 사회애국주의와 개량주의의 비열함을 혁명적 미사여구들로 감출 것인가, 아니면 행동으로 국제주의자가 될 것인가?

진짜 문제는 이것이었다. 치머발트 연합 전체에서 가장 중요한 당이 있는 스위스에서 사회애국주의자와 국제주의자 사이의, 부르주아 개량주의자와 혁명가 사이의, 프롤레타리아가 사회주의 혁명을 달성하도록 돕는 프롤레타리아의 조언자와 개량 및 개량의 약속을 가지고 노동자들의 관심을 혁명에서 멀어지게 하려는 부르주아의 하수인 또는 '용병들' 사이의, 그뤼틀리주의자와 사회주의 당 사이의 선명하고 원칙적이며 정치적으로 정직한 분열을 지지할 것인가——아니면 그뤼틀리주의자들, 다시 말해 사회당 대오 속의 사회애국주의자들의 '그뤼틀리' 노선을 사회당 내에서 실천하는 것을 통해 노동자들의 정신을 혼동시키고 타락시킬 것인가?

스위스의 사회애국주의자들, 당내에서 그뤼틀리 노선, 즉 자민족 부르주아의 노선을 실천하기를 원하는 이들 '그뤼틀리주의자들'로 하여금 외국인들을 비난하게 내버려두라. 그들이

다른 나라 당들의 비판에 대한 스위스 당의 '신성불가침'을 옹호하도록 내버려두라. 그들이 낡아빠진 부르주아 개량주의 노선, 즉 1914년 8월 4일 독일과 다른 나라 당들의 파산을 불러온 바로 그 노선을 고수하게 내버려두라──말뿐이 아니라 실천하는 치머발트 지지자들인 우리는 국제주의를 다르게 이해한다.

우리는 마침내 본색을 드러낸 치머발트·키엔탈 회의의 의장과, 부패한 유럽 사회주의의 모든 것을 예전 그대로 남겨두려고 하는 그의 열렬한 욕망, 카를 리프크네히트와 위선적인 연대를 통해 이 국제 노동운동의 지도자가 외친 진정한 구호, 낡은 당들을 '환골탈태'시켜야 한다는 요구를 회피하려 드는 것을 묵과해서는 안 된다고 생각한다. 우리는 카를 리프크네히트와 그의 전술을 열렬히 환영했던 전세계 모든 계급의식적 노동자들이 우리의 편에 서 있음을 확신한다.

우리는 치머발트 우파가 부르주아 개량주의적 평화주의에 투항했음을 공개적으로 폭로한다.

우리는 로베르트 그림이 치머발트를 배반했음을 공개적으로 폭로한다. 그리고 국제사회주의위원회 위원직에서 그림을 해임하기 위한 회의 소집을 요구한다.

치머발트라는 말은 국제 사회주의와 혁명적 투쟁의 구호다. 이 말이 사회애국주의와 부르주아 개량주의를 은폐하는 데 봉사해서는 안 된다.

진정한 국제주의를 위해 **무엇보다도** 자국의 사회애국주의자에 맞서 투쟁하라! 혁명적 사회주의 노동자들에 반대하는 사회애국주의자들과는 결코 타협할 수 없는, 참된 혁명적 전술을 지지하라!

| 1916년 12월 말 집필

1905년 혁명에 대한 강연

이 글은 1917년 1월 9일(22일) 취리히에 있는 '민중의 집'에서 젊은 노동자들에게 강연을 하기 위해 준비한 원고다. 레닌은 1916년 말부터 이 강연을 위한 준비를 시작했고, 12월 7일(20일)에 카르핀스키에게 보내는 편지에서 강연 주제에 대해 물으며 이 강연에 대해 언급했다.—원서 편집자 젊은 동지들, 남녀 당원 동지 여러분!

오늘 우리는 러시아 혁명의 출발점으로 평가되는 것이 합당한 '피의 일요일' 12주기를 기념하러 모였습니다.

수천 명의 노동자들이──사회민주주의자가 아닌 신앙심 깊은 차르의 충성스런 신민들이 가폰(Gapon) 신부에게 이끌려 차르에게 청원서를 제출하고자 도시의 모든 곳에서 수도의 중심으로, 겨울궁전 앞 광장으로 모여들었습니다. 노동자들은 성화를 들고 있었습니다. 당시 그들의 지도자였던 가폰은 차르에게 보내는 편지에서 차르의 신변의 안전을 보장하며 인민들 앞에 모습을 드러내달라고 부탁했습니다.

병사들이 불려 나왔습니다. 창기병들과 카자크 병사들이 칼을 뽑아들고 군중을 공격했습니다. 군인들은 차르에게 보내달라며 카자크 병사들에게 무릎 꿇고 빌고 있는 비무장 노동자들에게 발포를 했습니다. 경찰 보고에 따르면 그날 1천 명이 넘는 사람들이 살해당하고 2천 명 이상이 부상을 입었습니다. 노동자들의 분노는 차마 말로 표현할 수 없는 것이었습니다.

이것이 1905년 11월 22일 '피의 일요일'에 벌어진 일의 전반적인 내용입니다.

여러분들이 이 사건의 역사적 중요성을 더 잘 이해할 수 있도록, 노동자들의 청원서를 몇 대목 읽어보겠습니다. 청원서는 이렇게 시작합니다.

"저희, 노동자들, 상트페테르부르크 백성들이 폐하 앞에 왔사옵니다. 소인들은 불쌍하고 비천한 노예로 학정과 폭정에 시달리고 있습니다. 소인들은 더 이상 참을 수 없어 일손을 멈추고 저희 사장들에게 사는 게 고통스럽지 않을 정도만 베풀어달라고 애걸했으나, 이조차 승낙받지 못했습니다. 사장들은 이모든 것을 불법으로 보았습니다. 저희 수천 명이 여기 왔사옵니다. 모든 러시아 백성들이 그러하듯 소인들에게는 사람의 권리라는 게 없습니다. 폐하의 신하들 덕분에 저희는 모두 노예가 되고 말았던 것입니다."

이 청원서는 다음과 같은 요구를 담고 있습니다. 사면, 시민으로서의 자유, 공정한 임금, 인민에게로의 점진적인 토지양도, 보통·평등 투표에 기초한 제헌의회 소집. 청원서는 이렇게 끝납니다.

"폐하, 폐하의 백성을 굽어살펴주시옵소서! 폐하와 백성을 가로막고 있는 벽을 허물어주시옵소서. 소인들의 청원을 윤허하노라 명하시고 약조하여주시옵소서. 그렇게 해주신다면 러시아는 홍복을 누리오리다. 그리하지 아니하신다면 소인들은 이 자리에 뼈를 묻을 각오가 돼 있나이다. 저희들에게 길은 자유와 행복 아니면 무덤으로 가는 두 가지뿐이옵니다."

가부장적인 신부의 손에 이끌려나온 무학무식한 노동자들의 이 청원서를 읽는 지금 참 묘한 기분이 듭니다. 본의 아니게 오늘날의 사회평화주의자들, 자칭 사회주의자지만 실제로는 부르주아의 미사여구를 떠들어댈 뿐인 자들이 내놓는 평화 결의안들과 이 순박한 청원서를 비교하게 되는 것입니다. 혁명 전 러시아의 아직 각성하지 못한 노동자들은 차르가 지배계급의 우두머리라는 사실을 몰랐습니다. 이미 대부르주아들과 수천 가닥의 끈으로 묶여 있어 그들의 독점, 특권, 이윤을 모든 폭력 수단을 동원해 방어할 준비가 돼 있는 대지주 계급의 우두머리라는 사실을 말입니다. '고학력자'로 보이고 싶어 안달인——농담이 아닙니다——오늘날의 사회평화주의자들은 제국주의적 수탈 전쟁을 벌이고 있는 부르주아 정부에게 '민주적' 평화를 기대하는 것이 평화적인 청원을 통해 학살자 차르를 민주개혁으로 개심하게 할 수 있다고 믿었던 것과 똑같이 어리석은 짓이라는 사실을 모르고 있습니다.

그렇지만 이 둘 사이에는 커다란 차이가 있습니다. 오늘날 사회평화주의자들은 온건한 제안들로 인민의 관심을 혁명 투쟁에서 멀어지게 하려고 애쓰는 엄청난 위선자들인 반면, 혁명 전 러시아의 배우지 못한 노동자들은 자신들이 처음으로 정치의식에 눈을 뜬 진실한 사람들이라는 사실을 행동으로 증명했던 것입니다.

1905년 1월 22일의 역사적 중요성은 바로 거대한 인민 대중들이 정치의식과 혁명 투쟁에 눈을 떴다는 데 있습니다.

"러시아에는 아직 혁명적 인민이 없다." 당시 러시아 자유주의자들의 지도자였고 해외에서 검열을 피해 비합법 기관지를 발행하고 있던 P. B. 스트루베(Struve) 씨는 '피의 일요일' 이틀 전에 이렇게 썼습니다. 글도 모르는 농민들의 나라에서 혁명적 인민이 배출될 수 있다는 생각은 이 '고학력'을 자랑하는 거만하고 극히 우둔한 부르주아 개량주의 지도자에게 말도 안 되는 소리였던 것입니다. 진정한 혁명은 불가능하다는 당시 개량주의자들의 믿음은——오늘날의 개량주의자들과 마찬가지로——엄청나게 확고한 것이었습니다.

1905년 1월 22일(구력으로는 1월 9일) 이전 러시아의 혁명 정당은 소수 인원들로 구성되어 있었고, (오늘날의 개량주의자들과 똑같이) 당대의 개량주의자들은 조롱을 담아 우리를 '종파'라고 불렀습니다. 몇백 명의 혁명적 조직가들과 몇천 명의 지역 조직 당원들, 대부분 해외에서 발행되어 믿기 어려울 정도의 고난과 숱한 희생 속에서 러시아 국내로 밀반입되는 기껏해야 한 달에 한 번 정도 나오는 대여섯 개의 혁명적 신문들. 1905년 1월 22일 이전 러시아의 혁명적 정당들, 특히 혁명적 사회민주주의는 그런 조건에 있었습니다. 이런 상황이 편협하고 오만한 개량주의자들에게 러시아에는 아직 혁명적 인민이 없다고 단정할 공식적인 권리를 제공했습니다.

그러나 몇 달 만에 상황은 완전히 바뀌었습니다. 몇백 명의 혁명적 사회민주주의자들은 '갑작스럽게' 몇천 명으로 성장했습니다. 이 몇천 명은 200만~300만 프롤레타리아의 지도자가 되었습니다. 프롤레타리아의 투쟁은 5천만에서 1억 명에 이르는 농민 대중들 사이에서 광범위한 소요를 불러일으켰으며 그것은 대개 혁명적 운동으로 발전했습니다. 농민운동은 군대에 반향을 일으켰고, 이는 병사들의 봉기로, 즉 군대 내부 집단들 사이의 무력 충돌로 이어졌습니다. 그렇게 1억 3천만 인구를 자랑하는 거대한 국가가 혁명에 돌입했습니다. 잠자던 러시아는 그렇게 혁명적 프롤레타리아와 혁명적 인민의 러시아로 탈바꿈했습니다.

이 전환을 연구하여, 그것이 가능했던 이유, 말하자면 그 방법과 방식을 이해하는 것이 중요합니다.

이 전환의 주요 방식은 **대중파업**이었습니다. 러시아 혁명의 특이성은 그것이 사회적 내용으로는 **부르주아 민주주의 혁명**이었으나 투쟁의 방식으로는 **프롤레타리아 혁명**이었다는 바로 그 사실에 있습니다. 러시아 혁명은 부르주아 민주주의 혁명이었습니다. 왜냐하면 혁명이 직접 자신의 힘으로 쟁취할 수 있었던 당면 목표는 민주공화국, 8시간 노동일, 광대한 귀족 사유지들의 몰수였기 때문입니다. 이 모든 조치들은 1792~3년 프랑스 부르주아 혁명에서 거의 완전하게 쟁취한 것들이었습니다.

동시에 러시아 혁명은 프롤레타리아 혁명이기도 했습니다. 이는 프롤레타리아가 운동의 주력이자 그 전위였다는 의미에서뿐만이 아니라, 프롤레타리아의 특수한 무기인 파업이 대중을 움직이게 한 주요 방식이었으며, 파도처럼 밀려오는 결정적 사태들에서 파업이 가장 특징적인 현상이었다는 의미에서 그러합니다.

러시아 혁명은 역사상 최초로——분명 마지막은 아니겠지만——정치적 대중파업이 비상하게 중대한 역할을 수행한 대혁명이었습니다. 러시아 혁명의 사건들과 그 정치적 형태들의 변화는 우리가 이 사건들과 변화들의 기초를 **파업** 통계를 통해 연구하지 않는다면 이해할 수 없는 것이라고까지 말할 수 있을 것입니다.

건조한 통계는 강연에 적합하지 않으며 청중을 지루하게 할 가능성이 크다는 점은 저도 굉장히 잘 알고 있습니다. 그럼에도 불구하고 동지들이 운동 전체의 실제 객관적 토대를 이해할 수 있도록 하려면 몇 가지 수치를 인용하지 않을 수 없군요. 혁명 전 러시아에서 10년 동안 연평균 파업 참가자의 수는 4만 3천 명이었습니다. 10년 동안 43만 명이 파업에 참여했다는 뜻입니다. 그런데 혁명의 첫 번째 달이었던 1905년 1월, 파업 참가자의 수는 44만 명이었습니다. 달리 말해 그 전 10년 전체를 합친 것보다 그 한 달 동안의 파업 참가자가 더 많았다는 겁니다!

세계의 그 어떤 자본주의 국가에서도, 심지어 영국, 미국, 독일 같은 가장 발전된 나라들에서도 1905년 러시아의 막강한 파업 운동에 비할 만한 사례는 없었습니다. 파업 참가자들을 모두 합한 수는 280만 명으로, 이 나라 공장 노동자 수의 두 배 이상이었습니다! 물론 그것은 러시아 도시 지역의 공장 노동자들이 서유럽의 노동자 형제들보다 더 교육받았다거나, 더 강인하다거나, 더 투쟁에 익숙하다는 것을 의미하지 않습니다. 오히려 그 정반대가 진실입니다.

하지만 그것은 프롤레타리아트에게 숨겨져 있는 잠재력이 얼마나 위대한 것인지를 보여줍니다. 그것은 혁명적 시기의 프롤레타리아트는 일상적이고 평화로운 시기에 비해 백 배는 더 큰——나는 가장 정확한 러시아 역사 자료에 기초하여 최소의 과장조차 배제하고 이 말을 하는 것입니다——투쟁력을 이끌어낼 수 있다는 것을 보여줍니다. 그것은 진정으로 위대한 목표를 위한 투쟁에서, 진정 혁명적인 방식으로 벌어지는 투쟁에서 프롤레타리아트가 얼마나 위대하고 대단한 힘을 행사할 수 있으며, 행사하게 될 것인지 인류가 1905년에 이르기까지 알지 못했다는 것을 보여줍니다!

러시아 혁명의 역사는 그 전위, 즉 임금노동자들 가운데 가장 뛰어난 일부가 가장 완강하게, 가장 헌신적으로 투쟁했다는 사실을 보여줍니다. 규모가 큰 작업장과 공장이 연루될수록 파업은 더욱 완강했으며 한 해 동안의 파업의 빈도 또한 컸습니다. 투쟁에서 프롤레타리아가 수행한 역할은 큰 도시일수록 더 중요했습니다. 3대 도시인 상트페테르부르크, 리가, 바르샤바가 노동자들이 가장 많이 거주하며 노동자들의 계급의식이 가장 높은 곳이었습니다. 농촌은 말할 것도 없고 다른 어느 도시보다 이 지역들에서 총노동자 수에 비해 훨씬 더 높은 비율의 파업 참가자들을 볼 수 있었습니다.[I]

러시아에서는──다른 자본주의 국가들에서도 마찬가지겠지만──금속노동자가 프롤레타리아의 전위를 대표합니다. 이와 관련하여 우리는 다음과 같은 유익한 사실에 주목하게 됩니다. 1905년 파업 참여자는 러시아 전체 공장 노동자 100명 당 160명이었던 반면 **금속노동자**는 같은 해 100명당 320명이었다는 겁니다! 추산치에 따르면 1905년에 러시아의 모든 공장노동자들은 파업 투쟁으로 인해 평균 10루블──전쟁 전 환율로 약 26프랑──의 임금 손실을 보았다고, 달리 말해 투쟁을 위해 희생했다고 합니다. 하지만 금속노동자만 살펴보면, 임금 손실이 세 배나 **많았다**는 사실을 알게 됩니다! 노동계급의 가장 뛰어난 부위는 주저하는 이들을 이끌고, 잠들어 있는 이들을 깨우고, 약한 이들에게 용기를 북돋으면서 앞에서 진군했던 것입니다.

I 레닌이 손으로 쓴 원고(수고)에서 이 문단은 줄로 지워져 있다.─원서 편집자

혁명 시기 경제파업과 정치파업의 결합은 아주 특별한 것이었습니다. 오직 두 가지 파업의 긴밀한 결합만이 이 운동에 엄청난 힘을 보장했다는 사실은 의심할 여지가 없습니다. 만일 다양한 산업에 속한 임금노동자들이 자본가들이 즉각적이고 직접적으로 그들의 상황을 개선하도록 강제하는 본보기를 매일 보여주지 않았더라면, 착취당하는 사람들로 구성된 광범위한 대중들은 결코 혁명적 운동에 동참하지 못했을 겁니다. 이 투쟁은 러시아 인민 대중 전체에게 새로운 정신을 불어넣었습니다. 이때에 와서야 봉건적이고, 굼뜨고, 가부장적이고, 경건하고, 순종적인 옛 러시아는 비로소 태초의 원죄에서 벗어났습니다. 이때에 와서야 러시아 인민은 비로소 진정으로 민주적이고 진정으로 혁명적인 가르침을 받았던 것입니다.

부르주아 신사분들과 그들의 무비판적 앵무새들인 사회개량주의자들이 대중의 '교육'에 대하여 미주알고주알 떠들어댈 때, 그들이 보통 생각하는 것은 학교 선생식의 현학적인 무언가, 대중의 사기를 꺾고 그들에게 부르주아적 편견을 심어주는 무언가입니다.

대중의 진정한 교육은 그들의 자주적인 정치투쟁, 특히 혁명인 투쟁과 결코 떼려야 뗄 수 없습니다. 오직 투쟁만이 착취당하는 계급을 가르칩니다. 오직 투쟁만이 그들이 지닌 힘의 크기를 가늠케 해주고, 그들의 시야를 넓혀주며, 그들의 능력을 높여주고, 그들의 정신을 날카롭게 하고, 그들의 의지를 단련시켜줍니다. 그것이 바로 투쟁의 해이자 '광란의 해'였던 1905년이 가부장적 러시아를 마침내 끝장내버렸다고 반동분자들조차 인정하지 않을 수 없었던 이유입니다.

1905년 파업 투쟁에서 금속노동자들과 직물노동자들의 관계를 더 면밀히 살펴보도록 합시다. 금속노동자들은 임금이 제일 높고 가장 계급의식적이며 가장 잘 교육된 프롤레타리아들입니다. 반면 1905년 당시 금속노동자들보다 수가 두 배 반이나 많았던 직물노동자들은 러시아에서 가장 후진적이고 가장 임금이 낮은 대중들로 이루어져 있었습니다. 이들은 시골의 농민 친척들과 아직 완전히 유대가 끊어지지 않은 경우가 많았습니다. 여기서 우리는 다음과 같은 매우 중요한 사실을 목격하게 됩니다.

1905년 내내 금속노동자들의 파업은 정치파업이 경제파업보다 우세했다는 것을 보여줍니다. 비록 그해 초에는 이런 우세가 연말보다는 크지 않았지만 말입니다. 반면 직물노동자들의 경우 1905년 초 경제파업의 압도적인 우세를 관찰할 수 있으며, 연말이 돼서야 정치파업이 우세하게 됩니다. 이로부터 도출되는 매우 명백한 결론은 오직 경제투쟁만이, 즉 환경의 즉각적·직접적인 개선을 위한 투쟁만이 착취당하는 대중 가운데 가장 후진적인 계층을 일깨우고, 그들에게 진정한 교육을 제공하며, 혁명적 시기에는 몇 달 만에도 그들을 정치적 투사들의 군대로 변화시킬 수 있다는 것입니다.

물론 이러한 일이 일어나기 위해서는 노동자들의 선진부대가 계급투쟁을 소수 상층의 이익을 위한 투쟁——개량주의자들이 너무나 자주 주입하고자 시도하는 관념——으로 이해하지 않고, 프롤레타리아트가 착취당하는 다수의 진정한 전위로 등장하여 그 다수를 투쟁으로 이끌어야 합니다. 1905년 러시아의 경우가 바로 그러했으며, 유럽에 임박한 프롤레타리아 혁명의 경우도 그러해야 마땅하고, 또 틀림없이 그렇게 될 것입니다.[2]

1905년 벽두는 전국을 휩쓴 파업의 거대한 첫 물결을 불러왔습니다. 그해 봄에 이미 우리는 러시아에서 최초로 경제적일 뿐만 아니라 정치적인 대규모 농민운동이 솟아나는 것을 보게 됩니다. 이 역사적 전환점의 중요성을 이해하기 위해서는 러시아 농민들이 1861년에야 비로소 가장 가혹한 형태의 농노제로부터 해방되었다는 것을, 그들이 대부분 문맹이었으며 차마 말로 다할 수 없는 빈곤에 허덕이면서도, 대지주들에게 짓밟히고 사제들에게 속으면서, 광활한 거리와 다니기 어려운 도로 상태[3] 때문에 서로 고립되어 있었다는 사실을 유념해야 합니다.

러시아는 1825년에 처음으로 차르 전제에 대항하는 혁명

2 수고에서 이 앞의 네 문단은 줄이 그어져 지워져 있다.—원서 편집자
3 러시아에서는 눈이 녹는 초봄과 이른 눈이 내리는 늦가을이 되면 도로가 진창이 되어 통행이 거의 불가능해진다.—옮긴이

적 운동4을 목도했습니다. 이 운동은 거의 귀족만이 대표하는 것이었습니다. 그때부터 테러리스트들이 알렉산드르 2세를 살해한 1881년에 이르기까지 중간계급 지식인들이 혁명운동을 주도했습니다. 그들은 지고한 자기희생을 보여주었으며 그들이 선택한 영웅적인 테러 투쟁 방식을 통해 전세계를 놀라게 했습니다. 분명 그들의 희생은 헛되지 않았습니다. 그들이 차후 러시아 인민의 혁명적 교육에 직접적으로든 간접적으로든 기여했다는 사실에는 의심의 여지가 없습니다. 그러나 민중혁명을 일으킨다는 그들의 당면 목표는 이루어지지 않았고, 또 이루어질 수 없는 것이었습니다.

그 목표는 오직 프롤레타리아트의 혁명적 투쟁을 통해서만 달성되었습니다. 전국을 휩쓴 대규모 파업의 물결만이, 제국주의적인 러일 전쟁의 엄혹한 교훈과 연결되어 광범한 농민 대중들을 무기력에서 일깨웠습니다. '파업자'라는 낱말은 농민들 속에서 완전히 새로운 뜻을 획득했습니다. 그것은 반란자, 혁명가라는 의미가 되었으며, 이 말들은 예전에 '학생'이라는 단어로 표현되던 것이었습니다. 그러나 '학생'은 중간계급, '식자층', '신사들'에 속했으며, 따라서 인민들에게 이질적인 존재였습니다. 반면 '파업자'는 같은 인민이었습니다. 파업자는 착취당하는 계급에 속했습니다. 상트페테르부르크에서 쫓겨난 파업자

4   데카브리스트 반란을 가리킨다.—옮긴이

는 대부분 촌락으로 돌아가, 고향 친구들에게 도시들을 덮쳐 자본가들과 귀족들을 모조리 파멸시킬 불길에 대해 이야기했습니다. 러시아 농촌에 계급의식적인 젊은 농민이라는 새로운 유형이 탄생한 것입니다. 그는 '파업자들'과 연락을 주고받고, 신문을 읽고, 농민들에게 도시 소식을 전했으며, 농촌 동료들에게 정치적 요구들의 의미를 설명하고, 귀족 지주와 사제와 관리 들에게 맞서 싸우라고 촉구했습니다.

농민들은 집단으로 모여 자신들의 처지를 논의했고, 점차 이 투쟁에 동참하기 시작했습니다. 그들은 대지주에게 떼로 몰려가, 지주들의 대궐 같은 집과 건물에 불을 질렀습니다. 그들은 지주들의 물건을 빼앗고, 곡식과 식량을 몰수하고, 경찰들을 살해하고 대규모 소유지들을 인민들에게 넘기라고 요구했습니다.

1905년 봄에 농민운동은 막 시작되고 있었을 뿐이었고, 대략 전체 농촌지구의 7분의 1 정도의 소수만 참여하고 있었습니다.

하지만 도시 프롤레타리아 대중파업과 농촌 농민운동의 결합은 차르 체제의 '가장 견고한' 마지막 버팀목을 흔들기 충분했습니다. 바로 군대입니다.

수군과 육군에서 잇따라 병사 반란이 일어나기 시작했습니다. 혁명이 벌어지는 동안 파업과 농민운동의 모든 새로운 물결은 러시아 전역에서 병사 반란을 수반했습니다. 이들 중 가장 유명한 것은 흑해 순양함 **포템킨** 호에서 벌어진 선상 반란일 것입니다. 이 배는 반란 병사들의 손에 탈취되어 오데사에서 혁명에 동참했습니다. 혁명이 패배하고 다른 항구(예컨대 크림 반도의 페오도시야)를 장악하려는 시도들이 실패로 돌아가자 포템킨 호는 콘스탄차에서 루마니아 정부에 투항했습니다.

운동이 정점에 다다랐을 때 벌어지는 구체적 상황을 동지들께 보여드리기 위해, 저는 흑해 함대에서 벌어진 이 병사 반란의 한 가지 작은 일화를 자세히 들려드리고자 합니다.

혁명적 노동자들과 수병들의 회합은 갈수록 빈번하게 조직되고 있었다. 현역 군인들이 노동자 집회에 참석하는 것이 불허되었던 까닭에, 노동자로 구성된 대규모 군중이 병사 집회에 왔다. 오는 이들의 규모는 수천 명이었다. 공동 행동 방안은 열띤 반응을 불러일으켰다. 보다 정치적으로 의식화된 이들 가운데에서 대표가 선출되었다.

이에 군 당국은 조치를 취하기로 결정했다. 일부 장교들은 집회에서 '애국적인' 발언을 하려 시도했으나 무참히 실패했다. 토론에 익숙했던 수병들 때문에 장교들은 수치스럽게도 자리를 피해야만 했다. 이를 고려하여 모든 집회를 금지한다는 결정이 내려졌다. 1905년 11월 24일 아침, 완전무장한 수병 일개 중대가 해군 막사 입구에 배치되었다. 해군 소장 피사렙스키가 목청 높여 명령을 내렸다. "그 누구도 막사를 떠날 수 없다! 누구든 불복할 경우 사살하라!"이 명령을 받은 중대의 페트로프라는 이름의 수병이 대열에서 걸어나와 모두가 보는 앞에서 소총을 장전하더니 한 발로는 벨로스토크 연대의 2등 대위 슈테인을 사살하고 또 한 발로는 해군 소장 피사렙스키에게 부상을 입혔다. "체포하라!"한 장교가 소리쳤다. 그러나 아무도 미동조차 하지 않았다. 페트로프는 소총을 내던지며 소리쳤다. "왜 움직이지 않는가? 날 잡아가라!"그가 체포되자, 사방에서 몰려든 수병들이 그의 보증을 서겠다고 선언하며 분노에 차 석방을 요구했다. 분위기는 지극히 격앙되었다.

"페트로프, 발포는 사고였다. 그렇지 않나?"장교 중 한 명이 타개책을 찾으려 시도하며 질문했다.

"사고라니, 무슨 소리인가? 내가 앞으로 나서서, 장전하고 정조준을 했다. 이게 사고인가?"

"저들이 자네의 석방을 요구하고 있다……."

그리고 페트로프는 석방되었다. 그러나 수병들은 그것만으로 만족하지 못했다. 근무 중인 모든 장교들이 체포되었고, 무장해제되어 본부에 감금되었다. 약 40명 정도 되는 수병 대표들은 하룻밤 내내 논의를 진행했다. 결정된 바는 장교들을 석방하되 그들의 막사 출입은 완전히 불허한다는 것이었다.

이 작은 일화는 대부분의 병사 반란에서 사태가 어떻게 전개되었는지를 여실히 보여줍니다. 인민 속으로 퍼져나간 혁명의 열기에 군대가 휩쓸리지 않을 수 없었습니다. 특별히 주목할 점은 이 운동의 지도자들이 육군과 수군 내에서도 **특정 계층** 출신이었다는 점입니다. 그들은 주로 산업 노동자들 사이에서 징집된 사람들이었으며 그 중에서도 예컨대 공병처럼 더 많은 기술적 훈련이 필요한 분야의 병사들이었습니다. 그러나 광범위한 대중은 여전히 너무나 순진했습니다. 그들의 정서는 너무나 수동적이고, 너무나 선량했으며, 너무나 기독교적이었습니다. 그들은 빠르게 불타올랐습니다. 장교들의 지나치게 가혹한 대우, 나쁜 음식 등이 반란으로 이어질 수 있었습니다. 하지만 그들에게는 지속력과 명확한 목표의식이 부재했으며, 무장투쟁을 맹렬히 계속하는 것만이, 군 및 민간 당국 전체에 대해 승리를 거두는 것만이, 정부를 전복하고 전국적으로 권력을 탈취하는 것만이 혁명의 성공을 보장할 수 있다는 사실을 명확히 인식하지도 못했습니다.

해군과 육군의 광범위한 병사들은 쉽게 반란을 일으켰습니다. 하지만 또 그만큼 쉽게, 체포된 장교들을 석방하는 어리숙한 짓을 저질렀습니다. 그들은 장교들이 약속과 설득을 통해 자신들을 진정시키도록 내버려두었습니다. 이리하여 장교들은 소중한 시간을 벌어 증원 병력을 불러들였고 반란자들의 기세를 꺾었습니다. 그리고 나서 운동에 대한 가장 무자비한 탄압과 지도자들의 처형이 이어졌습니다.

이 1905년의 병사 반란들과 1825년의 데카브리스트 봉기를 비교하는 일은 특히나 흥미롭습니다. 1825년에 일어난 정치운동의 지도자들은 거의 예외 없이 장교들이었고, 귀족 출신이었습니다. 그들은 나폴레옹 전쟁 동안 유럽의 민주주의 사상들을 접한 결과 거기에 감염되었습니다. 당시에도 여전히 농노들이었던 병사 대중들은 수동적으로 남아 있었습니다.

1905년의 역사는 전혀 다른 풍경을 보여줍니다. 장교들의 정서는 예외 없이 부르주아 자유주의적이거나, 개량주의적이거나, 노골적으로 반혁명적이었습니다. 군복 입은 노동자, 농민들이 반란의 영혼이었습니다. 운동은 더욱 대중적이 되었습니다. 러시아 역사상 최초로 착취당하는 인민 대다수를 사로잡았습니다. 하지만 이 운동은 한편으로는 신실함이라는 환상에 너무 많이 빠져 있던 당시 대중들의 끈기와 결단이 부족했고, 또 한편으로는 군복 입은 혁명적 사회민주주의 노동자들이 조직되어 있지 않았습니다. 이들에게는 지도력을 장악하고 혁명군의 선두에서 진군하여 정부에 대한 공세를 개시할 능력이 없었습니다.

그런데 이런 두 가지 약점은 자본주의의 일반적 발전에 의해서뿐 아니라, 현재 진행 중인 전쟁에 의하여——우리의 바람보다야 느릴지 모르지만, 확실히——제거될 것입니다……5

어쨌든 1871년 파리 코뮌의 역사처럼 러시아 혁명의 역사

5 수고에서 이 앞의 세 문단은 줄이 그어져 지워져 있다.—원서 편집자

역시 군대의 일부가 다른 일부와 투쟁해서 승리를 거두지 않은 한, 군국주의는 결코 패배하거나 파괴되지 않는다는 확실한 교훈을 우리에게 주고 있습니다. 그저 군국주의를 비난하고 매도하고 '거부'하는 것만으로는, 그것을 비판하고 그것이 나쁘다는 것을 증명하는 것만으로는 충분하지 않습니다. 병역을 평화적으로 거부하는 것은 어리석은 일입니다. 당면 임무는 프롤레타리아트의 혁명적 의식이 긴장의 끈을 놓지 않게 하고, 그 중 가장 뛰어난 부위가 대중의 분노가 정점에 도달했을 때 혁명군의 선두에 설 수 있도록 일반적으로가 아니라 구체적으로 준비시키는 것입니다.

그 어떤 자본주의 국가라 하더라도 일상의 경험은 우리에게 똑같은 교훈을 가르쳐줍니다. 자본주의 국가가 겪는 모든 '소규모' 위기들은 큰 위기가 닥쳐왔을 때 반드시 되풀이될 투쟁의 요소 및 맹아들을 축소해서 우리에게 보여줍니다. 예컨대 파업이 자본주의 사회의 소규모 위기가 아니라면 또 무엇이겠습니까? 프로이센 내무장관이었던 폰 푸트카머(Von Puttkamer)[6] 씨가 "모든 파업에는 혁명의 히드라가 도사리고 있다"라는 유명한 말을 남겼을 때, 그는 옳지 않았습니까? 모든

---

6   로베르트 폰 푸트카머(1828~1900년)는 1879~81년 교육종교장관, 1881~8년 내무장관을 역임했다. 독일의 사회민주주의와 노동조합 운동을 탄압하는 정책을 추구했으며, 1886년 노동자들의 파업을 금지하는 법령을 발의했다.—옮긴이

자본주의 국가가, 가장 평화롭고 가장 '민주적인'——실례했습니다——자본주의 국가라 해도, 파업이 일어나면 병력을 동원한다는 사실은 정말 큰 위기가 닥치면 어떤 일이 벌어질지를 잘 보여주지 않습니까?

다시 러시아 혁명의 역사로 돌아가봅시다.

나는 노동자들의 파업이 어떻게 온 나라를 일깨웠는지, 착취당하는 인민 중 가장 후진적 계층인 농민의 운동이 어떻게 시작되었는지, 그리고 여기에 군대의 반란이 어떻게 합류하였는지를 여러분께 보여드리려고 했습니다.

운동은 1905년 가을에 절정에 이르렀습니다. 8월 19일(구력으로는 6일), 차르는 인민의 대의기구를 도입하겠다는 성명서를 발표했습니다. 우스울 정도로 적은 수의 유권자들만 포괄하는 투표권에 기초한 이른바 불리긴 두마7가 설립될 것이며, 이 괴상망측한 '의회'에는 입법권 없이 단지 조언과 자문을 하는 권한만 부여되리라는 것이었습니다!

부르주아와 자유주의자, 기회주의자 들은 겁에 질린 차르가 주는 이 '선물'을 두 손으로 넙죽 받을 준비가 되어 있었습니다. 다른 모든 개량주의자들과 마찬가지로 1905년 우리나라 개량주의자들도 개혁들, 특히 개혁에 대한 약속이 단 한 가지 목표, 즉 인민들의 동요를 누그러뜨리고 혁명적 계급이 투쟁을 멈추거나 최소한 완화하도록 만든다는 단 한 가지 목표만을 추구하는 역사적 상황들이 있다는 사실을 이해할 수 없었습니다.

러시아의 혁명적 사회민주주의는 1905년 8월의 이러한 권리의 선물, 환상에 불과한 헌법이라는 약속의 진정한 본질을 잘 파악하고 있었습니다. 이것이 바로 혁명적 사회민주주의가 단 한 순간도 망설이지 않고 '자문 두마 타도! 두마를 거부하라! 차르 정부 타도! 차르 정부를 타도하기 위한 혁명적 투쟁을 계속하라! 차르가 아닌 임시 혁명정부가 러시아 최초의 진정한 인민 대표자 회의를 소집해야 한다!' 같은 슬로건들을 쏟아낸 이유입니다.

7 불리긴 두마는 그 명칭이 내무장관 A. G. 불리긴(Bulygin)에게서 유래한다. 불리긴은 두마 소집 및 선거 관련 법안을 기초했다. 차르는 두마를 자문 기관으로 둘 셈이었다. 볼셰비키는 두마를 적극적으로 보이콧 하자고 호소했고 무장봉기, 혁명군, 임시혁명정부 등의 슬로건에 선전을 집중했다. 그들은 모든 혁명적 세력을 결집하고 대중 정치파업을 수행하고 무장봉기를 준비하는 데 보이콧 캠페인을 이용했다. 1905년 10월의 전국적 규모의 정치총파업과 혁명의 고조로 인해 선거는 무산되었고 두마는 소집되지 못했다. 레닌은 「제헌시장The Constitutional Market-Place」(본 전집 23권에 수록─편집자), 「불리긴 두마의 보이콧과 봉기The Boycott of the Bulygin Duma and Insurrection」, 「차르와 인민의 동일성 그리고 인민과 차르의 동일성Oneness of the Tsar and the People, and of the People and the Tsar」, 「군주제적 부르주아지의 뒤를 따를 것인가, 혁명적 프롤레타리아트와 농민의 선두에 설 것인가?In the Wake of the Monarchist Bourgeoisie, or in the Van of the Revolutionary Proletariat and Peasantry?」(세 글은 본 전집 26권에 수록─편집자) 등의 글들에서 불리긴 두마에 대해 논하고 있다.─원서 편집자

역사는 혁명적 사회민주주의자들이 옳았음을 증명했습니다. 불리긴 두마는 결코 열리지 않았기 때문입니다. 불리긴 두마가 열릴 수 있기 전에 혁명의 폭풍이 그것을 쓸어가버렸습니다. 그리고 그 폭풍은 차르가 새로운 선거법을 반포할 수밖에 없도록 만들었습니다. 새로운 선거법은 유권자의 수를 대폭 늘리고, 두마의 입법적 성격을 인정했습니다.[8]

1905년 10월과 12월, 러시아 혁명의 밀물은 가장 높은 지점에 도달했습니다. 인민의 혁명적 활기의 모든 원천들은 전례 없이 넓은 물결로 흘러넘쳤습니다. 이미 말씀드린 것처럼 1905년 1월에 44만 명이었던 파업자의 수는 1905년 10월에 50만 명을 돌파했습니다(겨우 1개월간의 수치가 말입니다!). 하지만 이 수치는 단지 공장 노동자만을 포괄하는 것이고, 여기에 수십만의 철도노동자, 우편·전신 근무자 등을 더해야만 합니다.

철도 총파업은 철도 교통 전체를 멈춰버렸고 정부의 힘을 가장 효과적으로 마비시켰습니다. 대학들의 문이 열리고, 평화 시기에는 고작 현학적인 교수의 지혜로 젊은이들의 정신을 혼미하게 하고 학생들을 부르주아와 차르 전제의 고분고분한 종으로 만들기 위해서나 사용되었던 강당들이 이제 수천 명의 노동자들, 기술자들, 사무직 근로자들이 자유롭게 정치적 사안을 논의하는 대중 회합의 장이 되었습니다.

---

8 수고에서 이 앞의 네 문단은 줄이 그어져 지워져 있다.—원서 편집자

언론의 자유가 쟁취되었습니다. 검열은 그냥 무시되었습니다. 어떤 출판사도 굳이 의무적인 검열용 제출본을 당국에 보내지 않았고, 당국도 굳이 이에 관하여 어떤 조치를 취하지 않았습니다. 러시아 역사상 처음으로 혁명적 신문들이 상트페테르부르크와 다른 도시들에서 자유롭게 발간되었습니다. 상트페테르부르크에서만 세 개의 사회민주주의 일간지가 간행되었고, 판매부수는 5만 부에서 10만 부에 달했습니다.

프롤레타리아트는 운동의 맨 앞에서 진군했습니다. 그들은 혁명적 행동을 통해 8시간 노동일 쟁취를 임무로 받아들였습니다. 상트페테르부르크 프롤레타리아트의 투쟁 구호는 '8시간 노동일과 무기를!'이었습니다. 혁명의 운명은 오직 무장투쟁에 의해 결정될 수 있으며 또 결정될 것이라는 점이 점점 늘어나고 있는 노동자 대중들에게 명백해지고 있었습니다.

투쟁의 불길 속에서 특이한 대중조직이 만들어졌습니다. 모든 공장에서 대표를 보내 만들어진 그 유명한 **노동자 대표 소비에트**였습니다. 여러 도시들에서 이 **노동자 대표 소비에트**들이 점차 임시 혁명정부의 역할을, 봉기의 기관이자 대표자의 역할을 수행하기 시작했습니다. 육군과 수군 병사 대표 소비에트를 조직하여 이를 노동자 대표 소비에트와 합치려는 시도들이 나타났습니다.

한동안 러시아 여러 도시들은 어느 정도 작은 지역 '공화국'의 성격을 띠게 되었습니다. 정부의 권한은 폐지되었고, 노동자 대표 소비에트가 사실상 새로운 정부로 기능했습니다. 불행하게도 이러한 시기들은 너무 짧았고, '승리들'은 너무 취약하고 고립되어 있었습니다.

1905년 가을, 농민운동은 더 큰 규모로 확대되었습니다. 당시 전체 농촌 지구의 3분의 1 이상에서 이른바 '농민 소요'와 진짜 농민 봉기들이 기록되었습니다. 농민들은 무려 2천 개의 지주 사유지들을 불태웠고 약탈자 귀족들이 민중으로부터 강탈해 쌓아둔 식량을 자기들끼리 분배했습니다.

불행하게도 이러한 활약은 너무나 불충분한 것이었습니다! 불행하게도 농민들은 전체 지주 사유지의 단 15분의 1만을, 러시아 땅에서 봉건적인 대토지 소유라는 오점을 지워버리기 위해 그들이 파괴해야 마땅했던 것의 15분의 1만을 파괴했을 뿐이었습니다. 불행하게도 농민들은 너무 분산되어 있었고, 조직되어 있지 못했으며, 공세적이지 못했습니다. 그것은 혁명이 패배한 근본적 이유들 중 하나입니다.

러시아의 억압당하는 민족들 속에서 민족해방 운동이 불타올랐습니다. 러시아 인구의 절반 이상, 거의 5분의 3(정확하게는 57퍼센트)가 민족 억압을 겪고 있습니다. 그들은 자유롭게 모국어도 사용하지 못할뿐더러, 러시아화될 것을 강요받고 있습니다. 예를 들어 수천만 명에 달하는 무슬림들은 재빨리 무슬림 연맹을 결성했습니다. 무릇 모든 부류의 조직들이 급속하게 성장하는 시기였던 것입니다.

청중 여러분에게, 특히 젊은이들에게 다음의 사례는 당시 러시아 내 민족해방 운동이 어떻게 노동운동과 결합되어 부상했는지 실례를 제시해줄 것입니다.

1905년 12월, 수백 개의 학교에서 폴란드인 학생들이 모든 러시아 책과 그림, 차르의 초상 들을 불태우고, "꺼져라! 러시아로 돌아가라!"고 소리치며 러시아인 교사들과 학생들을 학교 밖으로 몰아냈습니다. 폴란드인 중학생들은 특히 다음과 같은 요구들을 했습니다. (1)모든 중등학교를 노동자 대표 소비에트가 통제할 것, (2)교내에서 학생 및 노동자 공동 집회를 열 것, (3)중등학생들이 향후 도래할 프롤레타리아 공화국에 대한 충성의 표시로 붉은색 상의를 입는 것을 허용할 것.

운동의 물결이 더 높이 부상할수록 반동은 혁명에 맞서기 위해 더 격렬하고 더 단호하게 무장했습니다. 1905년 러시아 혁명은 카를 카우츠키가 1902년 자신의 저서 『사회 혁명*Die Soziale Revolution*』에 썼던 내용이 진실이라는 것을 확인해주었습니다. (여담입니다만, 그는 당시 여전히 혁명적 마르크스주의자였고 지금 같은 사회애국주의와 기회주의의 옹호자가 아니었습니다.) 그는 이렇게 썼습니다.

"앞으로 혁명은 …… 정부에 맞서 일어나는 갑작스러운 봉기의 성격보다는 장기적인 내전의 성격을 띠게 될 것이다."

1905년 러시아 혁명이 그러했고, 다가올 유럽 혁명도 틀림없이 그럴 것입니다!

차르 체제는 특히 유대인에게 증오를 내뿜었습니다. 한편으로 유대인들은 (유대인 전체의 인구와 비교할 때) 혁명운동의 지도자들을 특이할 정도로 높은 비율로 배출했습니다. 지금도 유대인들은 다른 민족들과 비교할 때 비교적 높은 비율로 국제주의 경향의 지도자들을 배출하는 장점을 보여주고 있습니다. 다른 한편으로 차르 체제는 유대인을 탄압하기 위해 주민들 가운데 가장 무지한 계층의 가장 저열한 편견을 이용할 줄 알았습니다. 그리하여 경찰이 직접 지휘하진 않더라도 대다수 경찰의 지원을 받는 **포그롬**9이 등장했습니다. 이 시기 동안 100개 도시에서 4천 명 이상 죽고 1만 명 이상 불구가 되었습니다. 평화롭게 살던 유대인들과 그들의 가족을 대상으로 한 이 잔학무도한 대학살은 문명 세계 도처에서 혐오감을 불러일으켰습니다. 물론 저는 문명 세계의 진정으로 민주적인 구성원들이 느끼는 혐오감을 말하는 것이며, 그런 사람들은 **오직 사회주의 노동자들, 프롤레타리아들뿐입니다.**

서구의 가장 자유로운 나라들, 가장 공화주의적인 나라들에서조차 부르주아는 '러시아의 잔학 행위'를 비난하는 위선적 문구들과 극히 파렴치한 돈거래들을 굉장히 잘 결합해내고 있습니다. 특히 차르 체제를 금융적으로 지원하고, 자본 수출을

9 '포그롬'은 대량 학살 및 약탈을 뜻하는 러시아어 단어로 주로 19세기 말~20세기 초에 러시아에서 자행되었던 유대인 대박해를 의미한다.— 옮긴이

통해 러시아를 제국주의적으로 착취하는 등의 일 말입니다.

1905년 혁명의 절정은 모스크바 12월 봉기였습니다. 조직되고 무장된 노동자들로 구성된 소수의 저항 세력들은——그 인원은 8천 명을 넘지 못했습니다——차르 정부에 맞서 9일 동안이나 싸웠습니다. 모스크바 수비대를 감히 믿지 못하고, 실제로 그들을 가둬두어야 했던 차르 정부는 상트페테르부르크에서 세묘놉스키 연대를 불러들인 덕분에 간신히 반란을 진압할 수 있었습니다.

부르주아들은 모스크바 봉기를 인위적인 것으로 묘사하고 조롱하길 좋아합니다. 소위 독일의 '과학적' 문헌에서, 예를 들면 교수인 막스 베버(Max Weber) 선생은 러시아 정치 발전을 다룬 자신의 대작에서 모스크바 봉기를 "쿠데타(putsch)"라고 부릅니다. "레닌 그룹과"——이 '학식 높은' 교수 선생께서는 이렇게 쓰고 있습니다.——"사회주의혁명가당 일부는 이 무의미한 봉기를 오랫동안 준비했다……."

겁쟁이 부르주아에 속하는 이 교수님다운 가르침을 올바르게 평가하기 위해서는 파업 통계의 건조한 수치들을 떠올려보기만 하면 됩니다. 1905년 1월, 순수한 정치파업에 참가한 사람들의 수는 12만 3천 명밖에 되지 않았습니다. 그러나 10월에 이 수치는 33만 명이 되었고, 12월에 최대치에 도달했습니다. 단 한 달 동안 37만 명이 순수한 정치파업에 참여한 것입니다! 혁명의 성장, 농민과 병사의 봉기들도 떠올려봅시다. 그럼 우리는 12월 봉기에 대한 부르주아의 '과학적' 입장이 어불성설일 뿐 아니라, 프롤레타리아트야말로 자신들의 가장 위험한 계급적 적이라는 사실을 깨달은 겁 많은 부르주아의 대표자들이 흔히 의지하는 속임수라는 것을 알게 됩니다.

실제로 러시아 혁명의 전반적 발전은 자연스럽게 차르 정부 대 계급의식적 프롤레타리아의 전위대의 결정적 무장투쟁으로 치닫고 있었습니다.

나는 앞에서 이미 러시아 혁명을 일시적 패배로 이끈 약점이 어디에 있었는지를 지적한 바 있습니다.

12월 봉기의 진압은 혁명의 썰물이 시작되었다는 것을 가리켰습니다. 하지만 이 시기에도 지극히 흥미로운 순간들을 포착할 수 있습니다. 이는 노동자계급의 가장 전투적인 부위가 전반적인 혁명의 퇴조 경향을 끊고 새로운 공세로 전환하기 위해 두 차례나 시도했다는 사실을 떠올리는 것으로 충분하리라 생각합니다.

그러나 제가 쓸 수 있는 시간이 거의 끝나가고 있고, 저는 청중 여러분의 인내심을 시험하고 싶은 생각은 없습니다. 다만 이렇게 방대한 주제를 짧은 강연에서 다룬 셈치고는 혁명의 가장 중요한 측면들——그 계급적 성격, 그 동력과 투쟁 방식들——에 대해 충분히 개관했다고 봅니다.[10]

---

10 수고에서 이 문장은 줄이 그어져 지워져 있다.—원서 편집자

러시아 혁명의 세계적 중요성에 관하여 몇 가지 간략하게 언급하겠습니다.

지리적·경제적·역사적으로 러시아는 유럽뿐 아니라 아시아에도 속해 있습니다. 그것이 바로 러시아 혁명이 유럽에서 가장 크고 가장 후진적인 국가를 마침내 깨어나게 했을 뿐 아니라, 혁명적 프롤레타리아가 이끄는 혁명적 인민을 창출하는 데 성공한 이유입니다.

그뿐 아닙니다. 러시아 혁명은 아시아 전역에 운동을 낳았습니다. 터키·페르시아·중국의 혁명은 1905년의 봉기가 깊은 발자취를 남겼다는 것, 그리고 수억 인민의 진보적 운동 속에 드러난 그 영향은 지워질 수 없다는 것을 입증합니다.

러시아 혁명은 서구 국가들에도 간접적으로 영향을 끼쳤습니다. 차르의 입헌 선언 소식이 1905년 10월 30일 빈에 도달하여, 오스트리아에서 보통선거권의 최종적 승리에 결정적인 역할을 수행했다는 점을 잊어서는 안 됩니다.

차르의 입헌 선언 소식을 담은 전보는 엘렌보겐(Ellenbogen) 동지가──당시 그는 아직 사회애국주의자가 아니라, 동지였습니다──정치파업에 대한 보고 연설을 하고 있을 때, 오스트리아 사회민주당의 대회장 연단에 도착했습니다. 회의는 즉각 휴회에 들어갔습니다. "지금 우리가 있을 곳은 거리다!" 이것이 오스트리아 사회민주당 대표들이 모여 있던 회의실에 울려퍼진 외침이었습니다. 그후 며칠 동안 빈에서는 최대 규모의

가두시위가 벌어졌고 프라하에는 바리게이트가 세워졌습니다. 오스트리아의 보통선거권을 위한 투쟁은 승리로 끝났습니다.

우리는 러시아 혁명에 관해 이런 후진국에서 나타나는 상황, 과정, 투쟁 방식은 서유럽의 패턴과 전혀 비슷하지 않기 때문에 실천적인 중요성이 거의 없다고 말하는 서유럽 사람을 매우 자주 만납니다.

그 무엇도 이보다 더 그릇된 오류일 수는 없습니다.

다가올 유럽 혁명에서 당면할 투쟁의 형태와 동기는 분명 러시아 혁명에서와 많은 측면에서 다를 것입니다.

하지만 그럼에도 불구하고 러시아 혁명은——바로 제가 이미 말한 그런 특별한 의미에서 그것의 프롤레타리아적 성격 때문에——앞으로 도래할 유럽 혁명의 서막입니다. 의심할 여지없이 이 도래할 혁명은 오직 프롤레타리아적일 수밖에 없고——그 말의 훨씬 더 깊은 의미에서도, 그 내용에 있어서도——오직 프롤레타리아적인 사회주의 혁명일 수밖에 없습니다! 도래할 이 혁명은 한편으로는 단호한 전투, 즉 내전만이 자본의 멍에로부터 인류를 해방하리라는 것을, 다른 한편으로는 계급의식적 프롤레타리아트만이 착취당하는 인민의 대다수에게 지도력을 제공할 수 있고 제공하리라는 것을 훨씬 더 많이 보여줄 것입니다.

우리는 지금 유럽이 마치 묘지처럼 침묵 속에 빠져 있다고 속아서는 안 됩니다. 유럽은 혁명을 잉태하고 있습니다. 제국주의 전쟁의 무시무시한 공포, 물가폭등으로 인한 고통이 모든 곳에서 혁명적 기운을 불러일으키고 있습니다. 그리고 지배 계급 부르주아와 그들의 종인 정부들은 가면 갈수록 엄청난 격변 없이는 절대로 빠져나올 수 없는 막다른 골목으로 들어서고 있습니다.

1905년 러시아에서 민주공화국을 쟁취하기 위해 차르 정부와 맞서 싸운 인민 봉기가 프롤레타리아트의 지도 아래 시작된 것과 똑같이, 수년 내 유럽에서 바로 이 약탈적 전쟁 때문에 금융자본과 거대 은행, 자본가들에 대항하는 인민의 봉기가 프롤레타리아트의 지도 아래 일어날 것입니다. 그리고 이 격변은 부르주아에 대한 수탈과 사회주의의 승리가 아니고서는 종결될 수 없을 것입니다.

우리 구세대는 도래할 이 혁명의 결정적 전투를 보지 못하고 죽을지도 모르겠습니다. 하지만 저는 제가 자신 있게 다음과 같은 희망을 표할 수 있다고 생각합니다. 스위스의, 그리고 전세계의 사회주의 운동에서 너무나 훌륭하게 분투하고 있는 젊은이들은 다가올 혁명 속에서 싸울 뿐만 아니라 승리하기도 할 행운을 거머쥘 것이라고 말입니다.

| 1917년 1월 9일(22일) 전에 독일어로 집필

H. 그로일리히의
조국 방위 옹호에 대한
열두 개의 짧은 테제

이 글은 스위스의 사회배외주의자 그로일리히가 1917년 1월 23~6일 《폴크스레히트》(19~22호)에 게재한 일련의 기사 「조국 방위를 위하여」에 대한 답변으로서 작성되었다.

"—e—"라고 서명된 레닌의 테제는 같은 지면 1월 31일~2월 1일자(26~7호)에 게재되었다. 《폴크스레히트》의 편집자 에른스트 놉스는 몇 개의 단락을 삭제하였고 그로일리히라는 이름 앞에 "동지(Genosse)"라는 단어를 추가하였다. 놉스가 삭제한 단락은 다음과 같다.

(1)9번 테제에서, "하지만, 그렇다면 우리가 진실하게 말할 수 있는 '단결'"로 시작하는 세 번째 문단부터 테제 마지막까지. (2)11번 테제에서, "좋다! 하지만 그것은"부터 "사회주의가 아니다"까지 두 번째 문단 전체. (3)12번 테제에서, "사회애국주의자들에게 그뤼틀리 협회로 옮겨갈 것을 공손하게 제안한다"고 적혀 있는 결론부.

삭제된 부분이 없는 레닌의 글 전문이 최초로 발표된 것은 『레닌 잡록집』 17권이다.—원서 편집자

1. H. 그로일리히는 자신의 첫 번째 기사의 서두에서 요즘 "융커'와 부르주아 정부들을 신뢰하는" (아마도 그가 가리키는 것은 자칭의) "사회주의자들"이 있다고 말한다.

오늘날 사회주의 내에 있는 한 조류, 즉 사회애국주의에 대한 이 고발은 물론 옳다. 하지만 그로일리히 동지의 네 편의 기사야말로 그가 스위스 '부르주아 정부'를 맹목적으로 '신뢰한다'는 것 외에 무엇을 보여주는가? 심지어 그는 스위스의 '부르주아 정부'가 '부르주아 정부'일 뿐 아니라 스위스 은행 자본들과 거미줄처럼 얽혀 있는 제국주의 부르주아 정부라는 사실을 망각하고 있다.

2. H. 그로일리히는 첫 번째 기사에서 전체 국제 사회민주주의 운동 내부에 두 개의 주요 조류가 있다는 사실을 시인한

I 중세 이래 프로이센의 전통적인 토지 귀족. 19세기 중엽부터는 대토지 소유자를 포괄적으로 융커라고 칭했으며, 자유주의와 사회주의가 등장한 후로는 보수주의자와 동일한 의미로 사용되었다.—옮긴이

다. 그는 그 중 하나(물론 사회애국주의를 말한다)의 추종자들에 대해 부르주아 정부의 "하수인"이라고 낙인찍음으로써 그 조류를 전적으로 올바르게 규정한다.

하지만 희한하게도 그로일리히는 다음과 같은 사실들을 망각하고 있다. 첫째, 스위스의 사회애국주의자들 또한 스위스 부르주아 정부의 하수인들이다. 둘째, 일반적으로 스위스가 세계 시장의 연결망에서 벗어날 수 없는 것처럼, 오늘날 고도로 발전한 상태고 대단히 부유한 부르주아 스위스는 제국주의의 세계적 연결망에서 벗어날 수 없다. 셋째, 전체 국제 사회민주주의 운동 내부에서 등장하고 있는 조국 방위에 대한 찬반 논거들의 검토는 주로 제국주의적인 금융자본의 이러한 세계적 연결망과 관련하여 진행하는 것이 바람직하다. 넷째, 전체 국제 사회민주주의 운동 내의 이 양대 조류들은 화해 불가능하며, 따라서 스위스 당은 자신이 어떤 조류를 따를 것인지를 선택해야만 한다.

3. H. 그로일리히는 두 번째 기사에서 이렇게 말한다. "스위스는 공격전(Angriffskrieg)을 수행할 수 없다."

그로일리히는 가능한 두 가지 경우 모두에서——즉 스위스가 영국에 대항하여 독일 측에 가담하거나, 아니면 독일에 대항하여 영국 측에 가담하거나——어떤 경우든 스위스는 제국주의 전쟁에, 약탈 전쟁에, 공격전에 참전하게 될 것이라는 반박 불가능한 명백한 사실을 희한하게도 망각하고 있다.

부르주아 스위스는 어떠한 상황에서도 현 전쟁의 본성을 바꿀 수 없으며, 결코 반(反)제국주의 전쟁을 수행할 수 없다.

'사실의 영역'에서 벗어나(그의 네 번째 기사를 보라) **지금의** 전쟁이 아니라 어떤 가상의 전쟁에 대해 이야기하는 것이 그로일리히에게는 허용되는가?

4. H. 그로일리히는 네 번째 기사에서 이렇게 말하고 있다.

"스위스의 경우 중립과 조국 방위는 일치한다. 조국 방위를 거부하는 사람은 중립을 위태롭게 하고 있는 것이다. 이 점을 명심해야 한다."

그로일히리 동지에게 두 가지 소박한 질문을 던지겠다.

첫째, 이 전쟁에서 중립 선언과 그것을 유지하려는 의지를 믿는다는 것은 자국 '부르주아 정부' 및 **타국** '부르주아 정부들'에 대한 맹목적인 믿음일 뿐만 아니라 순전히 웃기는 소리에 지나지 않는다는 사실을 인식해야 하지 않을는지?

둘째, 현실에서 그 입장은 다음과 같다는 사실을 인식해야 하지 않을는지?

누구든 이 전쟁에서 조국 방위를 수용한다면 '**자국**'의 민족 부르주아와 공범이 되는 것이다. 스위스의 민족 부르주아도 철저히 제국주의 부르주아인데, 그들이 열강들과 금융적으로 연결되어 있으며 제국주의 세계 정치에 연루되어 있기 때문이다.

누구든 이 전쟁에서 조국 방위를 거부한다면 그것은 부르주아에 대해 프롤레타리아트가 품고 있는 신뢰를 파괴하고 국제 프롤레타리아가 부르주아의 지배에 대항하여 투쟁하도록 돕는 것이다.

5. H. 그로일리히는 두 번째 기사의 끝부분에서 이렇게 말한다.

"스위스 국민병을 폐지한다고 해서, 열강들 사이의 전쟁이 없어지는 것은 아니다."

사회민주주의자들이 (국민병을 비롯한) 모든 군대의 폐지를 사회주의 혁명의 승리 이후에나 일어날 일로 생각한다는 사실을 그로일히리 동지는 왜 잊고 있는가? 모든 열강들 내의 국제주의 혁명적 소수파와 연대하여 사회주의 혁명을 위해 투쟁하는 것이 바로 지금 필요하다는 사실은?

그로일리히는 누가 "열강들 사이의 전쟁"을 없앨 것이라고 기대하는가? 인구 400만의 작은 부르주아 국가의 군대가?

우리 사회민주주의자들은 "열강들 사이의 전쟁"이 큰 나라건 작은 나라건 모든 나라 프롤레타리아트의 혁명적 행동에 의해 없어질 거라고 기대한다.

6. 세 번째 기사에서 그로일리히는 스위스 노동자들이 "민주주의"를 "방어"해야 한다고 주장한다!!

그로일리히 동지는 이 전쟁에서 유럽의 어떤 나라도 민주주의를 방어하지 못하고 있고, 방어할 수도 없다는 사실을 정말로 알지 못하는가? 반대로 이 제국주의 전쟁에 참전하는 것은 큰 나라건 작은 나라건 모든 나라에게 민주주의에 대한 교살, 민주주의에 대한 반동의 승리를 의미한다. 그로일리히는 영국, 독일, 프랑스 등지에서 나오는 그 수천 개의 사례들을 정말로 알지 못하는가? 아니면 그로일리히 동지는 스위스를, 즉 자국의 '부르주아 정부'를 너무나 굳게 믿은 나머지 스위스의 모든 은행장과 백만장자들이 진짜 윌리엄 텔이라고 생각하는 것인가?

제국주의 전쟁에 참전하는 것도, 중립 방어 명목으로 행해지는 국민 동원에 참여하는 것도 아닌 모든 부르주아 정부들에 대한 혁명적 투쟁——바로 그것, 오직 그것만이 사회주의를 가져올 수 있다. 그리고 민주주의는 사회주의 없이는 결코 보장되지 않는다!

7. 그로일리히 동지는 세 번째 기사에서 이렇게 쓰고 있다.

"그렇다면 스위스는 프롤레타리아트가 '제국주의 전투에서 서로 맞서 싸울' 것이라고 예상하는가?"

이 질문은 그로일리히 동지가 일국적 지반(nationalen Boden)에 두 발을 굳게 딛고 있음을 보여주지만, 불행하게도 지금의 전쟁에서 스위스에게 그러한 지반은 존재하지 않는다.

프롤레타리아트에게 이를 "예상"하는 것은 스위스가 아니라 자본주의다. 모든 문명국들과 마찬가지로 스위스에서 자본주의는 **제국주의적** 자본주의가 되어버렸다. 오늘날 지배계급인 부르주아는 **모든** 나라의 프롤레타리아트가 "제국주의 전투에서 서로 맞서 싸울" 것을 "예상"한다. 그로일리히는 그 점을 잊고 있다. 이런 상황에서 우리 스스로를 지키는 방법은 부르주아에 맞서는 국제적인 혁명적 계급투쟁을 이끄는 것일 뿐, 그 외에는 지금 그 어떤 수단도 없는 것이다!

그로일리히는 이미 1912년에 발표한 인터내셔널의 바젤 선언이 첫째 **제국주의적** 자본주의가 미래 전쟁의 기본 성격을 결정하리라고 명확히 인정했으며, 둘째 이 전쟁과 **정확히** 연결지어 **프롤레타리아 혁명**을 말했다는 점을 어찌하여 망각하고 있는가?

8. 그로일리히는 세 번째 기사에서 이렇게 쓰고 있다.

"민주적 권리들의 활용을 대신하는" 혁명적 대중투쟁이란 "굉장히 모호한 개념"이다.

이것은 그로일리히가 오직 부르주아 개량주의의 길만 인정할 뿐, **혁명**을 거부하거나 무시하고 있다는 사실을 증명한다. 그것은 그뤼틀리주의자에게나 어울리지 사회민주주의자에게는 결코 어울리지 않는다.

"혁명적 대중투쟁" 없는 혁명은 불가능하다. 그런 혁명이 있었던 적은 단 한 번도 없었다. 제국주의 시대에 유럽 또한 피할 수 없는 혁명이 지금 시작되었다.

9. 네 번째 기사에서 그로일리히 동지는 당이 조국 방위를 **원칙적으로** 거부할 경우, "당연히" 국회의원직에서 사퇴할 것이라고 단호하게 선언한다. 그리고 조국 방위 거부는 "우리의 단결을 파괴"하는 것을 의미한다고 덧붙인다.

이것은 사회애국주의자 국회의원들이 당에게 보낸 명확한, 다른 해석의 여지가 전혀 없는 최후통첩이다. 둘 중 하나다. 당은 사회애국주의 입장을 인정해야 한다, 아니면 "우리"(그로일리히, 뮐러 등)는 의원직을 사퇴한다.

하지만, 그렇다면 우리가 진실하게 말할 수 있는 "단결"은 어떤 종류의 것인가? 당연히 다른 어떤 것도 아닌, 단지 국회에 자기 자리를 가진 사회애국주의 지도자들의 "단결"뿐이 아닌가?!

기본적인 프롤레타리아적 단결은 완전히 다른 것을 의미한다. 사회애국주의자들, 즉 '소국 방위론자'들은 사회애국주의적이며 철저히 부르주아적인 그뤼틀리 협회와 "단결"해야 한다. 조국 방위를 거부하는 사람들, 즉 사회민주주의자들은 사회주의 프롤레타리아트와 "단결"해야 한다. 이는 아주 명확하다.

우리는 그로일리히 동지가 사회애국주의자들, 즉 부르주아 정부들의 "하수인"들과 사회주의 프롤레타리아트의 "단결"은 순전한 해체, 타락, 위선, 거짓이 아닌 다른 어떤 것으로 귀결될 수 있다고(영국, 독일, 스웨덴 등지의 경험에도 불구하고) 증명하려 함으로써 자신을 웃음거리로 만들지 않기를 굳게 희망한다.

10. 조국의 독립을 수호한다는 국회의원들의 "선서"는 그로 일리히에 따르면 국토 방위를 거부하는 것과 "양립할 수 없다."

좋다! 하지만 그 어떤 혁명적 활동이 자본주의 국가들의 법을 수호한다는 "선서"와 "양립할 수" 있는가?? 그뤼틀리주의 자들, 즉 부르주아의 하인들은 원칙적으로 오직 합법적인 방식들만을 인정하고 있다. 지금까지 어떤 사회민주주의자들도 혁명을 반대하거나, 부르주아 법률을 존중한다는 "선서"와 "양립할 수" 있는 그런 혁명들만 인정하는 경우는 없었다.

11. 그로일리히는 스위스가 "그 말의 절대적 의미로" "부르주아 계급 국가"라는 사실을 부정한다. 그는 (네 번째 기사 말미에서) 사회주의를 사회 혁명과 모든 혁명적 행동이 완전히 사라진 방식으로 정의한다. 사회 혁명은 "공상적"이다──이것이 그 모든 그로일리히의 장황한 연설과 기사 들의 내용을 간략히 요약한 것이다.

좋다! 하지만 그것은 가장 노골적인 그뤼틀리주의지 사회주의가 아니다. 그것은 부르주아 개량주의지 사회주의가 아니다.

왜 그로일리히 동지는 1912년 바젤 선언에서 "프롤레타리아 혁명"에 대한 말들을 삭제하자고 대놓고 제안하지 않는 것일까? 1915년 아라우 결의안의 "혁명적 대중 행동"에 대한 말들은 또 어떤가? 차라리 치머발트 회의와 키엔탈 회의의 결의안들을 몽땅 태워버리자고는 왜 말하지 않는가?

12. 그로일리히 동지는 일국적 지반에――부르주아 개량주의적인 지반에――그뤼틀리주의적인 지반에 두 발을 굳게 딛고 서 있다.

그는 현 전쟁의 제국주의적 성격과, 현 스위스 부르주아의 제국주의와의 유착 관계를 완강하게 무시한다. 그는 전세계 사회주의자들이 사회애국주의자와 혁명적 국제주의자로 양분되어 있다는 사실을 무시한다.

그는 현실적으로 스위스 프롤레타리아트에게는 오직 두 가지 길밖에 없다는 사실을 망각하고 있다.

첫 번째 길. 자국의 민족 부르주아의 무장을 돕고, 소위 중립 방어라는 목적을 위한 동원을 지지하며, 제국주의 전쟁으로 끌려들어갈 수 있는 매일의 위협에 직면하는 것. 이러한 전쟁에서 "승리"할 경우, 기아에 허덕이고, 10만 명의 사망자를 기록하고, 스위스 부르주아들의 주머니에 수십억의 전쟁 이윤을 더 꽂아주고, 그들에게 수익성 좋은 새로운 해외 투자를 보장해주고, 그들의 제국주의 '동맹'들――열강들――에 대한 새로운 경제적 의존으로 떨어진다.

두 번째 길. 모든 열강들 내부의 국제주의적 혁명적 소수파와 긴밀하게 연대하여, 모든 '부르주아 정부'에 맞서, 무엇보다 자국의 '부르주아 정부'에 맞서 단호하게 투쟁한다. 자국 부르주아 정부 및 그 정부가 중립을 방어하겠다고 말하는 것에 대하여 어떤 '신뢰'도 하지 않으며, 사회애국주의자들에게 그뤼틀리 협회로 옮겨갈 것을 공손하게 제안한다.

승리할 경우 물가폭등, 굶주림, 전쟁은 영원히 사라질 것이며, 프랑스, 독일 등의 노동자들과 함께 사회주의 혁명을 도모한다.

두 길 모두 힘들고, 희생 없이는 통과할 수 없다.

스위스 프롤레타리아트는 이러한 희생으로 스위스 제국주의 부르주아 및 강대국 연합 중 한쪽 편을 이롭게 할 것인지, 아니면 자본주의, 굶주림, 전쟁에서 인류를 구원하는 대의에 이바지할 것인지를 선택해야만 한다.

| 1917년 1월 13일(26일)과 17일(30일) 사이에 독일어로 집필
《폴크스레히트》, 26·27호, 1917년 1월 31일·2월 1일(서명: —e—)

중립 방위

지금의 전쟁이 제국주의적이라는 것, 즉 세계 지배와 노략질을 위한 양대 강도 집단들의 전쟁이라는 명제를 승인한다고 해서 스위스에 대한 조국 방위를 거부해야 한다는 주장이 입증되는 것은 아니다. 우리 스위스는 중립을 방위하고 있을 뿐이다, 우리는 단지 이 강도 떼들의 전쟁에 참여하지 않으려는 목적으로 국경에 병력을 배치했다!

이것이 사회당 내외의 사회애국주의자들, 그뤼틀리주의자들의 주장이다.

이 주장은 암묵적으로 수용되거나 은밀히 스며들어온 다음과 같은 전제들에 근거를 두고 있다.

부르주아들이 계급 지배를 유지하기 위해 말하고 있고 말해야 하는 것을 아무 비판 없이 되풀이하는 것.

부르주아에 대한 완전한 신뢰와 프롤레타리아트에 대한 완전한 불신.

모든 유럽 국가들이 제국주의로 연관되어 있으며, 스위스 자본가계급이 제국주의에 '결속'되어 있다는 현실을 기초로

하여 형성된 꾸며내지 않은 실제 그대로의 국제 정세에 대한 무시.

루마니아와 불가리아의 부르주아는 자신들의 군사 준비가 이른바 중립 방위'만'을 위한 것이라고 수개월 동안이나 가장 엄숙하게 확약하지 않았던가?

이 사안과 관련하여 앞에서 언급한 나라들의 부르주아와 스위스의 부르주아를 **근본적으로** 구별 지을 진지한 과학적 근거가 단 하나라도 있는가?

없는 게 확실하다. 루마니아와 불가리아의 부르주아는 정복과 합병에 대한 열망에 사로잡혀 있기로 악명이 높은 반면 스위스 부르주아의 경우는 그렇지 않다고 지적한다면, 그건 **근본적인** 차이라고 할 수 없다. 잘 알려진 대로 제국주의 이익은 영토 획득을 통해서뿐 아니라 **금융**을 통해서도 실현된다. 스위스 부르주아가 한 해에 최소 30억 프랑의 자본을 수출한다는 것을, 따라서 후진 민족들을 제국주의적으로 착취하고 있다는 것을 간과해서는 안 된다. 이것이 한 가지 사실이다. 또 한 가지 사실은 스위스 은행 자본과 열강의 은행 자본이 밀접하게 연관되고 결합되어 있으며, 스위스의 관광 산업 등은 열강과 스위스 사이에서 제국주의적 부가 지속적으로 분배되고 있음을 보여준다는 점이다. 이에 더하여 스위스는 루마니아와 불가리아에 비해 자본주의가 훨씬 고도로 발전했다. 어떤 대중적인 '민족'운동도 스위스에서는 결코 문제가 되지 않으며, 이 나라에서 역사 발전의 그런 시기는 이미 몇백 년 전에 완결되었다. 반면 위에서 언급한 발칸 반도 국가들 어디에 대해서도 그렇게 말할 수 없을 것이다.

따라서 그것은 인민과 피착취자들에게 부르주아에 대한 신뢰를 흘려넣고, 그럴듯한 말로 '자국' 부르주아의 실제 제국주의 정책을 감추려 드는 부르주아에게나 어울리는 말이다.

사회주의자라면 완전히 달라야 한다. 요컨대 어떤 환상도 없이 '자국' 부르주아의 실제 정책을 가차 없이 폭로해야 한다. 스위스 부르주아가 자신들의 이윤의 이해를 지키는 것에 반하여 그 의미 그대로의 민주주의를 지키려 하기보다 제국주의 국가들의 연합 중 한쪽에 인민을 팔아넘길 때까지 이런 실제 정책을 계속하는 것이 훨씬 더 가능성 높고 훨씬 더 '자연스럽다'(즉 이들 부르주아의 본성에 말이다).

'각자 자신의 길을.' 부르주아의 하인이자 첩자들인 그뤼틀리주의자들은 '중립 방위'와 같은 말로 인민을 기만하게 내버려두자.

부르주아에 맞서 싸우는 투사들인 사회주의자들은 스위스 부르주아 정치의 모든 역사가 증명하는 바처럼 '자국' 부르주아에 의해 팔아넘겨지는 극히 실제적인 위험에 대해 인민이 눈을 뜨게 해주어야 한다!

| 1917년 1월 독일어로 집필

세계 정치의 전환

평화주의자 진영에 축제 분위기가 감돌고 있다. 중립국들의 고결하신 부르주아들은 환호한다. "우린 전쟁 이윤과 물가 폭등으로 벌 만큼 벌었어! 이제 충분하지 않아? 어차피 이윤을 더 뽑아내진 못할 테고, 인민들이 끝까지 참지 않을 수도 있고……."

바로 최근 키엔탈 회의에서 사회평화주의의 완전한 파산에 대한 공식적이고 엄숙한 결의안을 채택했던 이탈리아 사회당의 평화주의 성명을 윌슨이 '직접' '다른 말로 바꾸어 되풀이'했는데, 그들이 왜 환호하지 않겠는가?

이탈리아의 '사이비 사회주의' 평화주의의 문구들을 윌슨이 다른 말로 바꾸어 되풀이한 것에 대해 투라티가 《아반티!》에서 의기양양해 하는 것이 놀랄 만한 일인가? 프랑스의 사회평화주의자들과 카우츠키주의자들이 자신들의 신문 《르 포퓔레어 Le Populaire》에서 투라티, 카우츠키와 다정하게 '단합'하는 것이 놀랄 만한 일인가? 카우츠키는 독일 사회민주주의 언론에 특별히 바보 같은 평화주의 기사들을 다섯 편 발표했는

데, 이 기사들도 물론 상냥한 민주적인 강화를 전면에 내세우는 말잔치들을 '다른 말로 되풀이하고 있다.'

그리고 작금의 이런 말잔치들은 나름의 **객관적 토대**를 지니고 있다는 점에서 이전의 것들과 다르다. 이 토대는 세계 정치의 전환으로 만들어졌다. 이는 바로 인민들에게 가장 큰 재앙을 불러왔으며 플레하노프, 알베르 토마, 레기엔, 샤이데만 같은 나리들로 하여금 사회주의에 대한 가장 큰 배신을 자행하게 만든 제국주의 전쟁으로부터 상냥한 문구들, 반쪽짜리 개량, 반쪽짜리 양보 등으로 인민들에게 가장 큰 기만을 선사할 제국주의 평화로의 전환이다.

이 전환은 이미 시작되었다.

지금으로서는——심지어 제국주의 정책의 지도자들, 금융계의 왕들과 왕관을 쓴 약탈자들조차 명확한 결정을 내릴 수 있는 상황이 아니다——이런 제국주의 평화가 언제 도래할 것인지, 전쟁에 어떤 변화들이 나타날 것인지, 이 평화의 구체적 내용이 무엇일지 알 수 없다. 그것은 중요하지 않다. 중요한 것은 평화로의 전환이 만들어지고 있다는 것이며, 또 중요한 것은 그 평화의 본질적 성격이 무엇이냐는 것이다. 그리고 이 두 정황들은 앞선 사태의 전개들로 충분히 명백해졌다.

전쟁이 지속된 29개월 동안 양측 제국주의 연합이 지닌 자원의 규모는 충분히 분명하게 드러났다. 가장 가까이에 있는 '이웃 국가'들 가운데 조금이라도 중요한 동맹국들은 전부 또는 거의 전부 살육에 말려들고 있다. 육해군의 힘은 시험되고 또 시험되고, 가늠되고 또 가늠되고 있다. 금융자본은 수십억을 벌었다. 산더미 같은 전쟁 부채는 프롤레타리아트와 무산대중이 앞으로 수십 년간 국제 부르주아에게 '바쳐야만 하는' 공물의 규모를 보여준다. 제국주의 약탈품을 분배하기 위한 전쟁에서 고맙게도 수백만 동료 임금 노예들이 학살되는 것을 허락해준 대가로 말이다.

이 전쟁을 빌미로 임금노동자들의 등골을 뽑아내는 것은 아마 더 이상 불가능할지도 모른다.――우리가 지금 세계 정치에서 목도하는 전환의 근원적인 경제적 이유들 가운데 하나가 바로 이것이다. 전반적으로 모든 자원들이 소진되어가고 있기 때문에 그런 것이다. 미국의 억만장자들과 네덜란드, 스위스, 덴마크 등 다른 중립국의 그 젊은 동족들은 금광이 동나고 있다는 사실을 눈치 채기 시작했다. 이것이야말로 중립국 평화주의가 성장하고 있는 배후의 동기다. 순진하고 얼빠지고 우스꽝스러운 투라티, 카우츠키 일당이 생각하는 것처럼 고귀한 인도주의 감정에서가 아니란 말이다.

여기에 덧붙일 것은 점점 더 커져가고 있는 대중의 불만과 분노다. 지난 호에서 우리는 구치코프와 헬페리히 모두 혁명을 두려워하고 있다는 증거를 제시한 바 있다. 이제 첫 번째 제국주의 학살극은 멈출 때가 되지 않았는가?

전쟁의 중지를 강제하는 객관적 조건들은 이렇게 전쟁 이

세계 정치의 전환

윤으로 배를 불린 부르주아의 계급적 본능과 계급적 타산으로 보완된다.

이런 경제적 전환에 기초한 정치적 전환은 두 개의 주요 노선을 따르고 있다. 승기를 잡은 독일은 주적 영국으로부터 동맹국들을 떼어놓으려 하고 있다. 이는 한편으로 지금까지 가장 심각한 타격을 입은(그리고 계속 입을 수 있는) 나라들이 영국이 아니라 이들 동맹국이라는 사실 때문이며, 다른 한편으로는 약탈품을 왕창 긁어모은 독일 제국주의가 영국의 동맹국들에게 어느 정도 양보를 해줄 수 있다는 사실 때문이다.

어쩌면 독일과 러시아는 결국 **단독 강화**를 체결할 수도 있다. 단지 이들 두 약탈자들 사이에서 정치적 조약의 형태만이 바뀌었을 것이다. 차르는 빌헬름에게 이렇게 말했을 수 있다. "내가 공개적으로 단독 강화에 서명한다면, 내 존엄한 동반자인 그대는 내일 밀류코프·구치코프의 정부 아니면 밀류코프·케렌스키의 정부를 상대해야 할지도 모르오. 혁명이 무르익고 있는데, 나는 육군을 믿을 수 없소. 장군들은 구치코프와 내통하고 있고 장교들은 대부분 갓 고등학교를 졸업한 애송이들이라오. 나는 제위를 잃을 위험을 감수하고, 그대는 좋은 동반자를 잃는 위험을 굳이 감수할 필요가 있겠소?"

"당연히 아니요." 직접적이든 간접적이든 그런 제안을 받는다면, 빌헬름은 분명 이렇게 답했을 것이다. "왜 우리가 굳이 공개적인 단독 강화나 어떤 문서화된 평화 조약을 체결해야 하겠소? 다른, 더 영리한 방식으로 동일한 결과를 얻을 수 있지 않겠소? 나는 평화의 은총으로 모든 인류에게 행복을 가져다주겠다고 공개적으로 제안할 거요. 동시에 프랑스와 벨기에가 자기들의 아프리카 식민지들 가운데 '공정한' 몫을 떼준다면, 프랑스와 벨기에 땅의 전부, 또는 거의 전부를 되돌려줄 준비가 되어 있다고 프랑스인들에게 조용히 암시하고, 이탈리아인들에게는 오스트리아가 소유한 이탈리아 땅 '조각'에 더해 발칸 반도의 땅뙈기들을 미리 자기 걸로 셈해도 좋다고 흘리겠소. 나는 그 나라 사람들이 내 제안과 계획을 알게 될 거라고 확실히 보장할 수 있소. 과연 그후에도 영국인들이 자기네 서유럽 동맹국들을 계속 유지할 수 있겠소? 그런 다음 우리는 루마니아, 갈리치아, 아르메니아를 나누는 거요. 하지만 콘스탄티노플에는, 존엄한 형제여, 눈독 들이지 마시오! 폴란드에도, 존엄한 형제여, 눈독 들이지 마시오!"

이런 대화가 실제로 이루어졌는지 어쨌는지 알 수는 없다. 아무튼 그것은 중요한 게 아니다. 중요한 것은 사태가 딱 이렇게 돌아가고 있다는 것이다. 독일 외교관들의 주장이 차르를 설득하지 못했다 해도, 루마니아에 있는 마켄젠(Mackensen)[1] 병단의 **'주장'**은 분명 더 큰 설득력이 있었을 것이다.

I   아우구스트 폰 마켄젠(1849~1945년)은 1차 세계대전 당시 독일 육군 장군으로 마켄젠 집단군(Heeresgruppe Mackensen)이라 불린 독일·오스트리아·불가리아 연합군을 이끌고 동부전선에서 활약했다.—옮긴이

러시아와 '4국 동맹'[2](독일의 동맹국인 오스트리아와 불가리아) 사이에서 루마니아를 분할하려는 계획은 이미 독일 제국주의 언론에서 **공공연하게** 거론되고 있다! 수다스러운 에르베는 벌써부터 무심결에 이렇게 말하고 있다. 만약 우리가 벨기에와 프랑스를 **당장** 되찾을 수 있다는 사실을 인민이 알게 된다면 더 이상 그들을 싸우게 하는 것은 불가능하다고. 중립국 부르주아 가운데 평화주의 얼간이들은 벌써 '행동에 착수'했다. 빌헬름이 그들의 입을 열었다! 그리고 사회주의자들 가운데 평화주의…… 똑똑이들, 이탈리아의 투라티, 독일의 카우츠키 등은 자신들이 지닌 인도주의와 인류애와 지고한 덕성을(그리고 높은 지력을) 죄다 발휘하여 다가오는 제국주의 평화를 **아름답게 색칠**하고 있다!

이 가능한 최선의 세계에서 모든 일이 얼마나 잘 돌아가고 있는지! 우리 금융계의 왕들과 왕관을 쓴 약탈자들은 제국주의 약탈 정책으로 끌려들어가 전쟁을 벌일 수밖에 없었다. 그래서 뭐 어떤가? 우리는 평화에서만큼 전쟁에서도 이득을 얻고 있는데, 훨씬 더 많이! 우리 전쟁을 '해방 전쟁'이라고 선포해줄 하인들, 그 모든 플레하노프들, 알베르 토마들, 레기엔들, 샤이데만들의 일당들을 우리는 잔뜩 갖고 있다! 제국주의 평화를 체결할 때가 왔는가? 그런 것 같지? 전쟁 부채, 이것이야

2　독일의 기존 동맹국들인 오스만 제국과 오스트리아-헝가리 제국에 1915년 10월 불가리아가 가담하면서 4국 동맹이 되었다.—옮긴이

말로 인민들로부터 백 배의 공물을 받아낼 우리의 신성한 권리를 보장하는 약정 아닌가? 그리고 이 제국주의 평화를 미화하고 달콤한 연설들로 인민을 속여넘길 얼간이들, 예를 들면 투라티, 카우츠키와 기타 세계 사회주의의 '지도자들'도 우리는 필요한 만큼 잔뜩 갖고 있다!

투라티와 카우츠키의 발언들이 나타내는 희비극적 측면은 바로 그들 자신이 **실제로** 수행하고 있는 객관적·정치적 역할을 이해하지 **못한다**는 점에 있다. 즉 인민을 혁명으로 분기시키는 대신 인민에게 위안을 주는 사제의 역할, 일반적으로 선한 모든 것에 대한, 구체적으로는 민주적 평화에 대한 미사여구를 동원하여 민족들을 사고팔고 나라들을 잘라먹는 제국주의 평화의 끔찍한 실상을 흐리고 감추고 미화하고 은폐하는 **부르주아 변호인**의 역할 말이다.

사회애국주의자들(플레하노프들과 샤이데만들)과 사회평화주의자들(투라티와 카우츠키)을 **원칙적으로 단결시키는 것**은 양쪽 모두가 **객관적으로** 제국주의의 하수인이라는 점이다. 전자는 제국주의 전쟁을 미화함으로써, 그 전쟁을 '조국 방위'를 위한 전쟁으로 기술함으로써 제국주의에 봉사하고 있다. 후자는 무르익어가고 준비되고 있는 제국주의 평화를 민주적 평화에 대한 말로 미화함으로써 **똑같이** 제국주의에 봉사하고 있다.

제국주의 부르주아는 두 종류 또는 두 색깔의 하인들을 모두 필요로 한다. '정복자들을 타도하라'고 외치면서 계속 학살을 하라고 부추기기 위해서는 플레하노프들이 필요하고, 평화에 대한 달콤한 노래를 불러 분노한 대중을 어르고 달래기 위해서는 카우츠키들이 필요한 것이다.

따라서 모든 나라에서 나타난 사회배외주의자들과 사회평화주의자들의 전반적인 통합——베른 국제사회주의위원회 성명서에서 언급한 "사회주의에 반대하는 음모" 일체[3], 우리가 거듭 되풀이해서 지적한 "전면 사면"——은 우연한 일이 아니라 전세계 사이비 '사회주의'의 이 두 조류들이 원칙적으로 통합했다는 사실의 표현일 것이다. 플레하노프가 광분하여 샤이데만 일파의 "배신"에 대해 소리치면서도, 때가 되면 그 신사분들과 평화와 통합을 이룰 수도 있다는 눈치를 흘리는 것은 우연이 아니다.

이 글을 읽는 여러분은 이렇게 주장할지 모른다. 제국주의 평화가 제국주의 전쟁보다는 '그래도 낫다'는 점을 잊어서야 되

---

[3] 여기서 언급되고 있는 것은 1916년 2월 국제사회주의위원회 확대회의에서 채택된 호소문 「소속 제정당 및 그룹들에게」다. 이 문서는 사회주의자들 간의 "상호 사면"을 통해 제2인터내셔널을 재건하려는 국제사회주의사무국의 시도가 "사회주의에 반대하는 음모"라고 규탄하면서 사회배외주의자들과 국제사회주의사무국의 사회배외주의 입장을 날카롭게 비판했다. 호소문은 사회주의자들이 전시 공채 투표를 거부하고 일선에서 제국주의 전쟁에 대항해 파업, 시위, 연대와 여타 혁명적 행동들을 조직해야 한다는 내용이었다. 이 문서는 1916년 2월 29일자 《국제사회주의위원회 회보》(3호)와 3월 25일자 《사회민주주의자》(52호)에 수록되었다.—원서 편집자

겠는가? 전부는 아니더라도 민주적 평화 강령의 적어도 '일부'
는 성취될 수 있지 않겠는가? 독립국 폴란드가 러시아령 폴란
드보다는 낫지 않은가? 오스트리아가 갖고 있는 이탈리아 땅
들이 이탈리아로 통합된다면 이는 일보 진전이 아닌가?

투라티와 카우츠키의 옹호자들 역시 비슷한 주장들 뒤에
숨어 자기들이 혁명적 마르크스주의자에서 흔해빠진 부르주
아 개량주의자로 변신하고 있다는 사실을 알아차리지 못하고
있다.

제정신이 박힌 사람이라면 비스마르크의 독일과 그의 사회
법들이 1848년 이전의 독일보다 '낫다'는 사실을 부정할 수 있
겠는가? 스톨리핀 개혁4이 1905년 이전의 러시아보다 '낫다'는
사실은? 그렇다고 독일 사회민주주의자들이(당시 그들은 아직 사
회민주주의자가 맞았다) 비스마르크의 개혁안들에 찬성표를 던지
던가? 러시아 사회민주주의자들이 스톨리핀의 개혁안들을 찬
양하거나, 적어도 지지하기라도 하던가? 같은 당 소속인 마르

---

4   1906년 11월 9일(22일), 차르 정부는 농민들을 농촌공동체(미르)에서
    분리하고 그들의 소규모 농지를 사적소유로 전환하는 일을 재가하는 칙
    령을 반포했다. 두마와 국무회의 수정을 거친 칙령은 1910년 6월 14
    일부터 실효가 있게 되었다. 총리인 스톨리핀의 이름을 따 스톨리핀 법
    이라 알려진 칙령은 농민이 농촌공동체로부터 떠나 자신의 땅을 사적소
    유로 인수하고 본인이 원한다면 판매할 수 있게 했다. 농촌공동체는 일
    정한 토지를 농민에게 양도할 의무를 졌다. 스톨리핀 개혁은 농업 분야
    에서의 자본주의 발전과 농민계급의 분화를 가속화하였고 농촌에서 계
    급투쟁을 심화시켰다.— 원서 편집자

토프마저 이제 경멸하며 등을 돌린 포트레소프, 마슬로프 나리 등의 무리는 당연히 제외하고 말이다.

역사는 반혁명의 시기에도 가만히 멈춰 있지 않다. 1914~6년 제국주의 학살의 시기에도 역사는 전진하고 있었으며, 이 학살은 지난 수십 년간 추진된 제국주의 정책의 연장이었다. 세계 자본주의, 지난 세기의 60, 70년대에 자유경쟁의 선진적·진보적 동력이었으며 20세기 초에 **독점자본주의**, 즉 제국주의로 성장한 세계 자본주의는 전쟁 과정에서 더 막대한 금융자본의 집중뿐만이 아니라 **국가자본주의로의** 전환을 향해 커다란 전진을 이루었다. 예를 들어 제국주의 양대 연합의 한쪽에서 아일랜드인이, 다른 쪽에서 체코인이 일으킨 사건들은 민족 단결의 힘과 민족의식의 중요성을 이 전쟁에서 드러냈다. 제국주의의 똑똑한 지도자들은 속으로 이렇게 생각한다. 당연히 우리는 약소민족을 억압하지 않고는 목적을 이룰 수 없어. 하지만 억압에는 두 가지 방법이 있지. **정치적으로 독립한 나라들을 건설함으로써** 제국주의 전쟁에서 진실하고 양심적인 '조국 방위론자'들을 확보하는 것이 더 믿을 만하고 유리한 경우들이 있어. 물론 그들이 **경제적으로 종속**되도록 '우리'가 확실히 손을 써두어야겠지! (제국주의 열강들의 대규모 전쟁이 벌어질 때는) 식민지 아일랜드의 주인이 되는 것보다 독립국 불가리아의 동맹을 맺는 것이 더 유리한 것이다! 국가 개혁 분야에서 미완으로 남겨진 일을 완성하는 것은 때때로 제국주의 연합을 내적으로 강화시킬 수 있다. 예를 들어 독일 제국주의에 가장 비굴한 하인 가운데 한 명인 카를 레너(Karl Renner)[5]가 이 점에 제대로 착안하고 있는데, 그는 물론 사회민주주의 정당들 '통일' 일반에 대한 군건한 지지자이며, 특히 샤이데만과 카우츠키의 통일을 지지한다.

사건들의 객관적 경로는 그 자체로 결과를 낳는다. 1848년과 1905년 혁명의 사형을 집행한 이들이 어떤 측면에서는 혁명의 집행인이기도 했던 것과 마찬가지로, 제국주의 학살극의 무대감독들은 국가자본주의적인, 국가 전반적인 특정한 개혁들을 실행하도록 강제되고 있다. 더군다나 전쟁과 물가폭등으로 분노한 대중을 달래기 위해서는 자잘한 미끼들을 몇 개 던져주는 일이 필수적이다. '군비 축소'를 약속하지 못할 이유가 무엇인가? (부분적으로 실행하지 못할 이유도 없다. 어차피 그것은 아무 강제력이 없는 것이다!) 결국 전쟁이란 임업과 비슷한 '산업 분야'다. 나무들이 적당한 크기로 자라는 데——즉 '총알받이' 노릇을 할 성인이 충분히 풍부해지는 데——수십 년이 걸린다. 이

---

5 1870~1950년. 오스트리아의 정치인으로, 오스트리아 사회민주당 우파와 '오스트리아 마르크스주의'의 이론가다. 이론적으로는 법사회학 분야에서 주요한 업적을 남겼고, 민족 문제에 있어 문화자치론을 주창했다. 일찍부터 독일과 오스트리아의 통일을 주장했으며 1차 세계대전 중에는 사회배외주의 입장을 취했다. 오스트리아-헝가리 제국 붕괴 이후인 1919~20년 오스트리아 총리, 나치 패망 직후인 1945~50년 대통령을 지내 오스트리아 '공화국의 아버지'라고 불린다.—옮긴이

수십 년 동안 새로운 플레하노프들, 새로운 샤이데만들, 카우츠키와 같은 감상적인 중재자들이 '통일된' 국제 사회민주주의의 깊은 내부에서 다시 자라날 거라고 우리는 생각한다.

부르주아 개량주의자들과 평화주의자들이란 대체로 자본주의를 얼기설기 수선함으로써 그 지배를 강화하고 대중을 달래 혁명적 투쟁으로부터 떼어놓는 공로로 이런저런 형태의 대가를 받는 사람들이다. 투라티와 카우츠키 같은 사회주의 '지도자들'이 식접적인 발언을 통해서든(투라티는 1916년 12월 17일의 악명 높은 연설[6]에서 그 하나를 '내뱉었다.') 입을 닫고 얼버무리는 일을 통해서든(여기에는 카우츠키가 명수다) 지금의 제국주의 전쟁이 민주적 평화를 낳을 수 있다고——부르주아 정부들이 권력을 유지하고, 제국주의의 세계적 연결망 전체에 대항한 혁명적 반란도 일어나지 않고——대중을 설득하려 할 때, 우리의 임무는 바로 그런 선전은 인민에 대한 기만이고, 사회주의와는 아무 관계가 없으며, 제국주의 평화에 대한 **미화**로 귀결될 뿐이라고 선언하는 것이다.

6 1916년 12월 17일 투라티가 이탈리아 의회에서 한 연설을 가리킨다. 그는 그 연설로 제국주의 선생을 정당화하려 했다. 이 연설은 다음 날 《아반티!》(345호)에 게재되었으며, 각국 사회주의 언론의 반응은 「강화 제의에 관한 투라티의 발언」이라는 제목으로 《폴크스레히트》(12월 23일, 301호)에서 요약되었다. 레닌은 「부르주아 평화주의와 사회주의 평화주의」(이 책에 수록—편집자)에서 투라티의 연설 내용을 소개하고 비판했다.—원서 편집자

우리는 민주적 평화를 지지한다. 바로 그 이유 때문에 우리는 투라티와 카우츠키처럼 인민에게 거짓말을 하고 싶지 않은 것이다. 물론 그들은 가장 선한 의도, 가장 고결한 동기에서 그러는 것이다! 우리는 진실을, 즉 영국, 프랑스, 독일, 러시아의 혁명적 프롤레타리아가 부르주아 정부들을 전복하지 않는 이상 민주적 평화는 불가능하다는 진실을 말할 것이다. 우리는 혁명적 사회민주주의자가 '헌법 개정'을 포함한 개량 일반을 위한 투쟁을 꺼리는 것을 지극히 어리석은 일이라 생각한다. 그러나 지금 유럽은 개량이란 혁명적 계급투쟁의 부산물이라는 진실을 유념하는 것이 그 어느 때보다도 필요한 시기를 지나고 있다. 왜냐하면 오늘의 과제는——우리의 의지나 누군가의 계획이 아니라, 사태 자체의 객관적 경로로 말미암아——직접적인 대중들의 폭력을 통해 막중한 역사적 문제들을 해결하는 것이기 때문이다. 그것은 부패하여 사멸해가는 낡은 기초 위에서 흥정하지 않고, 기반 자체를 새롭게 창출해낼 것이다.

바로 지금, 지배 부르주아는 수백만 프롤레타리아들을 평화롭게 무장해제시키고, 그들이 학살에 종사하고 있던 더럽고 지독한 악취가 진동하는 참호들로부터 그들을 안전하게——그럴싸한 이데올로기적 위장 아래, 감상적인 평화주의 문구들의 성수를 뿌려대면서!——자본주의 공장들의 고된 노역으로 옮길 준비를 하고 있다. 프롤레타리아들은 거기서 '정직한 노동'을 통해 수천억 규모의 국가 부채를 갚아야 한다. 1914년 가을 우리 당이 인민에게 선포했던 구호7, 즉 제국주의 전쟁을 사회주의를 향한 내전으로 전환하자는 슬로건이 전쟁 초보다도 더 큰 중요성을 획득하게 되는 때는 바로 지금이다. 현재 강제 노역에 처해진 카를 리프크네히트는 제국의회 회보에서 이렇게 말하면서 그 슬로건을 받아들였다. "자신의 나라에 있는 계급의 적들을 향해 총구를 돌리시오!" 현대 사회가 사회주의로 이행하기에 충분히 성숙했다는 것은 바로 이 전쟁이 증명해주었다. 이 전쟁에서 국민 총력을 집중시키기 위해서는 5천만이 넘는 사람들의 경제생활 전체를 단일한 중심에서 조정하도록 하는 것이 필수적이었다. 한 줌의 융커 귀족들이 한 줌의 금융 거물들의 이익을 위해 이러한 일을 지휘하는 것이 가능하다면, 계급의식적인 노동자들이 기아와 전쟁에 탈진한 인구의 10분의 9의 이익을 위해 똑같은 일을 하는 것도 틀림없이 가능할 것이다.

하지만 계급의식적 노동자들이 대중을 지도하기 위해서는 투라티·카우츠키 일당과 같은 사회주의 지도자들의 완전한 타락을 깨달아야만 한다. 그 신사분들께서는 자신들을 혁명적 사회민주주의자로 여기고 있기 때문에 그들의 자리가 비솔라티, 샤이데만, 레기엔 나리들의 당에 있다는 말을 들으면 몹시 분개한다. 그러나 투라티와 카우츠키는 오직 대중 혁명만이 지

7　레닌의 「전쟁과 러시아 사회민주주의」(본 전집 58권 『마르크스』에 수록—편집자) 참조.—원서 편집자

금의 막중한 문제들을 해결할 수 있다는 점을 전혀 인식하지 못한다. 하지만 그들은 혁명에 대해 일말의 믿음도 없으며, 혁명이 바로 이 전쟁과 결부되어 어떻게 대중의 마음과 정서 속에서 무르익고 있는지 최소한의 주의도, 최소한의 관심도 보이지 않는다. 그들은 온전히 개량에만, 지배계급들 내부의 분파들 사이에서 벌어지는 거래에만 주의를 쏟는다. 그들이 대화를 하고자 하는 상대는 지배계급들이고, 그들이 '설득'하고자 하는 상대도 지배계급들이다. 그들은 지배계급들에 노동운동을 맞춰주고 싶어한다.

하지만 지금 모든 문제는 프롤레타리아트의 계급의식적 전위가 자국의 정부를 타도할 혁명적 투쟁에 자신의 생각을 집중하고 힘을 발휘하게 하는 일이다. 투라티와 카우츠키가 받아들일 '준비가 된' 혁명, 즉 그 날짜와 성공 확률이 미리 정해질 수 있는 혁명이란 결코 존재할 수 없다. 유럽의 혁명적 상황은 명백한 사실이다. 대중들 속에 극도의 불만, 불안과 분노가 존재한다는 것은 명백한 사실이다! 모든 혁명적 사회민주주의자들은 이 급류를 강화하는 일에 모든 노력을 쏟아야 한다. 혁명적 운동이 작은 성공밖에 거두지 못했을 경우 '약속된' 개량이 어느 정도 실현될 것인지, 노동계급의 향후 투쟁에 어떤 쓸모가 있을지는 그 운동의 기세가 결정할 것이다. 혁명적 운동이 성공할 경우, 유럽에서의 사회주의 승리와 진실로 영구적이고 진실로 민주적인 평화——러시아·영국에 대항하는 독일의 전쟁, 영국에 대항하는 러시아·독일의 전쟁, 독일·영국에 대항하는 미국의 전쟁 등에서 이루어지는 제국주의 휴전이 아닌——의 성취는 그 운동의 기세가 결정할 것이다.

| 《사회민주주의자》58호, 1917년 1월 31일

통계와 사회학

이 글은 원래 P. 피류초프라는 필명을 사용하여 소책자로 합법 출판할 목적으로 집필되었으나, 완성되지 못했다.—원서 편집자

서문

여기 독자들의 눈앞에 내놓는 소론들은 일부는 처음 발표하는 것이고 일부는 전쟁 발발 전 여러 정기간행물에 게재했던 것이다. 이 글은 오늘날 각별한 관심을 받는 것이 마땅한 문제를 다루고 있다. 바로 민족운동의 중요성과 역할, 민족적인 것과 국제적인 것의 관계 문제. 이 문제에 대한 모든 주장들에서 가장 많이 마주치게 되는 가장 큰 결점은 구체성과 역사적 관점의 결여다. 일반적 문구들을 내세워 갖은 방식으로 밀수품을 들여오는 일이 통상적으로 벌어진다. 그래서 우리는 약간의 통계 수치들이 그렇게 쓸모없진 않은 것으로 증명되리라 생각한다. 전쟁 전에 우리가 말했던 것과 전쟁이 가르쳐준 교훈을 비교해보는 것도 우리에게 무익하지는 않을 것 같다. 이론과 관점의 통일이 이 소론들에 연속성을 부여한다.

1917년 1월

저자

민족운동의 역사적 배경

'사실이란 완고한 것이다'라는 영국 속담이 있다.[1] 매우 다양한 필자들이 저마다 다양한 의미와 비중으로 '속인주의 (nationality principle)'의 위대함을 찬미하는 것을 볼 때마다, 이 속담이 떠오른다. 그리고 대부분의 경우 이 '주의'는 장례행렬 앞에서 "뒤처지지 말고 열심히 하시오"라고 외친 옛날이야기의 유명한 주인공만큼이나 성공적이고 적절한 결과를 얻고 있다.[2]

정확한 사실들, 논박의 여지가 없는 사실들은 이런 부류의 필자들에게는 특히 견딜 수 없는 것이다. 하지만 그것들이

---

[1] 영국 속담이 아니라 미국 2대 대통령을 지낸 존 애덤스가 한 말이다. 전체 문구는 다음과 같다. "사실이란 완고한 것이다. 우리의 소원, 우리의 의향, 우리의 열망이 지시한 것이 무엇이건 간에 그것들이 사실과 증거의 상태를 바꿀 수 없다." 애덤스가 미국 독립 전 보스턴 학살 사건의 살인범으로 기소된 영국 군인들을 변호하면서 한 말이다.—옮긴이

[2] 러시아 민담에 상황에 맞지 않은 엉뚱한 행동을 하는 바보의 이야기가 있다. 바보는 똑똑해지려면 밖에 나가 사람들과 부대껴보라는 어머니의 말을 듣고 일하는 농민들을 귀찮게 하다가 두들겨 맞고, 다음에는 지나가는 장례행렬에 대고 열심히 일하라고 했다가 두들겨 맞고, 마지막에는 결혼식에 가서 모자를 벗고 곡을 하다가 두들겨 맞는다.—옮긴이

야말로 이 복잡하고 난해하며 종종 의도적으로 왜곡되는 문제를 진지하게 이해하고 싶다면 반드시 꼭 필요한 것이다. 그러나 사실들을 어떻게 수집할 것인가? 그것들의 연관성과 상호의존성을 어떻게 규명할 것인가?

사회 현상의 영역에서 가장 널리 활용되지만 가장 잘못된 방법은 **개별적인 사실들을 떼어내어** 사례들을 가지고 유희하는 것이다. 사례를 선택하는 일 자체는 전혀 어렵지 않지만, 그것만으로는 아무 의미가 없거나 순전히 부정적 의미만을 지닌다. 가장 중요한 것은 개별 사건들이 연관된 역사적·구체적 상황이기 때문이다. 사실들을 그 전체 속에서, 그 상호연관성 속에서 고찰한다면, 사실이란 완고한 것일 뿐만 아니라 확실히 입증될 수 있는 것이 된다. 개별 사건들을 **전체로부터, 상호연관성으로부터 떼어낼 경우**, 그것들을 자의적으로 골라내고 맥락으로부터 뜯어낼 경우, 그것들은 유희에나 소용이 있거나 그보다도 못하게 된다. 예를 들어 한때 진지한 저술가였으며 지금도 그런 대접을 받고자 하는 어느 필자가 몽골의 멍에라는 사실을 취하여 그것을 20세기 유럽의 특정 사건들을 설명하는 사례로서 제시한다면, 이는 유희에 불과한 것으로 간주해야 하겠는가, 아니면 정치적 간계로 간주하는 편이 더 올바르겠는가? 몽골의 멍에[3]가 민족 문제와 연관되어 있는 것이

---

3 타타르의 멍에라고도 한다. 1240년부터 1480년에 이르기까지 200여 년간 몽골이 러시아 일대를 지배한 시기를 말한다.─옮긴이

확실한 역사적 사실인 것처럼, 20세기 유럽에서도 마찬가지로 민족 문제와 연관된 것이 확실한 많은 사실들을 관찰할 수 있다. 하지만 이 몽골의 멍에라는 사실을 20세기 유럽에서 벌어지는 사건들을 설명하기 위한 사례로 사용하면서 진지함을 주장할 수 있는 사람──프랑스인들이 '국민적 익살꾼'이라고 부르는 부류의──은 많지 않을 것이다.

결론은 명확하다. 최근 몇몇 나라들에서 무분별하게 남용되고 있는 '보편적' 또는 '사례에 근거한' 주장들의 어떤 것과도 대조해볼 수 있는, 신뢰할 수 있는 정확하고 논박 불가능한 사실들의 토대를 형성하고자 노력해야 한다. 그리고 이것이 실제적인 토대가 되기 위해서는, 우리는 논의의 대상이 되는 문제와 관련하여 개별 사실들이 아니라, 단 하나의 예외도 없는 사실들의 **총체**를 취해야 하다. 그렇게 하지 않는다면 불가피하며 너무나 정당한 의혹이 제기될 것이다. 사실들이 자의적으로 취합되고 편집되었다는 의혹, 역사적 현상이 객관적 상호연관성과 상호의존성 내에서 제시되어 하나의 전체로서 취급되는 대신, 더러운 장사임이 드러날지 모르는 것을 정당화하기 위해 '주관적' 혼합물을 제시하고 있다는 의혹 말이다. 이런 일은 실제로 발생한다…… 보통 생각하는 것보다 더 자주.

이러한 점을 고려하며 논지를 전개하기 위해, 우리는 통계로부터 이야기를 시작하기로 결심했다. 물론 '기본적인 진실'보다 '아첨하는 기만'을 선호하는 일부 독자들과, 국제주의·세계

시민주의·민족주의·애국주의 등에 대한 '보편적' 논의를 앞세워 정치적 밀수품들을 몰래 들여오려는 경향이 있는 일부 필자들이 통계에 대해 깊은 반감을 갖고 있다는 점을 우리는 잘 알고 있다.

1장
몇 가지 통계

I

민족운동에 관한 자료의 **총체**를 합당히 살피기 위해서는 지구상의 **전체** 인구를 고려해야 한다. 그리고 이 과정에서 두 개의 지표가 가능한 한 정확하게 수립되고 가능한 한 완벽하게 검토되어야 한다. 그 두 개의 지표란 첫째는 각국 인구의 민족적 동질성 또는 이질성이다. 둘째는 정치적 독립 및 정치적 종속 상태에 따라 각국(우리가 실제로 국가를 다루고 있는 것인지 의심이 갈 경우에는 유사 국가 형성체들)을 분류하는 것이다.

1916년 발간된 최신 자료를 검토해보도록 하자. 우리는 두 개의 문헌 출처를 근거로 삼고자 한다. 하나는 오토 휘브너(Otto Hübner)가 편찬한 독일의 『지리 통계표*Geographical Statistical Tables*』고, 또 하나는 영국의 『국가 연감*The Statesman's Year-Book*』이다. 첫 번째 출전이 우리 관심의 대상이 되는 문제에 관하여 훨씬 더 종합적인 자료들을 포함하고 있기 때문에 우리는 이를 기본으로 삼을 것이다. 두 번째 출전은 검증을 위해, 그리고 대부분 사소한 몇 가지 경우에서 첫 번째 출전을 정정하기 위해 사용할 것이다.

우리는 정치적으로 독립해 있으며 민족적으로 가장 동질적인 국가들부터 살피기 시작할 것이다. 그 중에서도 가장 먼저 다룰 대상은 서유럽 국가들, 즉 러시아와 오스트리아 서쪽에 위치한 국가들의 그룹이다.

여기 있는 17개 국가들 가운데 5곳은 민족 구성에서는 매우 동질적이나 규모가 굉장히 작고 인구도 매우 적은 나라들이다. 룩셈부르크, 모나코, 산 마리노, 리히텐슈타인, 안도라가 그에 해당하며, 인구를 모두 합해봐야 31만 명밖에 되지 않는다. 분명 이들은 검토의 대상이 되는 국가들에 포함시키지 않는 편이 훨씬 더 옳을 것이다.

남은 12개 국가들 가운데 7곳은 민족 구성에서 절대적으로 동질적이다. 이탈리아, 네덜란드, 포르투갈, 스웨덴, 노르웨이는 인구의 99퍼센트가 동일한 단일민족에 속한다. 에스파냐와 덴마크의 비율은 96퍼센트다. 그 다음은 민족 구성이 거의 동질적인 3곳의 국가들인데, 프랑스, 영국, 독일이다. 프랑스에는 단 1.3퍼센트의 이탈리아인들이 있는데, 나폴레옹 3세가 인민의 의사를 거스르고 조작하여 이들을 합병했기 때문이다. 영국이 합병한 아일랜드 인구는 440만으로, 전체 인구(4,680만)의 10분의 1이 안 된다. 독일의 6,490만 인구에서 민족적으로 이질적인 부위들은 거의 다 아일랜드 사람들이 영국인들에게 당하는 것과 똑같은 민족 억압을 겪고 있는데, 이들은 폴란드인(5.47퍼센트), 덴마크인(0.25퍼센트), 알자스로렌 주민들(187만)이다. 하지만 알자스로렌 주민 일부는(정확한 비율은 알려져 있지 않다) 분명 독일에 친화적인데, 이는 언어뿐 아니라 경제적 이해 및 공감대 때문이기도 하다. 독일 인구 중 민족적으로 이질적이며 불평등과 억압을 겪고 있는 민족들은 대략 500만 명 정도다.

서구에서는 오직 두 곳의 소국만이 혼합된 민족적 구성을 보인다. 400만이 채 못 되는 인구가 독일계(69퍼센트), 프랑스계(21퍼센트), 이탈리아계(8퍼센트)로 구성된 스위스와 벨기에(인구 800만 명 이하에, 플랑드르계 53퍼센트, 프랑스계 47퍼센트로 추정된다)가 그들이다. 다만 주목해야 하는 점은 민족적 이질성이 큼에도 불구하고 이 나라들에는 민족 억압의 문제가 없다는 점이다. 스위스에서는 평등이 실제로 완전히 실현되어 있다. 벨기에에서는 플랑드르계가 다수인데도 불구하고 그들에 대한 불평등이 존재한다. 하지만 이 불평등은 서유럽 외의 나라들에서 일상이 된 행태에 비해서는 말할 것도 없고, 예컨대 독일에서 폴란드인이, 영국에서 아일랜드인이 감내해야 하는 불평등에 비해서도 미미한 편이다. 좌우간, 그러므로 민족 문제에서 기회주의자들, 오스트리아의 문필가 카를 레너와 오토 바우어가 널리 통용시킨 '다민족국가(Nationalitätenstaat)'라는 용어는 매우 한정된 의미에서만 올바른데, 한편으로 우리가 이런 유형

(이에 대해서는 나중에 다룰 것이다)의 국가들 대다수가 지닌 특수한 역사적 위치를 잊지 않고, 다른 한편으로 이 용어가 진정한 민족 평등과 민족 억압 사이의 근본적 차이를 흐리게 하지 않는 경우에 말이다.

우리가 검토한 모든 나라들을 가지고 오면, 총 2억 4,200만의 인구를 지닌 12개 서유럽 국가의 그룹을 얻게 된다. 이 2억 4,200만 명 중에서 오직 950만 명만이, 즉 오직 4퍼센트만이 (영국과 독일의) 피억압 민족에 해당한다. 이들 국가의 인구 전체에서 주요 민족에 속하지 않는 부분은 모두 합해 1,500만 명, 즉 6퍼센트에 해당된다.

따라서 이 국가들의 그룹은 전반적으로 다음과 같은 특징을 지닌다. 그들은 가장 선진적인 자본주의 국가들이며, 경제적으로나 정치적으로나 가장 발전되어 있다. 문화적 수준 또한 가장 높다. 이들 국가의 대다수는 민족 구성에서 동질적이거나 거의 동질적이다. 특수한 정치 현상으로서 민족 불평등의 역할은 크게 중요하지 않다. 이 나라들은 흔히 '민족국가'로 이야기되는 유형으로, 사람들은 이 유형 역시 인류의 보편적인 자본주의적 발전 속에서 역사적 조건에 따라 형성된 과도기적 성격을 지니고 있다는 사실을 대부분 망각하고 있다. 그러나 이에 대해서는 더 적절한 곳에서 다루기로 하겠다.

이런 질문을 하는 사람이 있을지 모른다. 이런 유형의 국가는 서유럽에 국한된 것인가? 분명 아니다. 그 모든 기본적인 특징들——경제적(고도의, 특히 급속한 자본주의 발전)·정치적(대의제 정부)·문화적·민족적 특징들은 아메리카와 아시아의 선진국들, 즉 미국과 일본에서도 관찰된다. 후자의 민족 구성은 오래 전에 형성되었으며 절대적으로 동질적이다. 일본 인구의 99퍼센트 이상이 일본 민족이다. 미국에서 흑인(물라토와 인디언까지 포함해)은 11.1퍼센트만을 차지한다. 이들은 억압받는 민족으로 분류되어야 하는데, 1861~5년 내전에서 획득되었고 공화국 헌법이 보장하는 평등이 주요 흑인 지대(남부)에서 여러 모로 점점 더 축소되고 있기 때문이다. 이러한 현상은 1860~70년대 독점 이전의 진보적인 자본주의에서 반동적인 독점자본주의(제국주의)의 새로운 시대로 이행하는 것과 연관되어 있는데, 아메리카에서는 특히 1898년의 미국-스페인 제국주의 전쟁(두 강도가 약탈품을 놓고 벌인 전쟁)이 그것의 가장 명확한 계기가 되었다.

미국의 백인 인구는 전체의 88.7퍼센트를 구성한다. 그리고 이 수치 중 74.3퍼센트는 아메리카 태생이고, 14.4퍼센트만이 해외 태생, 달리 말해 이민자들이다. 잘 알려진 것처럼, 자본주의 발전에 극히 친화적인 아메리카의 환경과 특별히 빠른 발전 속도는 방대한 민족적 차이들을 세상 어디와도 비교할 수 없이 빠르고 급진적으로 단일한 '미국' 국가로 용해시키는 상황을 낳았다.

앞에서 열거한 서구 국가들에 미국과 일본을 더하면 그 결과는 총인구 3억 9,400만 명의 14개 국가다. 그 중 2600만 명, 즉 7퍼센트는 평등하지 못한 민족들에 속한다. 나중에 다루겠지만 다음과 같은 점은 미리 언급해두어야겠다. 세기 초, 즉 자본주의가 제국주의로 전환하던 시기에 바로 이들 14개 국가 대다수가 식민 정책에서 특히 엄청난 성과를 거두었고, 그 결과 예속된 식민지 국가들의 5억 명 이상의 인구를 지금 '좌지우지'하고 있다는 것이다.

II

동유럽 국가들의 그룹——러시아, 오스트리아, 터키(이제 터키는 지리적으로는 아시아 국가로, 경제적으로는 '반(半)식민지'로 간주되어야 할 것이다)——과 발칸 반도의 여섯 개 소국들——루마니아, 불가리아, 그리스, 세르비아, 몬테네그로, 알바니아——의 상황은 근본적으로 다르다는 것이 명확히 드러난다. 민족적으로 완전히 동질적인 나라가 단 한 곳도 없다! 단지 발칸 반도의 소국들이 민족국가로 서술될 수 있겠으나, 그곳에서도 다른 민족들이 인구의 5~10퍼센트를 구성한다는 점, (해당 국가의 총인구와 비교할 때) 굉장히 많은 수의 루마니아인과 세르비아인들이 '자국' 외부에 거주한다는 점, 그리고 발칸 반도에서 부르주아 민족적인 '국가 건설'이 1911~2년 '어제의' 전쟁들에도 불구하고 전반적으로 완결되지 못했다는 사실을 우리는 잊지 말아야 한다. 발칸 반도 소국들 가운데에는 에스파냐나 스웨덴처럼 단일한 민족국가가 단 한 곳도 없다.

그리고 동유럽의 대국 3개국은 모두 주요한 '자민족'의 비율이 43퍼센트에 불과하다. 이 3대국에서 인구의 절반 이상인 57퍼센트가 타민족(러시아 내 공식 명칭을 사용하자면 '이민족')으로 구성되어 있다. 통계적으로 서유럽 국가 그룹과 동유럽 국가 그룹의 차이는 다음과 같이 기술할 수 있다.

첫 번째 그룹에는 10곳의 동질적이거나 거의 동질적인 민족국가들이 있으며 총인구는 2억 3,100만이다. 이질적 국가는 두 곳밖에 없으나 민족 억압은 없고 헌법상으로나 실질적으로나 평등이 보장되어 있다. 이들의 인구는 1,150만이다.

두 번째 그룹 중 6개 국가는 민족적으로 거의 동질적이며, 인구는 2,300만 명이다. 그 외 2억 4,900만 인구의 3개 국가들은 이질적이거나 '혼합'되어 있으며 민족 평등이 보장되어 있지 않다.

전반적으로 타민족 인구(즉 해당 국가의 주요 민족[4]에 속하지 않는 인구)의 비율은 서유럽에서는 6퍼센트이며 미국과 일본을 더할 경우 7퍼센트다. 반면 동유럽에서 이 비율은 53퍼센트다![5]

---

[4]　레닌 주 러시아에서는 대러시아인, 오스트리아에서는 독일계와 헝가리인, 터키에서는 튀르크인.

[5]　원고는 여기에서 중단되었다.— 원서 편집자

가상의 늪지파인가,
진짜 늪지파인가?

이 글은 1917년 1월 23~7일 《베르너 타그바흐트》(19~23호)와 《노이에스 레벤*Neues Leben*》 1917년 1호에 실린 로베르트 그림의 기사 「전쟁 문제에 있어 다수파와 소수파」에 대한 답변으로 작성되었다.—원서 편집자

R. 그림 동지는 다수파와 소수파에 관한 자신의 기사(《베르너 타그바흐트》와 《노이에스 레벤》)에서 "우리가 또" "늪지파, 즉 이른바 당의 중앙파를" "가상하고 있다"고 주장한다.

우리는 그 글에서 그림이 취하고 있는 입장이야말로 전형적인 중앙파 입장임을 증명할 것이다.

그림은 다수파에 반대하며 이렇게 쓰고 있다.

"치머발트와 키엔탈 회의의 정신을 따르는 당들 중 어떤 당도 군복무 거부 슬로건을 제기하면서 동시에 그것을 당원들이 복종해야 할 의무로 부여하지는 않았다. 리프크네히트 본인이 군복을 입고 입대했다. 이탈리아 당은 전쟁 공채 거부와 영내 평화(Burgfrieden)에 만족하고 있다. 프랑스 소수파도 마찬가지다."

우리는 놀라서 눈을 비빈다. 우리는 그림의 글 가운데 이 중요한 구절을 다시 읽고, 그것에 대해 깊이 생각해볼 것을 독자들에게도 권한다.

믿기 어렵지만 사실이다! 우리가 중앙파를 가상하고 있다는 것을 입증하기 위해, 바로 우리 중앙파의 대표자인 그림은 국제주의 좌파(리프크네히트)와 치머발트 우파, 즉 중앙파를 한 통속으로 만들어버린다!!

아니면 그림은 진짜로 스위스 노동자들을 속여서 리프크네히트와 이탈리아 당이 하나의 동일한 당파에 속해 있다고 믿게 할 수 있다고 생각하는 걸까? 좌파와 중앙파를 분리시키는 바로 그 차이가 그들 사이에 존재하지 않는다고?

우리의 논증을 따라가보자.

첫째, 우리는 중앙파에도 좌파에도 속하지 않는 증인의 말을 들어보고 싶다. 독일의 사회제국주의자인 에른스트 하일만(Ernst Heilmann)[1]은 1916년 8월 12일자《디 글로케*Die Glocke*》[2] 772쪽에 이렇게 썼다. "노동그룹(Die Arbeitsgemeinschaft)[3], 즉 치머발트 우파는 카우츠키가 그 이론가요 하제[4]와 레데부어[5]가

---

[1] 1881~1940년. 독일 사회민주당 우파. 전쟁 동안 사회배외주의 잡지《디 글로케》에 기고하고, 1917~8년 사회배외주의 잡지《인터내셔날레 코레스폰덴츠*Internationale Korrespondenz*》를 편집했다. 1928년 국회의원이 되었으나, 1933년 히틀러가 집권하자 부헨발트 수용소로 끌려가 1940년 살해되었다.—옮긴이

[2] '종(鐘)'이라는 뜻으로 뮌헨에서 격주로 발간된 잡지다.—원서 편집자

[3] 사회민주주의노동그룹을 가리킨다.—옮긴이

[4] 1863~1919년. 독일 사회민주당의 공동 당수로, 당내에서 전시 공채에 반대하였으나 패배하여 제국의회 표결에서는 찬성표를 던졌다.—옮긴이

[5] 1850~1947년. 독일 사회민주당원으로 제국의회 의원에 재직하였으며, 1차 세계대전에 반대하여 치머발트 회의 및 스톡홀름 회의에 참석하였다. 이후 독립독일사민당에 합류하였다.—옮긴이

정치적 지도자로……" 그림은 카우츠키, 하제, 레데부어가 중앙파의 전형적인 대표자라는 사실을 부정할 수 있는가?

둘째, 오늘날의 사회주의 내부에서 치머발트 우파, 즉 중앙파가 헤이그의 I.S.B, 즉 국제사회주의사무국(International Socialist Bureau), 즉 사회애국주의자들의 사무국과 즉각 단절하는 것을 반대하고 있다는 사실을 그림이 모르고 있을 수 있는가? 좌파는 그런 단절을 지지한다는 사실은? 키엔탈에서 인터나치오날레 그룹――리프크네히트가 속해 있는 그룹――의 대표자들이 I. S. B.의 소집에 반대하고 그것과의 단절을 위해 투쟁했다는 사실은?

셋째, 그림은 키엔탈 결의안에서 명시적으로 규탄한 사회평화주의가 지금 프랑스, 독일, 이탈리아 중앙파의 강령이 되었다는 것을 혹시 잊고 있는가? 의원단의 무수한 사회평화주의 결의안들과 성명들에 대해서도, 12월 17일 투라티의 수치스러운 의회 연설에 대해서도 항의하지 않았던 이탈리아 당 전체가 사회평화주의에 입각해 있다는 사실은? 독일의 양대 좌파 그룹인 I. S. D.(독일 국제사회주의자들)와 인터나치오날레 그룹(즉 리프크네히트가 속한 스파르타쿠스단[6]) 모두 단호하게 중앙파

---

6   로자 룩셈부르크와 카를 리프크네히트 등 독일 사회민주당 좌파가 1916년 1월에 만든 혁명조직이다. 1919년 1월 스파르타쿠스 반란을 일으켰으나 실패했고 이로 인해 로자 룩셈부르크와 카를 리프크네히트가 우익 의용단에게 체포되어 살해당했다.―옮긴이

의 사회평화주의를 거부했다는 사실은? 상바, 르노델, 주오가 이끄는 프랑스 최악의 사회제국주의자들과 사회애국주의자들 역시 똑같이 사회평화주의 결의안에 투표했으며, 이에 의해 사회평화주의의 실제적·객관적 의미가 특히 명확하게 폭로되었다는 점도 잊지 말아야 한다.

넷째…… 하지만 이미 충분하다! 이탈리아 당처럼 공채 거부와 영내 평화로 '만족'하라고 그림이 스위스 당에 조언할 때 그는 바로 중앙파의 입장을 취하고 있는 것이다. 그림은 정확히 중앙파의 입장에서 다수파 제안을 비난하는데, 왜냐하면 다수파가 리프크네히트의 입장에 더 가까이 접근하기를 원하기 때문이다.

그림은 명료함, 진솔함, 정직함을 옹호한다. 좋다! 그러나 이 훌륭한 덕목들은 무엇보다 리프크네히트의 입장과 전술을 중앙파의 그것들과 명료하고 진솔하며 정직하게 구별할 것을 요구하지 않는가? 그 둘을 한 덩어리로 만드는 것이 아니라?

리프크네히트와 같은 편에 선다는 것은 이런 것을 의미한다. (1)자국의 주적을 공격하는 것, (2)자국의(외국뿐만 아니라 말이오, 미안하지만, 그림 동지!) 사회애국주의자들을 폭로하고, 그들과 좌익 급진파들을 단합시키는 것이 아니라──미안하지만, 그림 동지!──사회애국주의자들과 투쟁하는 것, (3)자국의 사회애국주의자들뿐만 아니라 사회평화주의자들과 중앙파에 대해서도 공개적으로 비판하고 그들의 결점을 폭로하는 것, (4)프롤레타리아에게 혁명적 투쟁을 요구하고 그들의 총구를 자국의 적을 향해 돌리게 하기 위해 의회 회보를 활용하는 것, (5) 비합법 유인물을 배포하고 비합법 모임을 조직하는 것, (6)리프크네히트가 체포되었던 베를린 포츠담 광장 시위와 같은 프롤레타리아 시위들을 조직하는 것, (7)인터나치오날레 그룹이 비합법 소책자를 통해 했던 것처럼 군수 산업 노동자들에게 파업에 나설 것을 요구하는 것, (8)개량주의적 실천에 제한돼 있는 현존 정당들을 완전히 '환골탈태'시켜야 한다는 점을 공공연하게 주장하며, 리프크네히트처럼 활동하는 것, (9)제국주의 전쟁에서 조국 방위를 확실하게 거부하는 것, (10)사회민주주의 운동 내부의 개량주의와 기회주의에 전면적으로 투쟁하는 것, (11)모든 나라에서, 특히 독일, 영국, 스위스 등에서 사회애국주의와 기회주의의 전위가 된 노동조합 지도자들에게 대해 마찬가지로 가차 없이 대항하는 것.

이러한 견지에서 볼 때 다수파 초안의 많은 부분이 비판받을 수밖에 없음은 명백하다. 하지만 이는 별개의 기사에서 다루어야 할 문제이다. 여기서 강조해야 할 것은 다수파가 어쨌든 이러한 방향으로 몇 가지 조치들을 제안하고 있다는 점이다. 그러나 그림은 좌파가 아닌 우파에서, 리프크네히트의 입장이 아닌 중앙파의 입장에서 다수파를 공격하고 있다.

그의 기사에서 그림은 두 개의 본질적으로 다른 두 문제를 일관되게 혼동하고 있다. 첫 번째는 언제, 정확히 어떤 순간에 이런저런 혁명적 행동을 취해야 하는지의 문제다. 이 문제에 대한 답을 미리 결정하려는 시도들은 무의미하며, 그림이 이 점과 관련해 다수파를 힐난하는 것은 단지 노동자들의 눈에 흙을 뿌리는 짓일 뿐이다.

두 번째 문제는 현재로서는 체계적·지속적으로, 다양한 구체적 상황에 맞게 진정한 혁명적 투쟁을 이끄는 것이 **불가능한** 당을 어떻게 그런 당으로 변모시킬 것인지, 즉 그런 투쟁이 가능한 당으로 개조시킬지의 문제다.

이것이야말로 가장 중요한 문제다. 전쟁 문제와 조국 방위 문제에 대한 모든 논쟁의, 제경향의 모든 투쟁의 근원이 여기에 있다! 하지만 바로 이 문제야말로 그림이 은폐하고, 얼버무리고, 쟁점을 흐리려고 하는 것이다. 나아가, 그림의 설명은 이 문제의 존재 자체를 부정하기에 이른다.

모든 것이 예전 그대로 유지된다. 그것이 그림의 기사 전체를 관통하고 있는 생각이다. 바로 그것이 그 글이 **중앙파**를 대변하고 있다는 주장의 가장 근본적인 이유인 것이다. 모든 것이 예전 그대로 유지된다. 단지 전쟁 공채를 거부하고 영내 평화만 보장되면 된다! 영리한 부르주아라면 그것이 부르주아가 궁극적으로 **받아들이지 못할 바는 아니라는** 사실을 인정할 수밖에 없을 것이다. 그것은 부르주아의 지배를 위협하지도 않고, 부르주아가 전쟁을 추진하는 일을 막지도 않는다. ("국가 내 소수파"로서 "우리는 복종한다."——그림의 이 말은 첫눈에 느껴지는 것보다 훨씬 큰, 아주아주 커다란 정치적 함의를 갖고 있다!)

그리고 교전국, 특히 영국과 독일의 부르주아 및 그 정부들이 오직 리프크네히트의 지지자들만 탄압할 뿐 중앙파 인사들에게는 **관대하다**는 것은 국제적으로 인정된 사실이 아닌가?

왼쪽으로 전진하라, 설령 그것이 일부 사회애국주의 지도자들의 사퇴를 뜻할지라도! 요컨대, 그것이 다수파 결의안의 정치적 의미다.

치머발트에서 오른쪽으로, 사회평화주의로, 중앙파의 입장으로, 사회애국주의 지도자들과의 '평화'로 후퇴하라, 대중 행동도 없이, 운동의 혁명적 전화도 없이, 당의 환골탈태도 없이! 이것이 그림의 관점이다.

바라건대, 그림의 그런 관점이 스위스 좌익 급진파로 하여금 그의 중앙파적인 입장을 마침내 깨닫게 해주기를.

| 1917년 1월 말 독일어로 집필

전쟁 문제에 관한
결의안의 수정안

이 수정안은 1917년 2월 11~2일 퇴스에서 열린 취리히 주 당대회에서 스위스 좌파가 제기한 것이다.

대회에는 결의안으로 통과되기 위해 두 개의 안이 제출되었다. (1)전쟁 문제 관련 위원회 내 소수파가 제출한 사회배외주의자안. (2)위원회 다수파가 제출한 중앙파안. 이 중 93 대 65로 레닌의 수정 내용이 반영된 후자가 채택되었다. 좌파는 사회배외주의자안의 채택을 막기 위해 이 결의안에 표를 던졌다. 수정안 타자본에는 표결의 결과에 대하여 레닌이 작성한 다음과 같은 필기가 포함되어 있다.

"우익 클뢰티 일당의 안이 받은 표 —65 —82
그림 중앙파 결의안이 받은 표 　　—93 ⌈32 + 32 이 결의안에 찬성
　　　　　　　　　　　　　　　　 ⌊61
　　　　　　　　　　　　　────────────
　　　　　　　　　　총 158"

수정안은 1917년 2월 레닌과의 긴밀한 공조를 통해 스위스 좌파가 펴낸 소책자 『조국 방위라는 거짓말에 맞서*Gegen die Lüge der Vaterlandsverteidigung*』의 첫 권에 수록되었다. 레닌은 「어느 사회주의 당의 한 짧은 시기의 역사」(이 책에 수록─편집자)에서 스위스 사회민주당 내부 투쟁에 대해 논했다.─원서 편집자

1. 당의 원내 의원들은 원칙적 이유에 입각하여 모든 전쟁 요구 및 공채를 거부하고 동원 해제를 강력히 요구할 의무를 갖는다.

2. 영내 평화는 없다. 모든 부르주아 제정당 그리고 노동운동 및 당 내부의 민족주의적-그뤼틀리주의적 이념에도 대항하는 원칙에 입각한 투쟁을 강화한다.

3. 군대 내부에서 체계적인 혁명적 선전을 수행한다.

4. 모든 혁명적 제운동과 전쟁 및 모든 교전 중인 국가의 자국 정부에 대항하는 투쟁을 지원한다.

5. 스위스에서의 모든 혁명적 대중행동——파업, 시위——과 그것의 공개적 무장투쟁으로의 발전을 돕는다.

6. 당은 1915년 아라우 당대회에서 결정된 혁명적 대중투쟁의 목적이 스위스의 사회주의적 전환임을 선포한다. 이 혁명은 물가폭등과 기아의 공포로부터 노동계급을 해방하는 유일하고 실질적인 실효성 있는 방법이며, 군국주의와 전쟁을 전적으로 근절하기 위해 필수적인 것이다.

| 1917년 1월 27일(2월 9일)과 29일(2월 11일) 사이 집필

**어느 사회주의 당의
한 짧은 시기의 역사**

1917년 1월 7일: 스위스 사회당 당 위원회(Parteivorstand) 회합. 중앙파 지도자 R. 그림이 (본래 전쟁 문제를 논의하기 위해 1917년 2월 11일에 개최하기로 예정되어 있던) 당대회를 무기한 연기하기 위해 사회애국주의 지도자들과 연합함.

놉스, 플라텐, 넨 등이 항의하며 반대표를 행사.

계급의식적 노동자들 사이에서 대회 연기에 대한 격렬한 분노가 일어남.

1917년 1월 9일: 다수파 결의안과 소수파 결의안[I] 공개. 다수파 초안에 조국 방위에 대한 반대를 명확히 표명하는 서술은 **전혀 없지만**(아폴터와 슈미트가 이에 반대했다) 3항은 "당의 원내 의원들은 원칙적 이유에 입각하여 모든 전쟁 요구 및 공채를 거부할 의무를 진다"고 요구함. 이 점을 특히 명심할 것.

1917년 1월 23일: 취리히의 《폴크스레히트》가 총투표를 발

I   여기서 언급되고 있는 것은 1917년 1월 9일 《폴크스레히트》 7호에 「전쟁 문제 관련 위원회의 제의안」이라는 제호로 발행된 다수파와 소수파 결의안 초안이다.—원서 편집자

의하는 문서를 게재함.[2] 이 문서는 대회 연기를 사회주의에 대한 그뤼틀리주의의 승리라고 거칠지만 전적으로 올바르게 규정함.

지도자들이 총투표 발의에 극도로 광분함. 그림은 《베르너 타그바흐트》에서, 자크 슈미트는 《노이에 프라이에 차이퉁 *Neue Freie Zeitung*》[3](올텐)에서, F. 슈나이더(Schneider)[4]는 《바즐러 포어베르츠*Basler Vorwärt*》[5]에서, 그리고 이 '중앙파'들 외에도 사회애국주의자 후버가 장크트갈렌의 《폴크스슈티메》에서, 모두들 총투표 발의자들에게 욕설과 협박을 퍼부음.

R. 그림이 이 수치스러운 캠페인에 앞장섬. 특히 '청년 조직'

2   레닌이 여기에서 언급하고 있는 것은 스위스 사회민주당의 전쟁에 대한 태도를 논의하기 위한 비상 당대회 소집 관련 총투표다. 좌파 세력은 당 대회를 무기한 연기하겠다는 당 위원회의 결정 직후 총투표를 발의했다. 1917년 1월 23일, 《폴크스레히트》(19호)는 '당 활동'란에 「당 위원회의 결정에 반대하여 총투표를 실시한다」라는 총투표 발의 그룹의 호소문을 게재했다.—원서 편집자

3   스위스 사회민주당 졸로투른 주 조직이 1905~20년에 올텐에서 발행했던 신문이다. 1차 세계대전 시기에는 중앙파의 입장을 취했다.—원서 편집자

4   1886~1966년. 스위스 사회민주당 소속 노동운동가이자 정치가다. 1912년 바젤 운송노조 서기가 되었고, 1차 세계대전 동안에는 중앙파 평화주의 입장을 취했다. 1916년 바젤 사회민주당 서기가 되었다. 1920년 이후 스위스 및 국제 공산주의 운동에 적대적인 태도를 취했다.—옮긴이

5   '바젤의 전진'이라는 뜻. 스위스 사회민주당 바젤 조직의 기관지로, 1898년 창간되었고 1차 세계대전 시기에는 중앙파 노선을 따랐다.—원서 편집자

을 겁박하려고 애쓰면서 차기 당대회에서 청년 조직에 적대할 것이라고 공언함. 독일어권과 프랑스어권 스위스 노동자 수만 명이 총투표 연서명에 열렬히 동참함. 넨이 주 당 서기장 가운데 하나가 총투표를 지지할 것 같다고 뮌헨베르크에게 전보를 보냄.

1917년 1월 22일: 《베르너 타그바흐트》와 《폴크스레히트》가 국회의원 구스타프 뮐러의 성명서를 게재함. 뮐러가 자신의 그룹을 대표하여(그는 "우리 그룹"이라 쓰고 있다) "전쟁 공채를 거부하는 원칙"을 수용할 수 없기 때문에 의원직을 사퇴할 것이라고 선언하며 당에 공식적인 최후통첩을 보냄.

1917년 1월 26일: 그로일리히가 《폴크스레히트》에 연재한 자신의 네 번째 글에서 당대회가 다수파 결의안의 3항을 승인할 경우 "당연히" 사퇴할 것이라며 동일한 최후통첩을 보냄.[6]

1917년 1월 27일: E. 높스가 논설(「총투표에 관하여」)을 통해 자신은 결코 총투표 발의에 동참하지 않는다고 밝힘.[7]

플라텐은 침묵함.

1917년 1월 31일: 서기장이 1917년 6월 2~3일에 당대회를 소집하기로 결정. (서기장이 일찍이 1917년 2월 11일 대회 소집을 결정

---

6 여기 언급된 것은 1917년 1월 26일자 《폴크스레히트》 22호에 실린 H. 그로일리히의 기사 「조국 방위를 위하여」다. 레닌은 이 글의 앞부분에서 다수파 결의안의 3항을 인용한다.—원서 편집자

7 논설 「총투표에 관하여」는 1917년 1월 27일자 《폴크스레히트》(23호)의 '당 활동'란에 게재되었다.—원서 편집자

하였으나 당 집행부가 이 결정을 취소했다는 사실을 잊지 말아야 한다!)

1917년 2월 1일: 축소된 치머발트 회의가 올텐에서 열림. 협상국 사회주의자 회의(1917년 3월)에 초청된 조직의 대표들이 참석함.[8]

라데크, 지노비예프, 뮌첸베르크와 인터나치오날레 그룹(카를 리프크네히트가 속한 독일의 스파르타쿠스 그룹)의 한 성원이 R. 그림을 공개적으로 비판하며, 그가 스위스의 사회주의 노동자들에게 맞서 사회애국주의자들과 연합한 것은 스스로를 "정치적 송장"로 만든 것이라고 선언함.

언론은 이 회의에 대해 침묵함.

1917년 2월 1일: 플라텐이 전쟁 문제에 관한 첫 번째 연재

8 1916년 8월 프랑스 사회당은 협상국 사회주의자들의 회의 소집을 요청하기로 결정했다. 회의 목적은 합병 및 정복에 대한 반대 입장에 초점을 맞추고, 전후 평화 유지를 위한 국제적 합의 및 착취에 기초하지 않고 새로운 전쟁의 씨앗을 내포하지 않는 경제 정책을 세우는 것 등이었다. 국제사회주의사무국 집행위원회의 승인을 받아 1917년 3월 파리에서 열리는 것으로 정해졌으나 회의 조직자들은 반전 사회주의자들이 회의에서 다수를 점하는 것을 우려하여 배외주의자들에게 유리하게 투표권을 할당하는 술수를 부렸다. 이에 이탈리아 사회당은 참가 결정을 철회하고 국제사회주의 위원회에 공식적인 입장을 요청했다. 국제사회주의위원회는 불참을 지지했지만, 파리 회의에 대한 대응을 위해 협상국 치머발트주의자들의 회의를 소집하는 것이 유용하리라고 판단했다. 하지만 볼셰비키, 멘셰비키, 폴란드 사회당 좌파 등 스위스에 있는 망명 그룹들만 참석이 가능했다. 1917년 2월 스위스에서 열린 치머발트주의자들의 회의는 파리 회의 불참을 권유하는 결의안을 채택했다. 이후 영국 노동당이 회의 불참 결정을 내리면서 파리 회의는 취소되었다.—옮긴이

기사를 게재함.9 두 대목을 특히 주목해야 함.

첫째, 플라텐이 쓴 글 그대로: "확실히 사람들은 위원회 내에서 전쟁이 끝날 때까지 전쟁 문제는 **덮어두자고** 주장했을 냉철하고 용맹하며 일관성 있는 치머발트 투사의 빈자리를 크게 느꼈나."

이 익명의 인물에 대한 공격이 누구를 향한 것인지 짐작하기는 어렵지 않다.

둘째, 플라텐은 같은 기사에서 다음과 같이 원칙적으로 서술한다. "전쟁 문제는 비단 이 문제에 대한 견해뿐 아니라 향후 당의 발전 방향을 둘러싼 싸움이다. 당내 기회주의에 대한 투쟁이자, 혁명적 계급투쟁의 편에 서서 개량주의자들에 대항하는 결전인 것이다."

1917년 2월 3일: 중앙파(그림, 슈나이더, 리마테(Rimathé)10 등)의 비공식 회합에 놉스와 플라텐도 참석. 뮌첸베르크와 브론스키(Bronski) 박사11는 초청을 받았으나 거절함.

9   여기 언급된 것은 1917년 2월 1일자 《폴크스레히트》 27호에 논설로 게재되어 2월 2일, 5일, 6일(28호, 30호, 31호)에 이어서 연재된 프리츠 플라텐의 기사 「전쟁 문제」다.—원서 편집자

10   1874~1943. 스위스 사회민주당 소속 노동운동가. 20세기 초 스위스 철도노조 위원장으로 재직했고, 노조 신문을 편집했다. 1차 세계대전 시기에는 중앙파 평화주의 입장을 취했다.—옮긴이

11   폴란드 출신의 사회주의자로, 러시아 사회민주노동당, 폴란드 사회민주당, 스위스 사회민주당 당적을 모두 갖고 있으면서 치머발트 좌파로 활동한 미에슬라프 브론스키(1882~1938년)를 가리킨다.—옮긴이

다수파 결의안을 근본적으로 개악하여 '중앙파 결의안'으로 만드는 방식으로 '수정'하는 결정이 내려짐. 특히 3항이 삭제되고 매우 불분명하고 모호한 표현으로 대체됨.

1917년 2월 6일: 취리히 시 사회민주당 총회가 개최됨. 주요 안건: 위원회 선출.

총회 출석률 저조함. 특히 노동자의 참석이 저조함.

플라텐이 연기를 제안하다. 사회애국주의자들과 놉스가 반대. 제안이 기각됨.

투표가 실시됨. 브론스키 박사가 선출된 것을 알고, 사회애국주의자 바우만(Baumann)이 위원회 성원 4인을 대표하여 브론스키 박사와 일하는 것을 거부하겠다고 선언.

플라텐이 (완전히 비민주적이고 규약을 위반하는 조치인) 투표 무효를 선언하여 이 최후통첩을 수용할 것을(즉 그것에 굴종할 것을) 제안함. 이 제안이 통과되다!!!

1917년 2월 9일: '새로운' 다수파 결의안이 공개됨. 서명인: '중앙파' 그림, 리마테, 슈나이더, 자크 슈미트 등. 놉스와 플라텐도 포함. 결의안은 근본적으로 개악되어 위에서 말한 대로 3항이 삭제됨.[12]

기회주의와 개량주의에 대한 투쟁, 카를 리프크네히트의

---

12 레닌이 여기에서 가리키고 있는 것은 1917년 2월 9일 《폴크스레히트》 34호에 실린 「전쟁 문제에 관한 다수파 결의안에 대한 수정안」이다.―원서 편집자

전술을 따르겠다는 단호한 결의는 이 결의안에서 **흔적조차 찾을 수 없다!**

이것은 전형적인 중앙파 결의안으로, '일반적인', 이른바 '이론적인' 표현들이 지나치게 많고, 실천적인 요구들은 고의적으로 매우 미약하고 모호하게 작성되어, 그로일리히와 G. 뮐러뿐 아니라 취리히의 바우만조차 황송하게도 최후통첩을 철회하고 당을…… 용서해주실 정도다.

요약: 스위스 당 지도자들은 치머발트주의를 '늪지'에 파묻었다.

추가 사항:

(로르샤흐의 후버가 자주 기고하는) 장크트갈렌의 《폴크스슈티메》 1917년 1월 25일자에는 다음과 같은 글이 실렸다.

이 몰염치한 행위(총투표 발의)를 반대하는 이유로 그림 동지가 (1월 7일) 대회 연기를 제안했으며, 특히 **만츠(Manz), 그로일리히, 뮐러, 아폴터, 슈미트** 동지 등이 열렬히 그것을 지지했다는 사실을 언급하는 것으로 충분하다.

1월 16일 《바즐러 포어베르츠》는 (1월 7일) 연기를 요청한 것이 다음의 동지들이라고 밝혔다.

그림, 리마테, 스투더(Studer), 뮌히(Munch), 취리히에 있는 랑(Lang)과 바젤에 있는 슈나이더. 장크트갈렌의 슈누렌베르거(Schnurrenberger).

(원문 그대로!!? 오자가 아닐까? 슈니베르거(Schneeberger) 아닌지?)

노동자들로서는 두 언론이 이 이름들을 알려준 데 대해 감사할 이유가 충분하다!

| 1917년 2월 말 독일어로 집필

테제 초고,
1917년 3월 4일^(17일)

레닌은 1917년 3월 2일(15일) 러시아 부르주아 민주주의 2월 혁명의 첫 소식을 접했다. 혁명의 승리, 그리고 자본가와 지주 정부인 10월당·카데트 정부의 권력 장악 소식은 3월 4일(17일) 저녁 《취리허 포스트 *Zürcher Post*》와 《노이에 취리허 차이퉁 *Neue Zürcher Zeitung*》에 게재되었다. 레닌은 출판할 생각 없이, 혁명에서 프롤레타리아의 임무에 관한 테제의 초안을 작성했다. 이 테제들은 러시아로 출발하는 볼셰비키가 받아볼 수 있도록 즉시 스톡홀름을 거쳐 오슬로로 발송되었다.—원서 편집자

1917년 3월 17일 현재 러시아에서 취리히로 들어오는 정보는 너무나 빈약하고, 우리나라에서 벌어지고 있는 사건들은 너무나 급박하게 발전하고 있는 까닭에 정세에 대한 판단은 대단히 신중하게 할 수밖에 없다.

어제 도착한 급보들은 차르는 이미 퇴위했으며 새로운 10월당·카데트 정부[1]와 로마노프 왕조의 다른 대표들 사이에 벌

---

[1] 레닌은 국가두마 임시위원회와 페트로그라드 노동자·병사 대표 소비에트 집행위원회의 사회주의혁명가당과 멘셰비키 지도부가 합의함에 따라 1917년 3월 2일(15일) 오후 3시에 성립된 부르주아 임시정부를 기술하기 위해 10월당·카데트 정부라는 명칭을 사용한다. 정부는 르보프(Lvov) 공작(총리 겸 내무장관), 카데트 지도자 밀류코프(외무장관), 10월당 지도자 구치코프(전쟁장관 겸 해군장관 서리) 및 다른 대자본가·지주의 대표자들로 구성되었다. 또한 여기에는 법무장관으로 임명된 노동그룹(트루도비키)의 케렌스키도 포함되어 있었다.

　다음에 레닌이 언급할 3월 4일(17일)의 호소문은 원래 페트로그라드 소비에트 집행위원회가 부르주아 임시정부를 지지하는 데 동의하는 조건으로 집행위원회 내 멘셰비키 위원들이 작성한 것이다. 두마 위원회와 집행위원회 대표들의 협상 과정에서 밀류코프가 그 글을 수정했고, 임시정부가 인민에게 반포한 첫 번째 호소문의 기초가 됐다.—원서 편집자

써 합의가 이루어졌다는 식의 내용을 담고 있었다. 영국에서 발신되어 오늘 전해진 보도에 따르면 차르는 아직 퇴위하지 않았고 차르의 소재는 밝혀지지 않았다고 한다! 이는 차르가 제정을 복구하기 위해 저항을 개시하고 당을 조직하거나 어쩌면 심지어 군대를 조직하고 있을지도 모른다는 말이다. 만일 차르가 러시아를 탈출하거나 군대 일부를 자기 편으로 확보할 수 있다면, 그는 인민을 기만하기 위해 독일과 단독 강화를 체결했다는 성명서를 발표할지도 모른다!

이런 상황에서 프롤레타리아의 임무는 상당히 복잡하다. 차르의 반격에 가차 없이 대항하고 차르 제정을 완전히 끝장내기 위해서는 프롤레타리아가 가장 효율적으로 스스로를 조직하고, 모든 힘을 결집시키고, 무장을 갖추고, 도시와 시골에 있는 모든 근로대중과의 동맹을 강화하고 확장해야 한다는 점에는 의심할 여지가 없다.

한편 상트페테르부르크에서 권력을 장악한, 더 정확하게는 피나는 영웅적인 투쟁에서 승리한 프롤레타리아의 손에서 권력을 빼앗은 새로운 정부는 자유주의 부르주아와 지주로 이루어져 있으며, 민주주의적 소농의 대변인이자 아마도 부르주아의 길에 미혹되어 국제주의를 망각한 일부 노동자들도 대변하고 있을 케렌스키가 그들을 따르고 있다. 새로운 정부는 독일과의 제국주의 전쟁, 즉 영국·프랑스의 제국주의 정부들과 동맹한 전쟁, 아르메니아·갈리치아·콘스탄티노플 등 외국 영토를 약탈하고 정복하기 위한 전쟁을 옹호하고 지지하기로 소문난 자들로 이루어져 있다.

새 정부는 러시아 인민들에게(그리고 전쟁 때문에 우리에게 속박당한 민족들에게) 평화도, 빵도, 완전한 자유도 줄 수 없다. 따라서 노동계급은 사회주의와 평화를 위한 싸움을 멈추지 말아야 하며, 그 목적을 위해 새로운 정세를 활용하고 그것을 대중들에게 되도록 널리 설명해야 한다.

새 정부는 인민에게 평화를 줄 수 없는데, 자신이 자본가와 지주를 대표하고 있을 뿐 아니라, 조약과 금융 책무에 의해 영국과 프랑스의 자본가에게 속박돼 있기 때문이다. 따라서 러시아 사회민주주의는 국제주의를 충실하게 유지하면서, 무엇보다 먼저 평화를 갈망하는 인민 대중들에게 이 정부 아래에서는 결코 평화를 달성할 수 없다는 것을 설명해야 한다. 인민에 대한 첫 번째 호소문(3월 17일)에서 이 정부는, 현 국면에서 가장 중요하고 근본적인 문제인 평화에 대해 한 마디도 언급하지 않았다. 새 정부는 차르 체제가 영국, 프랑스, 이탈리아, 일본 등과 체결한 약탈적 조약들에 대해 비밀을 유지하고 있다. 새 정부는 자신의 전쟁 정책에 대한 진실, 즉 전쟁을 계속해서 독일에게 승리하려는 편에 서 있다는 것을 인민에게 감추고 싶어한다. 새 정부는 지금 인민에게 꼭 필요한 것을 해줄 처지에 있지 못하다. 그것은 바로 모든 교전국들에게 지체 없이 공개적으로 즉각적인 정전을 제안하는 것인데, 그리고 나서야 모든 식민지 및 종속 불평등 민족들의 완전한 해방에 기초한 평화가 실현될 것이다. 이를 달성하기 위해서는 첫째로는 농촌 주민 가운데 가장 가난한 대중들과, 둘째로는 교전중인 모든 국가의 혁명적 노동자들과 동맹하여 행동하는 노동자 정부가 필요하다.

새 정부는 인민에게 빵을 줄 수 없다. 어떤 자유도 물자부족과 잘못된 분배 때문에, 가장 중요하게는 지주와 자본가의 독점 때문에 굶주림으로 고통받는 대중을 만족시키지 못할 것이다. 인민에게 빵을 주기 위해서는 지주와 자본가에 맞서는 혁명적 조치들이 필요하며, 오직 노동자 정부만이 그런 조치들을 실행할 수 있다.

마지막으로 3월 17일의 성명서에서 새 정부가 단지 정치적 자유에 관해서만 이야기하고 그 못지않게 중요한 다른 문제들에 대해서는 입을 다물고 있음에도 불구하고, 그 정부는 인민에게 완전한 자유도 줄 수가 없다. 새 정부는 이미 로마노프 왕조와 협상을 시작하려고 시도하고 있는데, 정부는 인민의 의지와는 상관 없이 니콜라이 2세가 아들에게 양위하고 로마노프 일가 가운데 한 사람을 섭정으로 지정하는 것을 근거로 왕실을 인정하겠다고 제안했기 때문이다. 새 정부는 성명서에서 모든 종류의 자유를 약속했지만, 다음과 같이 자유를 즉각 실현시키는 명백하고 절대적인 의무는 실행하지 않고 있다. 즉 장교 등을 병사가 선출하는 것, 모든 대중집회에 정부와 공공건물의 개방, 남성만이 아닌 진정한 보편선거권에 기초한 상트페테르부르크·모스크바 등에서 시의회 선거의 확정, 똑같이 진정한 보편선거권에 기초한 모든 지방기관 및 젬스트보[2] 선거의 확정, 지방자치체의 권한을 제한하는 모든 규제의 철폐, 지방자치체를 감독하기 위해 임명된 모든 관리들의 해임, 종교의 자유뿐 아니라 종교로부터 자유의 실현, 교회와 학교의 즉각적인 분리 및 정부 관료의 통제로부터 학교의 자유 등.

새 정부가 3월 17일에 발표한 성명서 전체는 극도의 불신을 불러일으키는데, 순전히 약속만으로 이루어져 있을 뿐 지금 당장 실행할 수 있고 실행하는 것이 마땅한 가장 긴급한 조치들 가운데 어떤 것도 즉시 실행에 옮기지 않고 있기 때문이다.

새 정부의 강령은 8시간 노동제나 그 외 노동자의 처우를 경제적으로 개선하는 것에 대해, 농민을 위한 토지에 대해, 모든 지주 사유지를 농민에게 무상 이전하는 것에 대해 단 한 마디도 하지 않는다. 이런 절실한 문제들에 침묵함으로써 정부는 자본가·지주로서 자신의 본성을 드러내고 있다.

인민에게 평화와 빵과 완전한 자유를 줄 수 있는 것은 오직 노동자 정부뿐이다. 그것은 첫째로는 농민 인구의 압도적인 다

---

2   젬스트보는 1864년 개혁 조치 후 설치되었던 지방 정부기관이다. 인구 비례와 반대로 투표에 있어 귀족이 절대적으로 큰 지분을 차지하였다. 10월 혁명 이후 소비에트로 대체되었다.—옮긴이

수, 즉 농장 노동자들과 빈농들에 기반을 두고, 둘째로는 모든 교전국의 혁명적 노동자들과의 동맹에 기반을 둘 것이기 때문이다.

따라서 혁명적 프롤레타리아트는 3월 1일(14일)의 혁명을 위대한 길에 들어선 최초의, 하지만 결코 완전하지 않은 승리로 여길 수밖에 없다. 혁명적 프롤레타리아트는 민주공화국과 사회주의를 쟁취하기 위해 계속 투쟁하는 임무를 맡을 수밖에 없다.

이 임무를 수행하기 위하여 프롤레타리아트와 러시아 사회민주노동당은 무엇보다도 새 정부가 도입하고 있는 상대적이고 충분치 못한 자유를 활용해야만 하며, 집요하고 완강하고 지속적인 혁명 투쟁만이 그 자유를 보장하고 확장시킬 수 있다.

도시와 농촌의 모든 근로 대중이, 그리고 군대 역시 마찬가지로 정부에 대한 진실과 절박한 문제들에 대한 정부의 실제 태도를 알아야 한다. 노동자 대표 소비에트들을 조직하고, 노동자들을 무장시켜야 한다. 프롤레타리아 조직들을 (새 정부가 동일하게 정치적 권리들을 약속한) 군대와 농촌으로 확대해야 한다. 특히 농장 노동자들을 위한 별도의 계급 조직이 필요하다. 주민 대중들에게 최대한 널리 진실을 알리고 그들을 조직하는 것만이 혁명의 다음 단계에서 완전한 승리와 노동자 정부의 권력 쟁취를 보장할 수 있다.

혁명적 시기와 전쟁이 가르친 가혹한 교훈의 영향으로 일상 시기에 비할 수 없이 짧은 시간에 인민에게 습득될 수 있는 이러한 임무를 완수하기 위해서는 혁명적 프롤레타리아 당이 이데올로기적으로든 조직적으로든 독립해 있어야 한다. 이 당은 국제주의를 충실하게 유지할 것이며, 현재의 제국주의 약탈 전쟁에서 '조국 방위'라는 말로 인민을 기만하려 드는 부르주아의 거짓된 화술에 넘어가지 않을 것이다.

지금의 정부뿐 아니라 민주주의적인 부르주아 공화정부가 들어선다 할지라도, 케렌스키 등 인민주의자들과 '마르크스주의' 사회애국주의자들로만 구성된다면 그 정부는 제국주의 전쟁에서 인민을 구원하고 평화를 보장하는 일을 할 수 없을 것이다.

따라서 우리는 노동자 방위론자들과는, 그보즈됴프 (Gvozdyov)[3], 포트레소프, 치헨켈리(Chkhenkeli)[4], 케렌스키 등의 조류와는, 또 이런 근본적인 문제에 대해 동요하고 불명확한 입장을 취하는 치헤이제 등의 부류와는 어떤 연합이나 동맹도, 심지어 협정조차도 맺을 수 없다. 그런 협정은 대중의 의식에 거짓을 심고 러시아 제국주의 부르주아에 의존하게 만들

---

3   1882~1956년. 멘셰비키로, 조국 방위를 공공연하게 외친 인물이다.—옮긴이

4   1874~1959년. 1912년 4차 두마 의원으로 선출된 후 1차 세계대전이 발발하자 플레하노프, 포트레소프 등과 함께 노골적인 애국주의 입장을 취했다.—옮긴이

뿐만 아니라, 제국주의 전쟁에서 인민을 구출하고 만국의 노동자 정부들 사이에 진정으로 지속 가능한 평화를 보장하는 과업에서 프롤레타리아의 지도적 역할을 약화시키고 허물어 뜨릴 것이다.

러시아로 떠나는
볼셰비키에게 보내는 전보

이 글은 스톡홀름과 오슬로에서 러시아로 돌아가는 볼셰비키에게 전하기 위해, 스웨덴 사회민주주의자인 룬드스트림(Lundström)을 수신인으로 하여 스톡홀름으로 보내졌다. 전보는 3월 13일(26일) 페트로그라드에 도착했고, Y. B. 보쉬가 러시아 내 중앙위원회 사무국 모임과 페트로그라드 당 위원회의 집행위원회 모임에서 이 글을 낭독했다.—원서 편집자

우리의 전술: 새 정부를 신뢰하지도, 지지하지도 말 것. 케렌스키는 특히 의심스러움. 프롤레타리아의 무장만이 유일한 보증임. 즉각 페트로그라드 시의회 선거를. 다른 당과의 친선은 없음. 이를 페트로그라드에 전보로 전할 것.

울리야노프

| 1917년 3월 6일(19일) 집필

《폴크스레히트》에 보내는 편지

이 편지는 "사실 확인"이라는 제목으로 《폴크스레히트》에 게재되었다. 글의 앞부분에는 이런 문구가 함께 실렸다. "레닌 동지는 이렇게 썼다……."—원서 편집자 여러 독일 신문들이 제가 3월 19일[1] 월요일에 보낸 전보를 왜곡된 형태로 게재했습니다. 그 전보는 러시아로 떠나기 전에 사회민주주의자들이 따라야 할 전술에 대해 제게 조언을 구한 스칸디나비아의 우리 당원들 몇몇에게 보낸 것입니다.

제 전보 내용은 다음과 같습니다.

"우리의 전술: 새 정부를 신뢰하지도, 지지하지도 말 것. 케렌스키는 특히 의심스러움. 프롤레타리아의 무장만이 유일한 보증임. 즉각 페트로그라드 시의회 선거를. 다른 당과의 친선은 없음. 이를 페트로그라드에 전보로 전할 것."

저는 이 전보를 중앙위원회 해외 성원들의 명의로 보낸 것이지, 중앙위원회 자체의 명의로 보낸 것이 아닙니다. 또 저는 제헌의회가 아니라 **지방자치체** 선거를 이야기한 것입니다. 제헌의회 선거는 지금으로서는 헛된 약속일 뿐입니다. 정부가 정말 자신이 약속한 자유를 도입할 수 있다면, 페트로그라드 시

---

[1] 신력이며, 구력으로는 3월 6일이다.—편집자

의회 선거를 즉각 실시할 수 있고, 실시해야만 할 것입니다. 그 선거는 프롤레타리아가 자신의 혁명적 입지를 조직하고 강화하는 네 도움이 될 수 있을 겁니다.

N. 레닌

| 1917년 3월 6일(19일) 이후 집필
《폴크스레히트》75호, 1917년 3월 29일

먼 곳에서 보낸 편지들

이 글의 첫 번째 편지부터 네 번째 편지까지는 1917년 3월 7~12일(3월 20~25일)에 썼다. 끝맺지 못한 다섯 번째 편지는 레닌이 스위스에서 러시아로 출발하기 전날인 3월 26일(4월 8일)에 쓴 것이다.

러시아에서 혁명적 상황이 빚어져 부르주아 임시정부가 수립되고 페트로그라드 소비에트 집행위원회가 구성되었다는 내용이 담긴 첫 전보를 받자마자, 레닌은 《프라우다》에 실을 글을 쓰기 시작했다. 그는 언론이 선전과 조직 활동의 중요한 수단이라고 생각했다. "그 어느 때보다 언론이 중요한 때입니다." 그가 3월 3일(16일) 알렉산드라 콜론타이에게 쓴 말이다. 당의 혁명에서의 임무를 주제로 하여 제네바에 있는 러시아 망명자들과 스위스 사회주의자들에게 강연을 해달라고 요청한 카르핀스키에게 보내는 답장에서 레닌은 "나는 매일 《프라우다》에 보낼 글을 써야 해서, 강연을 하거나 회의에 참석할 수 없습니다"라고 썼다.

3월 9일(22일), 레닌은 오슬로에 있던 콜론타이에게 첫 번째와 두 번째 편지를 페트로그라드로 전달해달라고 했다. 3월 17일(30일) 레닌은 J. S. 하네키(Hanecki)에게, 먼저 쓴 네 통의 편지가 페트로그라드의 《프라우다》에 도착했는지를 물으며, 제대로 수신이 되지 않았다면 사본을 보내겠다고 했다. 이 편지들을 페트로그라드로 가져간 알렉산드라 콜론타이는 3월 19일(4월 1일)에 《프라우다》에 전달했다.

첫 번째 편지는 3월 21일(4월 3일)과 22일(4월 4일)에 《프라우다》 14호와 15호에 실렸는데, 편집진이 상당 부분 삭제하고 몇 군데는 고친 상태였다. 그 편집진 가운데에는 3월 중순부터 합류한 L. B. 카메네프(Kamenev)와 J. V. 스탈린(Stalin)이 있었다. 이 편지들의 원본 전문이 처음으로 출간된 것은 1949년 『전집Collected Works』 4판이 발간됐을 때다.

두 번째와 세 번째, 네 번째 편지는 1917년 당시에는 발표되지 않았다. 완성되지 못한 다섯 번째 편지의 기본 생각들은 나중에 「전술에 대한 편지Letters on Tactics」와 「우리 혁명에서 프롤레타리아트의 임무The Tasks of the Proletariat in Our Revolution」(두 편 모두 본 전집 66권에 수록―편집자)에서 발전되었다.

러시아로 떠나기 전에 레닌은 프랑스와 스위스의 볼셰비키들에게 첫 번째와 두 번째 편지를 회람하도록 했다.―원서 편집자

첫 번째 편지
첫 번째 혁명의 첫 번째 단계[1]

제국주의 세계 전쟁이 불러일으킨 첫 번째 혁명이 일어났다. 이 첫 번째 혁명은 분명 마지막 혁명은 아닐 것이다.

스위스에서 취할 수 있는 빈약한 정보로 판단했을 때, 이 첫 번째 혁명, 즉 러시아 혁명의 첫 단계는 1917년 3월 1일[2] 끝

---

1 《프라우다》 편집진은 첫 번째 편지의 5분의 1 정도를 삭제했다. 삭제된 내용은 주로 레닌이 멘셰비키와 사회주의혁명가당 지도자들을 부르주아와 타협하고 그들을 추종하는 자들이라고 규정한 부분, 니콜라이 2세의 양위를 얻으려는 카데트와 10월당을 영국과 프랑스 정부의 대리인들이 돕고 있음을 멘셰비키와 사회주의혁명가당 지도자들이 민중에게 숨기려 한다는 것, 약탈 전쟁을 계속하기로 결정한 임시정부의 군주주의적이고 제국주의적인 성격을 폭로한 부분이었다.—원서 편집자

2 신력으로는 3월 14일이다. 2월 23일(3월 8일) '여성의 날' 시위를 계기로 일어난 2월 혁명은 며칠 사이에 걷잡을 수 없이 확대되었고, 병사들과 군대는 진압을 거부했다. 국가협의회(상원) 의원들이 긴급한 조치를 요청했으나 차르는 오히려 두마 해산 명령을 내리는 것으로 응답했다. 2월 27일(3월 12일) 페트로그라드 노동자 대표 소비에트 첫 회의가 열렸고, 그날 저녁 두마는 임시위원회를 선출하고 차르에게 퇴위를 요구했다. 3월 1일(14일) 밤, 페트로그라드 소비에트 집행위원회와 두마 임시위원회 사이에 협정이 체결되어 다음 날 부르주아 정당들이 주도하는 임시정부 수립이 선포되었다.—옮긴이

이 났다. 우리 혁명의 이 첫 번째 단계도 분명 마지막 단계는 아니다.

수세기 동안 이어져왔으며, 1905~7년 거대한 전 민중적 계급투쟁이 벌어졌던 3년 동안의 그 모든 공격에도 끄떡하지 않았던 군주제가 단 8일[3]——밀류코프 씨가 러시아의 모든 해외 대표 기관[4]에 보낸 의기양양한 전보에서 말한 기간——만에 무너진 이런 '기적'이 어떻게 일어날 수 있었을까?

자연이나 역사에 기적은 없다. 하지만 모든 혁명을 포함한 역사의 급격한 전환 모두에는 풍부한 내용이 담겨 있으며, 싸우는 사람들의 투쟁 형식과 세력 관계에서 예기치 못했던 독특한 결합이 일어나기 때문에, 평범한 사람들의 눈에는 기적으로 보일 만한 것이 많다.

차르 제정이 며칠 만에 무너지는 데는 세계사적인 중요성을 지닌 수많은 요인들의 조합이 필요했다. 그 중 가장 중요한 것들에 대해 이야기해보겠다.

1905년부터 1907년까지 3년 동안 러시아 프롤레타리아트가 보여준 거대한 계급투쟁과 혁명적 에너지가 없었다면, 두

3 2월 혁명이 시작된 2월 23일(3월 8일)부터 임시정부 수립이 선포되고 페트로그라드 노동자·병사 대표 소비에트가 임시정부 지지를 선언한 3월 2일(15일)까지의 기간을 뜻하는 듯하다.—옮긴이

4 밀류코프는 임시정부의 외무장관으로 임명된 뒤 첫 업무로 1917년 3월 4일(17일) 대사관과 영사관을 비롯한 해외의 모든 러시아 각급 외교 기관에 전보를 보냈다.—옮긴이

번째 혁명은 **초기 단계가 며칠 만에 완료되었다는** 의미에서 그
토록 빠르게 진행될 수 없었을 것이다. 첫 번째 혁명(1905년)은
땅을 깊게 갈아 오래 묵은 낡은 편견들을 뿌리 뽑고, 수백만
노동자와 수천만 농민을 일깨워 정치생활과 정치투쟁에 나서
게 했으며, 러시아 사회의 모든 계급(과 모든 주요 정당)이 서로에
게——그리고 세상을 향해——자신의 실제 성격과 실질적인 이
해관계, 세력, 행동 방식, 당면 목표와 궁극적 목표를 드러내게
했다. 이 첫 번째 혁명과 그 뒤에 이어진 반혁명 시기(1907~14
년)는 차르 군주제의 본질을 낱낱이 까발리고 그것을 '극한'으
로 몰아붙였으며, 괴물 라스푸틴(Rasputin)[5]을 우두머리로 하
는 차르 일파의 부패와 비행, 냉소와 타락을 드러냈다. 그리고
로마노프 가문의 잔학성을 남김없이 폭로했다. 그들은 유대인,
노동자, 혁명가의 피로 러시아를 물들인 학살자들이었으며, 수
백만 데샤티나[6]의 **토지를** 소유한 채 자신들과 자기 계급의 '신
성한 소유권'을 지키기 위해서라면 그 어떤 잔혹한 짓과 범죄
도 마다하지 않고, 그 수가 얼마나 많든 시민들을 파멸시키고
목 졸라 죽일 각오가 되어 있는 '지주들 가운데에서도 으뜸가
는' 지주들이었다.

---

5   1872(?)~1916년. 빈농 출신의 수도승으로 혈우병을 앓는 황태자를 치유
    하는 능력이 있다고 하여 황제 일가의 총애를 받았다. 죽기 전까지 십여
    년 동안이나 러시아 국정을 농단했으며, 1916년 12월 그를 미워하던 귀
    족들에게 암살당했다.—옮긴이

6   러시아의 면적 단위. 1데샤티나는 10,925평방미터다.—옮긴이

1905~7년 혁명과 1907~14년의 반혁명이 없었다면, 러시아 민중의 모든 계급들과 러시아에 살고 있는 모든 민족들의 명확한 '자결'도 있을 수 없었을 것이다. 이 계급들의 상호 관계, 이들과 차르 제정과의 관계가 이 시기에 결정되었고, 그것이 1917년 2~3월 혁명의 8일 동안 명확하게 드러났다. 이 8일간의 혁명은, 비유적 표현을 써도 된다면 마치 크고 작은 리허설을 열 번 이상 한 것처럼 '공연되었다.' '배우들'은 서로를 잘 알고 있었고, 자신의 역할과 위치와 무대장치들을 아주 자세하고 속속들이, 정치 경향과 행동양식이 드러내는 얼마간의 중요한 뉘앙스에 이르기까지 전부 다 파악하고 있었다.

　그러나 구치코프들과 밀류코프들, 그리고 그들의 앞잡이들이 '대폭동'이라고 매도한 1905년의 첫 번째 대혁명이 12년 만에 1917년의 '찬란한' '명예' 혁명7으로──구치코프와 밀류코프 들은 자신들에게 (당분간이나마) 권력을 주었기 때문에 그것을 '명예' 혁명이라고 선언했다──이어지기 위해서는, 한편으로 세계사의 진행 속도를 엄청나게 높일 수 있고, 또 한편으로는 전례 없이 심도 깊은 세계적 위기──경제적·정치적·국민적·국제적 위기──를 일으킬 수 있는, 거대하고 강력하며 전능한 '무대감독'이 필요했다. 세계사의 속도를 비상하게 높이는 것뿐만 아니라 역사의 방향을 순식간에 트는 것도 필요했다.

7　제임스 2세를 폐위시킨 1688년 영국 명예혁명(the Glorious Revolution)처럼 평화로운 혁명이라는 의미도 지니고 있는 듯하다.─옮긴이

그런 급격한 전환으로만 로마노프 왕조를 태운, 피범벅이 된 더러운 마차를 단 일격에 뒤집을 수 있기 때문이다.

이 전능한 '무대감독', 이 강력한 가속기가 제국주의 세계 전쟁이었다.

이 전쟁이 세계 전쟁이라는 데에는 이제 의심의 여지가 없다. 오늘 이미 미국과 중국이 반쯤 휘말려들었고, 내일 완전히 휘말려들 것이기 때문이다.

이 전쟁이 **양측** 모두에게 제국주의 전쟁이라는 사실 역시 이제 의심의 여지가 없다. 자본가들과 그 앞잡이인 사회애국주의자들, 사회배외주의자들, 또는——일반적인 비판적 정의 대신 러시아에 익숙한 정치적 이름들을 사용한다면——한편으로는 구치코프들, 르보프들, 밀류코프들, 신가료프(Shingaryov)들[8], 다른 편으로는 포트레소프들, 그보즈됴프들, 치헨켈리들, 케렌스키들, 치헤이제들[9]만이 이 사실을 부정하거나 회피할 수 있다. 독일 부르주아지와 영국-프랑스 부르주아지는 양편 모두 외국을 약탈하고, 약소민족들을 억압하며, 세계를 금융적으로 지배하고, 식민지를 분할하고 재분할하기 위해, 여러 나라의 노동자들을 오도하고 분열시켜 비틀거리는 자본주의

---

8 카데트와 10월당 등 자유주의 진영에 속했던 인사들.—옮긴이

9 사회주의 운동 진영에 속했던 인사들이다. 케렌스키는 사회주의혁명가당 계열에 속했고, 포트레소프, 그보즈됴프, 치헨켈리, 치헤이제는 멘셰비키 진영에 속했다.—옮긴이

체제를 구원하기 위해 전쟁을 하고 있다.

제국주의 전쟁은 객관적인 필연성에 의해 부르주아지에 대한 프롤레타리아트의 계급투쟁을 전무후무한 정도까지 엄청나게 가속시키고 격화시킬 수밖에 없다. 제국주의 전쟁은 적대적인 계급들 사이의 내전으로 전환될 수밖에 없다.

1917년 2~3월 혁명으로 이 전환이 시작되었다. 이 첫 번째 단계는 무엇보다 두 세력이 차르 체제에 공동으로 타격을 가한 것이 특징이다. 한 세력은 모든 무의식적인 앞잡이들과 영국과 프랑스의 대사들과 자본가들의 모습을 한 의식적인 지도자들을 포함하는 부르주아와 지주의 러시아 전체다. 다른 세력은 병사와 농민의 대표자를 자기 편으로 끌어들이기 시작한 **노동자 대표 소비에트**[10]다.

10　레닌은 2월 혁명에서 거의 처음부터 등장했던 페트로그라드 노동자 대표 소비에트에 대해 이야기하고 있다. 소비에트 선거는 개별 공장에서 자발적으로 시작되어, 며칠 만에 수도에 있는 모든 공장들로 퍼져나갔다. 2월 27일(3월 12일), 소비에트가 첫 회의를 열기 전, 멘셰비키 청산주의자인 그보즈됴프와 B. O. 보그다노프(Bogdanov, 소환파 볼셰비키인 알렉산드르 보그다노프와는 무관한 인물—옮긴이), 두마 의원인 니콜라이 치헤이제, 마트베이 스코벨레프 등이 소비에트를 완전히 자신들의 통세하에 두기 위해 스스로를 소비에트의 임시집행위원회로 선언했다. 같은 날 저녁에 열린 첫 회의에서 소비에트는 치헤이제, 케렌스키, 스코벨레프로 의장단을 구성했으며, 이들과 함께 A. G. 실랴프니코프(Shlyapnikov), N. N. 수하노프(Sukhanov), Y. M. 스테클로프(Steklov)가 집행위원회를 구성했다(실랴프니코프는 볼셰비키였다. 트로츠키에 따르면 39명의 집행위원 가운데 11명이 볼셰비키였다—옮긴이). 사회주

이 세 정치 진영, 이 세 기본적인 정치 세력——(1)봉건 지주와 낡은 관료제와 군부 특권층의 우두머리인 차르 제정, (2) 부르주아지와 지주-10월당-카데트의 러시아와 그들을 따르고 있는 소부르주아(케렌스키와 치헤이제가 주요 대표자다), (3)프롤레타리아트 전체와 주민들 중 가장 가난한 사람들 모두를 동맹으로 삼으려 하고 있는 노동자 대표 소비에트——은 '첫 번째 단계'의 8일간 완전하고 분명하게 모습을 드러냈다. 지금 나처럼 사태의 현장에서 아주 멀리 떨어져 있어 불충분한 외신 속

의 정당들의 중앙위원회 및 페트로그라드 위원회의 대표들을 끌어들이기 위한 조항이 만들어졌다. 사회주의혁명가당은 처음에는 소비에트를 조직하는 것을 반대하다가 나중에 V. A. 알렉산드로비치(Alexandrovich), V. M. 젠지노프(Zenzinov) 등을 대표로 파견했다.

페트로그라드 소비에트는 노동자와 병사의 기관임을 자임했으며, 1917년 6월 소비에트 1차 대회가 열리기 전까지 사실상 러시아 전체를 대표했다. 3월 1일(14일), 페트로그라드 소비에트 집행위원회는 F. F. 린데(Linde), A. I. 파데린(Paderin), A. D. 사돕스키(Sadovsky) 등 병사 대표들을 받아들여 확대되었다.

집행위원회 사무국은 치헤이제, 스테클로프, B. O. 보그다노프, P. I. 스투카(Stuka), P. A. 크라시코프(Krasikov), 그보즈됴프 등으로 구성됐다. 치헤이제와 케렌스키는 두마 위원회에 파견돼 소비에트를 대표했다.

2월 28일(3월 13일), 소비에트는 페트로그라드와 러시아 주민에게 보내는 성명을 발표했다. 이 성명은 인민에게 소비에트를 중심으로 결집하여 지방 행정을 처리하자고 촉구했다. 3월 3일(16일), 소비에트는 식량·군사·공공질서·언론 등 여러 위원회들을 조직했다. 언론위원회는 소비에트 기관인 《이즈베스티야 *Izvestia*》의 첫 편집진을 구성했는데, N. D. 소콜로프(Sokolov), 스테클로프, 수하노프, K. S. 그리네비치(Grinevich) 등이 참여했다. V. A. 바자로프(Bazarov)와 B. V. 아빌로프

보에 만족할 수밖에 없는 관찰자에게도 선명하게 보일 정도로 말이다.

하지만 여기에 대해서 더 자세하게 다루기 전에, 나는 가장 중요한 요소, 즉 제국주의 세계 전쟁을 언급하던 대목으로 돌아가야겠다.

전쟁은 교전하는 강대국들, 즉 자본주의 체제의 '두목들'이자 자본주의 노예 체제의 노예 소유주들인 교전하는 자본

(Avilov)는 얼마 후에 추가로 투입되었다.

집행위원회 회의에는 4차 두마의 모든 사회민주당 의원들, 병사위원회 대표 5명, 중앙 노동조합 사무국 대표 2명, 지구 소비에트들과 《이즈베스티야》 편집진 및 여타 조직들의 대표들이 자문 자격으로 참석했다.

소비에트는 지구 소비에트들을 조직하기 위해 특사들을 임명하고, 의용군을 조직하기 시작했다(노동자 1천 명당 자원자 100명을 받아들였다).

소비에트의 지도력을 타협주의자들이 장악하고 있었음에도 투쟁적인 노동자와 병사 들의 압박은 차르 체제의 관리들을 체포하고, 정치범을 석방하는 등 수많은 혁명적 조치들을 취할 수밖에 없게 만들었다.

3월 1일(14일), 소비에트는 '페트로그라드 수비대에 대한 명령 1호'를 발표했다. "이후 모든 군부대의 정치적 행동은 오직 소비에트의 지도를 받게 된다. 모든 무기는 중대 및 대대의 병사위원회가 관리한다. 두마 임시위원회의 명령은 소비에트의 명령과 상충되지 않을 때에만 따른다" 등을 포함한 이 명령은 군대를 혁명화하는 데 매우 큰 역할을 했다.

하지만 결정적인 시기인 3월 1일 밤, 소비에트 집행위원회의 타협적 지도자들은 자발적으로 권력을 부르주아에게 넘겨주었다. 그들은 부르주아와 지주의 대표로 구성된 임시정부를 지지했다. 이 사실은 해외에 알려지지 않았는데, 카데트보다 좌익적인 신문들의 해외 반출은 허용되지 않았기 때문이다. 레닌은 소비에트가 권력을 넘겨준 사실을 러시아에 돌아온 후에야 알았다.—원서 편집자

가 집단들을 쇠사슬로 서로 묶어버렸다. 피투성이가 된 하나의 덩어리——이것이 우리가 지금 겪고 있는 역사적 순간의 사회적·정치적 삶이다.

전쟁이 발발하자마자 부르주아지의 편에 선 사회주의자들, 독일의 다비트와 샤이데만, 러시아의 플레하노프, 포트레소프, 그보즈됴프 일당[11] 같은 자들은 혁명가들의 '환상', 바젤 선언[12]의 '환상', 제국주의 전쟁을 내전으로 전화시키자는 '우스꽝스러운 꿈'에 반대하며 오랫동안 시끄럽게 떠들어댔다. 그들은 자본주의가 힘과 끈기와 적응력을 보여주었다며 그것을 찬미하는 노래를 불렀다. 그들은 자본가들이 여러 나라의 노동계급을 '적응'시키고, 길들이고, 그릇된 길로 이끌고, 분열시키는 것을 도왔다!

그러나 "마지막에 웃는 자가 진정한 승자다." 부르주아지는

11 독일과 러시아 사회주의자들 가운데 대표적인 사회배외주의자들이다.——옮긴이

12 바젤 선언은 스위스 바젤에서 1912년 11월 24~5일에 열린 사회주의 인터내셔널 긴급 대회에서 채택한 전쟁에 관한 선언이다. 이 선언은 임박한 세계 제국주의 전쟁의 위협을 인민에게 경고하며, 이 전쟁의 약탈적인 목적을 폭로하고, 만국의 노동자들에게 자본주의적 제국주의에 "프롤레타리아트의 국제 연대의 힘"으로 맞서서 평화를 위해 단호히 투쟁할 것을 요구했다. 바젤 선언은 레닌이 정식화한 1907년 슈투트가르트 대회 결의의 요점, 즉 제국주의 전쟁이 일어날 경우, 사회주의자들은 전쟁으로 촉발된 경제적·정치적 위기를 활용하여 자본주의 계급 지배의 붕괴를 촉진시키고, 사회주의 혁명을 위해 투쟁해야 한다는 내용을 포함했다.——원서 편집자

전쟁이 불러일으킨 혁명적 위기를 오래 지연시킬 수 없었다. 그 위기는 최근 그 나라를 방문한 관찰자에 따르면 '뛰어나게 조직된' 기근으로 고통받고 있는 독일에서부터, 마찬가지로 기근이 닥치고 있지만 조직에는 훨씬 덜 '뛰어난' 영국과 프랑스에 이르기까지, 모든 나라에서 막을 수 없는 힘으로 성장하고 있다.

혁명적 위기가 차르의 러시아에서 가장 먼저 터져나온 것은 당연한 일이다. 러시아의 무질서가 가장 극심했고, 러시아 프롤레타리아트가 가장 혁명적이었기 때문이다(이는 어떤 특별한 자질 때문이 아니라, 1905년의 전통이 살아있었기 때문이다). 러시아와 러시아의 동맹국들이 연이어 극히 심각한 패배를 당하면서 이 위기는 더욱 심화되었다. 이 패배들은 낡은 정부 기구들과 낡은 질서를 통째로 뒤흔들고, 그것에 반대하는 **모든** 계급의 주민들의 분노를 불러일으켰다. 군대는 격분했으며, 완고한 귀족과 지독히 부패한 관료 분자들로 구성된 낡은 군 지도부는 대부분 제거되고, 주로 부르주아와 평민 지식인층[13]이거나 소부르주아 출신인 젊고 새로운 인력으로 대체되었다. 부르주아에 굴복하거나 그냥 줏대가 없던 탓에 '패전주의'에 반대하여 고함을 지르며 난리를 쳤던 자들은 이제 가장 후진적이고 야만적인 차르 제정의 패배와 불타오르는 혁명의 **시작**이 역사적

---

13 원문의 라즈노치네츠는 귀족 출신이 아닌 소시민 지식인층을 가리킨다.—옮긴이

으로 결합되어 있다는 사실에 직면하게 되었다.

　그러나 전쟁 초기의 패배들이 이 폭발을 촉진시키는 데 부정적인 요소로 작용했다면, 영국-프랑스 금융자본, 즉 영국-프랑스 제국주의와 러시아의 10월당[14]·카데트[15] 자본 사이의

14　10월당, 즉 '10월 17일 연맹'은 1905년 10월 17일(30일) 차르가 이른바 '10월 선언'을 반포한 후 결성된 반혁명적 정당이다. 이 당은 대부르주아와 자본주의적 방식으로 사유지를 경영하는 지주의 이해를 대변하고 옹호했다. 10월당의 지도자는 모스크바의 대공장주이며 부동산 소유주인 알렉산드르 구치코프와 부유한 지주인 미하일 로쟌코(Rodzyanko)였다. 10월당은 차르의 국내외 정책을 전적으로 지지했으며 1차 세계대전 중에 책임 있는 정부, 즉 부르주아와 지주가 신뢰할 수 있는 정부를 요구하는 가짜 야당 그룹인 '진보연합'에 가담했다. 10월당은 2월 혁명 후 집권당이 되어 사회주의 혁명을 막기 위해 할 수 있는 모든 일을 했다. 당의 지도자 구치코프는 초기 임시정부에서 전쟁장관을 지냈다. 10월에 사회주의 혁명이 일어나자 이 당은 소비에트 권력에 대항해 투쟁하는 주요 세력이 되었다.—원서 편집자

15　카데트는 군주제를 옹호하는 러시아 자유주의 부르주아의 주요 정당인 입헌민주당의 약칭이다. 1905년 10월에 설립되었고, 주로 자본가, 젬스트보 지도자, 지주, 부르주아 지식인으로 구성되었다. 저명한 지도자는 P. N. 밀류코프, S. A. 무롬체프(Muromtsev), V. A. 마클라코프(Maklakov), A. I. 신가료프, P. B. 스트루베, F. I. 로디체프(Rodichev) 등이었다. 카데트는 제국주의 부르주아의 당이 되었고, 1차 세계대전 중에는 차르 정부의 침략 정책을 적극 지지했으며, 2월 혁명 국면에서는 군주제를 구하려고 애썼다. 임시정부의 주도 세력으로서 카데트는 인민에게는 불리하지만 미국, 영국, 프랑스 제국주의에는 이익이 되는 반혁명 정책을 추구했다. 소비에트 권력에 대한 불구대천의 적으로서 카데트는 모든 무장 반혁명 행동과 외국의 개입 책동에 적극적인 역할을 했다. 반혁명 세력이 패배한 후 카데트 지도자들 대부분은 해외로 망명하여 계속 반소비에트 활동과 반혁명 활동을 했다.—원서 편집자

연계는 정말로 니콜라이 로마노프에 반대하는 **음모를 꾸밈으로써** 이 위기를 촉진시키는 요소가 되었다.

현재 정세에서 대단히 중요한 이런 측면을 누가 봐도 뻔한 이유로 영국-프랑스 언론은 쉬쉬하고, 독일 언론은 악의적으로 강조하고 있다. 우리 마르크스주의자들은 냉정하게 진실을 직시해야 한다. 거짓말들, 즉 제국주의 교전국들의 첫 번째 그룹의 외교관과 장관 들의 공식적인 달콤한 외교적 거짓말들에도, 다른 교전국 그룹에 속한 금융·군사적 겅생사들의 눈을 찡긋거리며 낄낄대는 태도에도 현혹되지 말아야 한다. 2~3월 혁명에서 사태의 모든 과정이 보여주는 바는 오랫동안 첩자와 '연줄'을 동원하여 니콜라이 2세(우리는 그가 최후의 차르이기를 바라며, 그렇게 되도록 노력할 것이다)와 빌헬름 2세가 '단독' 협정과 단독 강화를 맺는 것을 막으려고 필사적으로 노력해온 영국과 프랑스 대사들이 10월당과 카데트와 함께, 육군 및 상트페테르부르크 수비대의 일부 장군과 장교 들과 함께 특별히 니콜라이 로마노프의 **퇴위**를 목적으로 하는 음모를 직접 꾸몄다는 것이다.

어떠한 환상도 품지 말자. 그보즈됴프-포트레소프 노선[16]과 국제주의 사이에서 동요하며 너무나 자주 소부르주아 평화주의에 빠져들고 있을 뿐인 일부 **조직위원회** 지지자들이나 멘

---

16 사회배외주의를 말한다.—옮긴이

셰비키들처럼, 지금 노동자 당과 카데트의 '협정', 즉 전자의 후자에 대한 '지지' 등을 찬양할 준비가 되어 있는 사람들의 실수를 범하지 말자. 기계적으로 외운 낡은(결코 마르크스주의적이 아닌) 교리를 따라, 그들은 '우두머리 전사' 니콜라이 로마노프를 퇴위시키고, 그 자리에 더 활기차고 신선하며 더 유능한 전사들을 앉혀놓으려는 목적을 갖고 있는 영국-프랑스 제국주의자들과 구치코프들과 밀류코프들의 음모를 감추려 노력하고 있다.

혁명이 너무 빨리,——그냥 대충 겉으로 보기에는——너무 급진적으로 성공했다는 사실은 단지 극히 독특한 역사적 상황으로 인해 완전히 상이한 흐름들, 완전히 이질적인 계급 이해들, 완전히 대립되는 정치적·사회적 열망들이 하나로 합쳐졌다는, 그것도 굉장히 '조화롭게' 합쳐졌다는 사실 때문이다. 즉 제국주의 전쟁을 지속할 목적에서, 그 전쟁을 훨씬 더 격렬하고 집요하게 수행할 목적에서, 구치코프들에게 콘스탄티노플을, 프랑스 자본가들에게 시리아를, 영국 자본가들에게 메소포타미아 등을 주기 위해 수백만 러시아 노동자와 농민 들을 새로 더 학살할 목적에서 밀류코프, 구치코프 일당이 권력을 잡도록 충동질한 영국-프랑스 제국주의자들의 음모. 이것이 한쪽에 있다. 다른 쪽에는 **빵과 평화, 진정한 자유**를 위한 혁명적 성격의 굉장히 프롤레타리아적이고 굉장히 대중적인 운동(도시와 농촌의 인구 가운데 가장 가난한 부위 전체의 운동)이 존재한다.

러시아의 혁명적 프롤레타리아트가 카데트-10월당의 제국주의를 '지지'하고 있다고 말하는 것은 매우 어리석은 일이다. 그들의 제국주의는 영국의 돈을 '쳐발라' 만든 것이며, 차르의 제국주의만큼 혐오스러운 것이다. 혁명적 노동자들은 추악한 차르 **군주제**를 파괴하고 있었고, 이미 상당 부분 파괴했으며, 앞으로 그 기둥뿌리까지 파괴할 것이다. 이 짧고, 정세상 예외적인 역사적인 국면에서 황제를 **다른 황제로**──기왕이면 같은 로마노프 일가로!──교제하려는 뷰캐넌(Buchanan)[17] · 구치코프·밀류코프 일당의 투쟁에서 **도움을 받았다**는 사실에 기뻐하지도 실망하지도 않고 말이다.

상황은 그렇게, 오직 그런 방식으로 전개되었다. 진실을 두려워하지 않고, 이 혁명에서 사회 세력들의 힘을 냉정하게 저울질하며, 현재 상황의 모든 특징들뿐 아니라 더 근본적인 동기들, 즉 러시아와 전세계에서 프롤레타리아트와 부르주아지가 갖고 있는 더 깊은 이해관계라는 관점에서 시시각각 '현 국면'을 평가하는 정치가들은 그렇게, 오직 그런 방식으로 볼 수밖에 없었다.

페트로그라드 노동자들은 러시아 전체 노동자들과 마찬가지로 차르 제정에 맞서 헌신적으로 투쟁했다. 자유를 위해, 농민에게 토지를 주기 위해, **평화를 위해**, 제국주의 학살에 반대

---

17 1910년부터 1918년까지 러시아 주재 영국 대사를 지낸 조지 뷰캐넌 (1854~1924년)을 가리킨다.─옮긴이

하여 투쟁했다. 학살을 지속하고 더 강화하기 위해 영국-프랑스 제국주의 자본은 궁정 음모들을 획책하고, 수비대 장교들과 공모했으며, 구치코프들과 밀류코프들을 부추기고 격려하여 완전히 새로운 정부를 만들어놓았다. 이 정부는 프롤레타리아 투쟁이 차르 체제에 첫 타격을 가한 직후 실제로 권력을 잡았다.

이 정부에서 어제의 교수형 집행자 스톨리핀의 공범이었던 10월당과 평화혁신당[18]의 르보프와 구치코프가 진짜로 중요한 자리들, 핵심적인 자리들, 결정적인 자리들을 차지하고 군대와 관료를 장악하고 있다. 이 정부에서 밀류코프와 카데트 당원들은 감상적인 교수연하는 연설이나 하려고 거기 있는 장식물, 간판에 지나지 않으며, 트루도비키[19]인 케렌스키는 노동자와 농민을 기만하기 위한 발랄라이카[20] 역할을 하고 있다. 이 정부는 이런 인물들이 아무 의도 없이 모인 곳이 아니다.

그들은 러시아의 정치권력으로 부상한 새로운 계급의 대표

18 대부르주아와 지주 들이 만든 입헌군주제 지지 정당. 1906년 1차 두마가 해산된 후, 10월당 '좌파'와 카데트 '우파'가 결합하여 창당했다. 평화혁신당의 주요 지도자는 P. A. 헤이덴(Heiden), N. N. 르보프(Lvov), P. P. 랴부신스키(Ryabushinsky), M. A. 스타코비치(Stakhovich), Y. N. 트루베츠코이(Trubetskoi), G. N. 트루베츠코이(Trubetskoi), D. N. 시포프(Shipov) 등이었다. 당의 강령은 10월당과 유사했고, 활동 목적은 상공 부르주아와 자본주의 방식으로 사유지를 경영하는 지주의 이해를 보호하고 촉진하는 것이었다. 3차 두마에서 평화혁신당은 민주개혁당과 통합하여 진보 그룹을 만들었다.—원서 편집자

들이다. 이 자본주의적 지주와 부르주아 계급은 오랫동안 이 나라를 경제적으로 지배해왔고, 1905~7년 혁명 시기, 1907~14년의 반혁명 시기 동안, 그리고 마지막으로 1914~7년 전쟁 시기 동안에 특히 급속하게 정치적으로 조직되어, 지방정부, 공교육, 각급 의회, 두마, 전시산업위원회 등을 장악했다. 이 새로운 계급은 1917년에 이미 '거의 완전하게' 권력을 잡고 있었으며, 따라서 그들에게 필요한 것은 차르 체제를 쓰러뜨려 부르주아에게 길을 닦아줄 최초의 타격들뿐이었다. 엄청난 에너지를 소진시켜야 했던 제국주의 전쟁은 후진 러시아의 발전 과정을 가속화시켜, 우리는 '단숨에'(겉으로는 그렇게 보인다) 이탈리아와 영국을, 그리고 프랑스까지 거의 따라잡게 되었다. 우리는 '연립' 정부를, '국민적인'(즉 제국주의 학살을 계속 수행하고 인민을 속이기 위해 조정된) '의회' 정부를 손에 넣었다.

이 정부——현재의 전쟁과 관련해서 보자면 10억 달러짜리 '회사'인 '영국과 프랑스'의 대리인에 불과한 정부——와 나란히

19 나로드니키 경향의 농민과 지식인으로 구성된 소부르주아 민주주의 두마 의원단. 트루도비키 그룹은 1906년 4월, 1차 두마에 파견된 농민 의원들을 중심으로 하여 결성되었다. 두마에서 트루도비키는 카데츠와 사회민주주의자들 사이에서 계속 동요했다.
1차 세계대전 중에 사회혁명가당, 인민사회주의자당과 함께 트루도비키 당은 대부분 사회배외주의 입장을 취했다.—원서 편집자
20 발랄라이카는 러시아 민속악기로 기타와 비슷하게 생겼으며, 삼각형 몸통에 줄이 3개 달려 있다.—옮긴이

주요하지만 비공식적인, 아직 충분히 발전하지 못했고 상대적으로 허약한 **노동자의 정부**가 등장했다. 이 정부는 프롤레타리아트와 도시·농촌 인구 가운데 빈곤한 부위 전체의 이해를 대변한다. 이 정부가 페트로그라드 **노동자 대표 소비에트**다. 노동자 대표 소비에트는 병사와 농민과, 또 농업 노동자와 관계를 맺으려 모색하고 있는데, 당연히 농민보다는 농업 노동자와 특히 우선적으로 관계를 맺고자 한다.

이것이 실제 정치 상황이며, 우리는 이 정세를 최대한 객관적으로 정확하게 규정하려고 노력해야 한다. 마르크스주의자의 전술은 그것을 세울 수 있는 유일하게 견고한 기초, 즉 **사실**이라는 기초 위에서만 세워질 수 있기 때문이다.

차르 제정은 격파되었다. 하지만 완전히 파괴되지는 않았다.

10월당-카데트 부르주아 정부는 제국주의 전쟁을 '끝까지' 밀고 나가기를 원하며, 실제로 금융회사 '영국과 프랑스'의 대리인 역할을 하고 있다. 그러나 인민에 대한 권력을 유지하고 제국주의 학살을 계속하기 위해 인민에게 최대한의 자유와 빵을 약속할 수밖에 **없**다.

노동자 대표 소비에트는 노동자의 조직이다. 노동자 정부의 맹아이며, 주민 가운데 가난한 부위의 전체 대중, 즉 주민의 10분의 9에 이르는 **평화와 빵과 자유**를 얻기 위해 분투하는 부위의 이해를 대표한다.

지금 벌어지고 있는 상황, 즉 혁명의 첫 번째 단계에서 두 번째 단계로 이행하는 **과도적** 상황을 규정하는 것이 바로 이 세 세력들 간의 갈등이다.

첫 번째 세력과 두 번째 세력의 적대는 심각하지 않다. 그것은 일시적이며, 단지 상황의 현 국면, 제국주의 전쟁에서 사태가 급변한 데 따른 결과다. 새로운 정부는 **전반적으로** 군주제를 지지하고 있다. 케렌스키의 **말뿐인** 공화주의는 전혀 진지하게 받아들일 수 없는 것이고, 정치가의 말로 여길 만한 것도 되지 못하며, **객관적으로** 보았을 때 정치 술수에 불과하기 때문이다. 차르 제정에 최후의 일격을 가하지 않은 새로운 정부는 이미 지주인 로마노프 왕조와 흥정을 시작했다. 10월당-카데트 유형의 부르주아는 근로인민에 맞서 자본의 특권을 보호하기 위해 관료와 군대의 우두머리 역할을 해줄 군주제가 필요하다.

차르의 반동에 맞서는 투쟁을 위해 노동자들이 새 정부를 지지해야 한다고 말하는 자들은 그가 누구건(포트레소프들, 그 보즈됴프들, 치헨켈리들은 명확하게 이렇게 말하고 있으며, 대단히 애매모호하게 말하고 있긴 하지만 치헤이제 역시 마찬가지다) 노동자들의 배신자이며, 프롤레타리아트의 대의와 평화와 자유의 대의를 배신한 자다. 왜냐하면 제국주의 자본에, 전쟁과 약탈이라는 제국주의 정책에 이미 손발이 묶여 있는 바로 이 새로운 정부야말로 실제로 황실과 흥정을 (인민에게 물어보지도 않고!) 이미 시작하고 있으며, 차르 제정을 되살리기 위한 작업을 이미 벌이고 있으며, 미하일 로마노프(Mikhail Romanov)라는 새로운 차르 후보를 이미 구해놓고 있으며, 그의 옥좌를 확고히 다지고 (합법적인, 옛 법에 의해 유지되는) 정통 군주제를 보나파르트주의적인 (기만적인 인민의 투표에 의해 유지되는) 국민투표 군주제로 대체하려는 작업을 이미 구상하고 있기 때문이다.

아니다. 차르 제정에 대해 진정한 투쟁을 하려 한다면, 말 뿐이 아니라, 즉 밀류코프와 케렌스키의 그럴듯한 약속에 의해서가 아니라 정말로 자유를 보장받으려면 노동자들이 새로운 정부를 지지하는 것이 아니라, 정부가 노동자들을 '지지해야' 하는 것이다! 왜냐하면 자유를 보장하고, 차르 체제의 완전한 파괴를 보장하는 유일한 방법은 **프롤레타리아트를 무장시**키는 것, 노동자 대표 소비에트의 역할과 중요성과 권력을 강화하고 확대하고 발전시키는 것이기 때문이다.

그 외의 다른 모든 것은 공문구와 거짓말, 자유주의 진영과 급진 진영의 자기기만이자 부정한 속임수에 불과하다.

노동자의 무장을 지원하라. 아니면 적어도 방해하지는 마라. 그럼 러시아의 자유는 누구도 건드리지 못할 것이며, 군주제는 부활할 수 없을 것이고, 공화국은 안전할 것이다.

그렇지 않으면, 구치코프들과 밀류코프들은 군주제를 부활시키고, 자기들이 약속한 '자유'는 **조금도**, 절대로 조금도 허용하지 않을 것이다. 모든 부르주아 혁명에서 모든 부르주아 정치가들은 약속으로 인민을 '먹이고', 노동자들을 기만했다.

우리의 혁명은 부르주아 혁명이다. 따라서 노동자들은 부르주아를 지지해야 한다고 포트레소프들, 그보즈됴프들, 치혜이제들이 어제 플레하노프가 말했던 것처럼 말하고 있다.

우리 마르크스주의자들은 이렇게 말한다. 우리의 혁명은 부르주아 혁명이다. 따라서 노동자들은 부르주아 정치가들이 행하는 기만들을 바로 볼 수 있도록 인민이 눈을 뜨게 하고, 인민들에게 부르주아 정치가들의 말을 믿지 말고 오로지 자신의 힘, 자신의 조직, 자신의 단결, 자신의 무기에 의지해야 된다고 가르쳐야 한다.

10월당과 카데트의 정부, 구치코프들과 밀류코프들의 정부는 설령 그들이 진심으로 바란다 해도(하지만 구치코프와 르보프가 진심으로 그것을 바란다고는 삼척동자도 믿지 않을 것이다) 인민에게 빵도, 평화도, 자유도 줄 수 없다.

이 정부는 평화를 줄 수 없다. 이 정부는 전쟁 정부, 계속하여 제국주의 학살을 하기 위한 정부, 아르메니아·갈리치아·터키를 약탈하고, 콘스탄티노플을 합병하고, 폴란드·쿠를란트·리투아니아 등을 다시 정복하러 나간 약탈 정부기 때문이다. 이 정부는 영국-프랑스 제국주의 자본에 손발이 묶인 정부다. 러시아 자본은 수천억 루블을 굴리고 있는 '영국과 프랑스'라는 세계적인 '회사'의 대리점일 뿐이다.

이 정부는 빵을 줄 수 없다. 이 정부는 부르주아 정부이기 때문이다. 기껏해야 이 정부는 독일이 그랬던 것처럼 인민에게

'뛰어나게 조직된 기근'을 줄 수 있을 뿐이다. 하지만 인민은 기근을 받아들이지 않을 것이다. 인민은 빵이 있고, 빵을 가질 수 있다는 사실, 하지만 오직 **자본과 토지 소유권의 신성함을 존중하지 않는** 방식으로만 빵을 가질 수 있다는 사실을 아마도 굉장히 빨리 배울 것이다.

이 정부는 자유를 줄 수 없다. 이 정부는 인민을 두려워하며, 이미 로마노프 왕조와 흥정을 하기 시작한 지주와 자본가의 정부기 때문이다.

이 정부에 대한 우리의 즉각적 태도라는 전술의 문제는 다른 글에서 다룰 것이다. 거기에서, 우리는 혁명의 첫 번째 단계에서 두 번째 단계로 넘어가는 과도기인 현 상황의 특수성과, 이 순간의 슬로건, 즉 '오늘의 임무'가 왜 다음과 같은 것이 되어야 하는지 설명할 것이다. 노동자들이여, 동지들은 **차르 체제**에 대항하는 내전에서 프롤레타리아트 영웅주의, 인민의 영웅주의의 기적을 만들어왔다. 동지들은 혁명의 두 번째 단계에서 승리의 길을 준비하기 위해 조직의 기적, 프롤레타리아트 조직, 전체 인민 조직의 기적을 수행해야만 한다.

당장은 혁명의 지금 단계에서 계급투쟁과 계급 세력들의 배치를 분석하는 것에 머무르면서, 우리는 아직 '이 혁명에서 누가 프롤레타리아트의 **동맹자인가**'라는 물음에 답해야 한다.

프롤레타리아트에게는 두 개의 동맹 세력이 있다. 첫째는 광범위한 대중, 즉 수천만 명에 이르며 인구의 압도적 다수를 이루는 러시아의 준프롤레타리아들과 일부 소농 주민이다. 이 대중에게 빵, 자유, 토지는 필수적인 것이다. 이 대중이 어느 정도 부르주아, 특히 생활조건이 비슷한 소부르주아의 영향을 받아 부르주아와 프롤레타리아트 사이에서 동요하는 것은 어쩔 수 없는 일이다. 전쟁의 잔혹한 교훈, 그리고 구치코프, 르보프, 밀류코프 일당이 전쟁을 더 격렬하게 수행할수록 더욱 잔혹해질 그 교훈은 **필연적으로** 이 대중을 프롤레타리아트 쪽으로 떠밀어, 그늘이 프롤레타리아트를 따를 수밖에 없도록 만들 것이다. 우리는 이제 새로운 체제가 허락하는 상대적인 자유와 노동자 대표 소비에트를 활용하여 무엇보다도 먼저 이 대중을 **계몽하고 조직해야** 한다. 농민 대표 소비에트와 농업노동자 소비에트, 그것은 우리의 가장 긴급한 임무 가운데 하나다. 이와 관련하여 우리는 농업노동자가 독립된 소비에트를 세우도록 노력할 뿐 아니라, 토지가 없는 가장 가난한 농민이 부유한 농민으로부터 **독립적으로** 조직되도록 노력할 것이다. 이 특별한 임무와 긴급하게 필요한 특별한 조직 형태에 대해서는 다음 편지에서 다루도록 하겠다.

두 번째 러시아 프롤레타리아트의 동맹은 모든 교전국들 및 모든 국가 일반의 프롤레타리아트다. 현재 이 동맹은 전쟁 때문에 크게 억눌려 있다. 게다가 유럽의 사회배외주의자들——러시아의 플레하노프, 그보즈됴프, 포트레소프처럼 부르주아에게로 달아난 자들——은 너무나 자주 프롤레타리아트의 이름으로 말하고 있다. 하지만 제국주의 전쟁이 진행됨에 따라 프롤레타리아트는 한 달, 한 달 시간이 지날 때마다 그들의 영향으로부터 점차 벗어나고 있으며, 러시아 혁명은 필연적으로 이 과정을 엄청나게 촉진시킬 것이다.

이 두 동맹자와 함께 프롤레타리아트는 현재의 과도기 상황의 **특수성**을 활용하여 구치코프-밀류코프의 반(半)군주제 대신 민주공화국을 성취하고 농민이 지주에게 완전히 승리하는 길로, 그런 다음 전쟁에 지친 인민에게 **평화와 빵과 자유**를 줄 수 있는 **사회주의**로 나아갈 수 있고, 또 나아갈 것이다.

N. 레닌

| 1917년 3월 7일(20일) 집필

《프라우다》14·15호, 1917년 3월 21·22일

두 번째 편지
새 정부와 프롤레타리아트

오늘(3월 8일(21일)) 내 손에 들어온 제일 중요한 문서는 러시아 혁명에 관한 종합 보도가 실린 가장 보수적이고 부르주아적인 영국 신문 《더 타임스*The Times*》의 3월 16일자 한 부다. 구치코프와 밀류코프 정부에——좋게 말해서——이보다 더 우호적인 자료는 찾기 쉽지 않을 것이 분명하다.

이 신문의 특파원은 3월 1일(14일) 수요일 상트페테르부르크에서, 그러니까 1차 임시정부가 아직 존재하고 있던 시점, 즉 케렌스키와 치헤이제라는, 이 신문의 표현대로 하면 "사회주의자" 두 사람이 포함되고 로쟌코가 이끌던 13인 두마 집행위원회²¹가 존재하고 있던 시점에서 보도하고 있다.

"구치코프, 스타코비치, 트루베츠코이 공, 바실리예프 교수, 그림, 베르나드스키를 비롯한 상원(국가협의회)의 선출직 의원 22명으로 구성된 그룹은 어제 차르에게 전보를 보내" "왕조" 구원 등의 목적을 위해, 두마를 소집하고 "국민의 신임"을 받는 사람을 정부 수반에 임명해줄 것을 탄원했다. 이어서 특파원은 이렇게 말한다. "전보를 보낸 시점에는 황제가 오늘 도착해서 어떤 결정을 할 것인지는 알려지지 않았다. 하지만 한 가지는 확실하다. 황제 폐하가 충성스러운 신하들 가운데 가장 온건한 사람들의 소망을 즉시 들어주지 않는다면, 현재 제국 두마 임시위원회가 행사하는 영향력은 사회주의자들의 손으로 전부 넘어가고 말 것이다. 이들은 공화국 건설을 보고 싶어하지만, 어떠한 종류든 질서 있는 정부를 세울 능력은 없으며 필연적으로 나라를 안으로는 무정부 상태에, 밖으로는 참화 상태에 빠뜨릴 것이다……"

21 1917년 2월 27일(3월 12일), 국가협의회 의원들은 차르에게 수도에서 벌어지고 있는 심각한 상황에 주목하고 "조국과 왕조를 구하기 위해" 즉각적인 조치를 취해달라고 촉구하는 전보를 보냈다. 차르는 두마 의장 미하일 로쟌코에게 두마 해산 명령을 보내는 것으로 응답했다. 이 무렵 시위 군중들은 두마 의원들의 비공식 회의가 열리고 있는 두마 건물인 타브리다 궁을 둘러싸고 그곳으로 통하는 모든 길을 막고 있었다. 병사들과 무장한 노동자들이 건물을 점거하고 있었다. 이 상황에서 두마는 "페트로그라드의 질서를 유지하고 여러 기관과 개인들의 연락을 위해" 서둘러 임시위원회를 선출했다. 임시위원회는 우파인 바실리 슐긴과 블라디미르 르보프(평화혁신당을 세운 니콜라이 르보프의 동생으로 임시정부 초대 총리 게오르기 르보프 공작과는 다른 인물이다.—옮긴이), 10월당원인 세르게이 시들롭스키, 이반 드미트류코프, 로쟌코(두마 의장), 진보당인 블라디미르 르젭스키와 알렉산드르 코노발로프, 카데트인 밀류코프와 니콜라이 네크라소프, 트루도비키인 케렌스키와 멘셰비키 치헤이제로 구성되었다. 레닌은 이 두마 임시위원회를 1차 임시정부나 국가두마 임시정부라고 부르고 3월 1일(3월 14일) 밤, 두마 임시위원회와 페트로그라드 노동자·병사 대표 소비에트 집행위원회와 협정을 통해 탄생한 게오르기 르보프 공작을 수반으로 하는 임시정부를 2차 임시정부라고 부르고 있다.—원서 편집자

이 기사를 쓴 사람은 얼마나 정치적으로 총명하고 명석한가. 구치코프들과 밀류코프들의 이 영국인 동료(그들을 가르치는 사람은 아니다)는 계급들의 세력과 이해관계를 얼마나 잘 이해하고 있는가! "충성스러운 신하들 가운데 가장 온건한 사람들", 즉 군주제를 지지하는 지주와 자본가 들은 자신들의 손으로 권력을 잡기를 원하고 있으며, 그러지 않으면 "사회주의자들"의 손으로 "영향력"이 넘어갈 것이라는 사실을 정확히 알고 있다. 왜 다른 누가 아니라 "사회주의자들"인가? 이 영국인 구치코프주의자는 정치의 장에 다른 사회 세력이 존재하지 않고, 존재할 수도 없다는 사실을 잘 알고 있기 때문이다. 혁명은 프롤레타리아트가 만들었다. 혁명은 영웅적 모습을 보여주었다. 혁명은 피를 흘렸다. 혁명은 일하는 사람들과 가난한 사람들로 이루어진 가장 광범위한 대중을 끌어들였다. 혁명은 빵, 평화, 자유를 요구하고 있다. 혁명은 공화국을 요구하고 있다. 혁명은 사회주의를 지지한다. 하지만 구치코프와 밀류코프 들이 이끄는 한 줌의 지주와 자본가 들은 대다수의 의지 또는 노력을 배반하고, 비틀거리는 군주제와 거래하고, 군주제를 지지하고, 군주제를 구하고 싶어한다. 르보프와 구치코프를 임명해주십시오, 폐하, 그럼 우리는 인민에 맞서 군주제의 편에 서겠나이다. 그런 것이 새 정부 정책의 전체적 의미이자 요점이며 본질인 것이다!

하지만 인민을 기만하고, 우롱하며, 압도적인 주민 다수의 의지를 저버리는 것은 어떻게 정당화할 것인가?

그러려면 인민을 중상모략하는 수밖에 없다. 이것은 부르주아의 오래된, 그러나 늘 새로운 방법이다. 그래서 영국인 구치코프주의자는 비방하고, 호통치고, 사방으로 침을 튀기며 말한다. "안으로는 무정부 상태에, 밖으로는 참화 상태"에 빠질 것이며, "질서 있는 정부"는 불가능할 거라고!!

그것은 진실이 아니다, 구치코프주의자 선생! 노동자는 공화국을 원한다. 공화국은 군주제보다 훨씬 더 "질서 있는" 정부를 대표한다. 제2의 로마노프가 제2의 라스푸틴을 데려오지 않을 거라는 보장이 어디 있는가? 참화는 무엇보다 계속 전쟁을 하는 것 때문에, 즉 무엇보다 새 정부 때문에 일어나는 것이다. 농촌 노동자 및 농민과 도시민 가운데 극빈층의 지지를 받는 프롤레타리아 공화국만이 평화를 보장하고, 빵과 질서와 자유를 제공할 수 있다.

무정부 상태를 우려하는 온갖 외침들은 전쟁과 전시 공채를 통해 이익을 챙기기를 바라며 인민에 맞서서 군주제를 부활시키고 싶어하는 자본가들의 이기적인 이해를 감추고 있을 뿐이다.

"어제……" 특파원은 계속해서 말한다. "사회민주당은 매우 선동적인 성격의 성명을 발표하고, 그것을 도시 전역에 널리 유포했다. 그들(사회민주당)은 단지 원리주의자에 불과하지만, 지금과 같은 시기에 그들이 발휘하는 악영향은 엄청나다.

장교와 인민 가운데 좀 더 온건한 분자들의 지지 없이는 무정부 상태를 피하는 것을 기대할 수 없다고 인식한 케렌스키 씨와 치헤이제 씨는 보다 신중하지 못한 동료들을 고려해야만 하며, 부지불식간에 임시위원회의 과제를 복잡하게 만드는 태도를 취할 수밖에 없게 된다……."

오, 위대한 영국의 구치코프주의자 외교관이여! 당신이야말로 얼마나 "신중하지 못"하게 진실을 누설하고 있는가!

"케렌스키와 치헤이제"가 "고려해야만 하"는 "사회민주당"과 "신중하지 못한 동료들"이란 1912년 1월 협의회[22]에서 재건된 우리 당 중앙위원회나 상트페테르부르크 위원회[23]임이 분명하다. 이들은 '원리', 즉 사회주의의 기본, 원칙, 교의, 목표에 충실하다는 이유로 부르주아들이 항상 '원리주의자'라고 비난하는 바로 그 '볼셰비키'다. 명백히 이 영국인 구치코프주의자는 공화국, 평화, 차르 제정의 완전한 파괴, 인민이 먹을 빵을 위해 투쟁할 것을 촉구하는 우리 당의 성명[24]과 행동을 두고 선동적이고 원론주의적이라고 욕하고 있다.

인민이 먹을 빵과 평화를 달라는 것은 선동이고, 구치코프와 밀류코프에게 장관 자리를 주는 것은 '질서'인 것이다. 귀에 익은 오래된 이야기 아닌가!

그렇다면 영국인 구치코프주의자는 케렌스키와 치헤이제

---

22 1912년 1월 5~17일(18~30일)에 현 체코의 프라하에서 열린 러시아 사회민주노동당 제6차 전(全)러시아 협의회를 말한다.—옮긴이

의 전술을 어떻게 규정하고 있을까?

동요다. 한편으로 이 구치코프주의자는 그들을 칭찬한다. 그들은 군 장교들과 좀 더 온건한 분자들의 '지지' 없이는 무정부 상태를 피할 수 없다는 것을 '알고 있다.'(참 훌륭한 아이들이다! 똑똑한 아이들이다!) (그러나 우리는 항상 우리의 원리와, 우리의 사회주의 교의에 따라 인간 사회에 무정부 상태와 전쟁을 가지고 오는 것은 자

23 1917년 3월 9일(22일) 당시 러시아 사회민주노동당 중앙위원회 사무국은 안나 울리야노바-옐리자로바, 콘스탄틴 예레메예프, 블라디미르 잘레시스키, 표트르 잘루츠키, 미하일 칼리닌, 뱌체슬라프 몰로토프, 미하일 올민스키, 옐레나 스타소바, 마리아 울리야노바, 미하일 하하레프, 콘스탄틴 시예드치코프, 알렉산드르 실랴프니코프, 키릴 슈트코 등으로 구성되어 있었다. 3월 12일(25일)에 글레프 보키와 마트베이 무라노프가 추가되었고, 스탈린도 추가되었으나 발언권만 있을 뿐 투표권은 없었다. 러시아 사회민주노동당 페트로그라드 위원회는 1917년 3월 2일(15일) 회의를 통해 결성되어 비합법 위원회에서 일했던 인원 전부와 호선을 통해 새로 선출된 위원들로 구성되었다. 그 결과 보리스 아빌로프, 니콜라이 안티포프, 보리스 젬추진, 잘레시스키, 칼리닌, 니콜라이 코마로프, 레프 미하일로프, 몰로토프, 키릴 오를로프, 니콜라이 포드보이스키, 표트르 스투치카, 바실리 슈미트, 슈트코에다 중앙위원회 사무국 대표로 실랴프니코프가 페트로그라드 위원회를 구성했다.―원서 편집자

24 중앙위원회가 발표하고, 1917년 2월 28일(3월 13일) 페트로그라드 소비에트 기관지 《이즈베스티야》(1호)의 부록으로 배포된 「러시아 모든 시민에게 보내는 러시아 사회민주노동당의 성명서」를 말한다. 레닌은 1917년 3월 9일(22일) 조간 《프랑크푸르터 차이퉁》에 실린 축약본으로 이 성명서를 접했다. 다음 날, 레닌은 오슬로를 통해 페트로그라드의 《프라우다》에 다음과 같이 전보를 보냈다. "방금 중앙위원회 성명서 발췌본을 읽었음. 성공을 기원함. 평화와 사회주의의 선구자, 프롤레타리아 의용군 만세!"―원서 편집자

본가들이며, 오직 모든 정치권력을 프롤레타리아트와 가장 가난한 인민에게 넘기는 것만이 전쟁, 무정부 상태, 기아를 없앨 수 있다고 생각해왔다!) 다른 한편, 그들은 "신중하지 못한 동료들"을, 즉 볼셰비키, 중앙위원회가 재건하고 결속시킨 러시아 사회민주노동당을 "고려해야만" 한다.

어떠한 힘이 케렌스키와 치헤이제에게 자신들이 속한 적도 없고, 그들의 문필 대리인들(사회주의혁명가당[25], 인민사회주의당[26], 멘셰비키 조직위원회 지시사 등)이 항상 하잖은 지하서클로, 원리주

---

25 사회주의혁명가당('소치알리스티 레볼류치아네리', 약칭 '예세르')은 러시아의 소부르주아 정당이다. 1901년 말에서 1902년 초, 여러 인민주의 그룹 및 서클들의 통합으로 등장했다. 사회주의혁명가당의 관점은 인민주의와 수정주의 사상의 절충이었다. 레닌은 이 당을 두고 "마르크스주의에 대한 유행하는 기회주의적인 '비판'의 쪼가리들"로 "인민주의의 빈틈"을 메웠다고 말했다. 제국주의 전쟁 시기에 사회주의혁명가당 대부분은 사회배외주의적인 입장을 취했다. 1917년 2월 혁명이 승리하자 사회주의혁명가당은 멘셰비키·카데트와 함께 부르주아와 지주들이 주도하는 임시정부를 지지하고, 케렌스키·아브크센티예프·체르노프(Chernov) 등 당 지도자들은 임시정부에 참여했다. 사회주의혁명가당은 농민의 사유지 폐지 요구를 거부하고, 토지 사유제의 유지를 지지했다. 임시정부의 사회주의혁명가당 출신 장관들은 지주 사유지를 점령한 농민들에게 토벌대를 파견했다. 10월 혁명 직전에 사회주의혁명가당은 노골적으로 자본가들을 옹호한 탓에 혁명적 인민의 지지를 잃었다. 10월 혁명이 일어나자, 사회주의혁명가당은 분열되어 좌파는 소비에트 권력을 인정하고 볼셰비키와 연립정부를 구성했다. 그러나 브레스트리토프스크 조약 문제로 인해 연정은 붕괴되고 적대적인 관계가 되었다. 내전 시기 동안 사회주의혁명가당은 백군을 지지하며 소비에트 정부 및 공산당 지도자들에 대한 테러를 조직했다.—원서 편집자

의 종파 등으로 욕하고, 비난하고, 매도하는 볼셰비키 당을 "고려"할 "수밖에" 없이 만드는가? 혁명의 시기에, 대중 행동이 지배하는 시기에, 온전한 정신을 가진 정치인들이 "원리주의자"들을 "고려"해야 하는 경우가 언제, 어디에 나타난 적이 있었는가?

우리 불쌍한 영국인 구치코프주의자는 완전히 혼란에 빠져 있다. 이 사람은 논리적인 주장을 내놓지도 못했으며, 완전한 거짓을 말하는 데도, 완전한 진실을 말하는 데도 실패했다. 그저 자기 본심을 드러냈을 뿐이다.

케렌스키와 치헤이제는 중앙위원회의 사회민주당이 프롤레타리아트에게, 대중에게 행사하는 영향력 때문에 그들을 고려할 수밖에 없다. 우리 당은 멀리로는 1914년에 두마 의원들이 체포되고 시베리아 유형에 처해졌음에도 불구하고, 전쟁과 차르 체제에 반대하는 전시의 지하활동 때문에 상트페테르부

26 인민사회주의당(약칭 '예네스')은 1906년 사회주의혁명가당 우파가 만든 소부르주아 정당이다. 이 당은 카데트와 연합을 지지했는데, 레닌은 사회주의혁명가당과 카데트 사이에서 동요하는 이들을 "사회카데트", "소시민 기회주의자들", "사회주의혁명가당의 멘셰비키"라고 부르며, 공화국과 토지에 대한 요구를 강령에서 뺐기 때문에 이 당은 카데트와 전혀 다를 바가 없다고 주장했다. 이 당의 지도자는 알렉세이 페셰호노프, 니콜라이 아넨스키, 베네딕트 먀코틴 등이었다. 1차 세계대전 동안, 인민사회주의당은 사회배외주의 입장을 취했다. 2월 혁명 이후 인민사회주의당은 트루도비크와 통합하여 부르주아 임시정부를 지지했다. 10월 혁명 이후, 소비에트 정부 반대 활동을 하다가 내전 시기에 소멸되었다.—원서 편집자

르크 위원회가 겪은 가혹한 탄압과 체포에도 불구하고, 대중과 함께, 혁명적 프롤레타리아트와 함께 있었다는 사실이 확인되었다.

영국 속담이 말하는 대로 '사실이란 완고한 것이다.' 그 속담을 상기해보시오, 존경해 마지않는 영국인 구치코프주의자 양반! 혁명의 위대한 나날에 우리 당이 상트페테르부르크 노동자들을 인도했고, 적어도 헌신적으로 지원했다는 것은 영국인 구치코프 추종자 '본인'도 인정할 수밖에 없었던 사실이다. 또 그는 케렌스키와 치헤이제가 부르주아와 프롤레타리아트 사이에서 동요하고 있다는 사실 역시 인정할 수밖에 없었다. 그보즈됴프 추종자들, '방위주의자들', 즉 사회배외주의자들, 즉 제국주의와 약탈 전쟁을 옹호하는 자들은 이제 완벽히 부르주아를 추종하고 있다. 케렌스키도 내각, 즉 2차 임시정부에 입각함으로써 부르주아 편으로 완전히 넘어갔다. 치헤이제는 그렇지는 않지만, 부르주아의, 구치코프들과 밀류코프들의 임시정부와 프롤레타리아트와 인민 가운데 가장 가난한 대중들의 '임시정부', 즉 노동자 대표 소비에트와 중앙위원회로 단결한 러시아 사회민주노동당 사이에서 계속 동요하고 있다.

그 결과 혁명은, 우리가 노동자들에게 노동계급 운동의 주요 정당 및 주요 경향 들과 소부르주아의 그것들 사이의 계급 차이를 명확하게 깨달아야 한다고 촉구했을 때, 우리가 특별히 강하게 주장한 것——예를 들어 거의 18개월 전인 1915년

10월 3일, 제네바에서 발행하던 《사회민주주의자》 47호에서 우리가 썼던 것──이 무엇인지를 확인해주었다.

지금까지 그랬듯 우리는 사회민주주의자가 민주주의적 소부르주아지와 함께 임시 혁명정부에 참가하는 것을 허용할 수 있다고 생각하지만, 혁명적 배외주의자와는 함께할 수 없다.

우리가 혁명적 배외주의자라고 함은 독일에 대한 승리를 이루기 위해, 타국을 약탈하기 위해, 그리고 러시아의 타민족들에 대한 대러시아인의 지배를 강화하기 위해 차리즘에 대해 승리하기를 원하는 자들을 말하는 것이다. 혁명적 배외주의는 소부르주아지의 계급적 지위에 근거를 두고 있다. 소부르주아지는 언제나 부르주아지와 프롤레타리아트 사이에서 왔다갔다 동요한다. 지금은 배외주의(민주주의 혁명의 의미에서조차 소부르주아지가 일관되게 혁명적으로 되는 것을 막고 있는)와 프롤레타리아 국제주의 사이에서 동요하고 있다. 현재 트루도비키, 사회주의혁명가당, 《나샤 자리야》, 치헤이제 파 의원단, 조직위원회, 플레하노프 씨 등이 러시아에서 이 소부르주아지의 정치를 대변하고 있다.

러시아에서 혁명적 배외주의자들이 승리하는 경우에 우리는 현 전쟁에서 그들의 '조국'을 방위하는 것에 반대할 것이다. 우리의 슬로건은 다음과 같다. 혁명적이고 공화주의적이라 하더라도 배외주의자라면 우리는 반대한다. 그들에 반대하고, 사회

주의 혁명을 위한 국제 프롤레타리아트의 동맹에 찬성한다.[27]

다시 영국인 구치코프주의자에게로 돌아가보자.

그는 계속해서 이렇게 쓰고 있다. "위험을 예견했음에도 제국 두마의 임시위원회는 장관들을 체포하려는 원래의 계획을 고의로 실행에 옮기지 않았다. 어제 아무런 어려움 없이 그렇게 할 수 있었는데도 말이다. 따라서 협상을 위한 문은 열려 있고, 그 덕분에 우리(`우리`=영국 금융자본과 제국주의)는 코뮌의 무서운 시련과 내전의 무정부 상태를 겪지 않고도 새로운 체제가 주는 모든 혜택을 얻게 될지 모른다……."

구치코프 추종자들은 자기들이 혜택을 얻는 내전은 지지했지만, 인민, 즉 근로인민의 실질적 다수가 혜택을 얻는 내전에는 반대하고 있다.

전국을 대표하는 임시위원회(지주와 자본가의 4차 두마 위원회에 대해 이렇게 이야기한다는 걸 생각해보라!)와 순전히 계급 이해만을 대표(이것은 언뜻 듣고 배운 말들은 있지만 노동자 대표 소비에트가 프롤레타리아트와 빈민, 즉 주민의 10분의 9를 대표한다는 사실은 감추고 싶어하는 외교관의 언어다)하면서도 지금 같은 위기에서 엄청난 권력을 휘두르고 있는 노

27 인용된 글은 레닌의 「몇 가지 테제Several Theses」(본 전집 60권 『사회주의와 전쟁』에 수록―편집자)다.―원서 편집자

동자 대표 소비에트 사이의 관계는 그 둘 사이에 충돌이 일어
날 가능성──그 결과는 형언할 수 없을 정도로 끔찍할 것이
다──을 주의하고 있는 합리적인 사람들 사이에 적지 않은 불
안을 불러일으키고 있다.

다행히 적어도 지금으로서는("적어도"에 유념하라!) 케렌스
키 씨의 영향력 덕택에 이 위험은 피하고 있다. 뛰어난 연설 능
력을 갖춘 젊은 변호사인 그는 자신의 노동자 유권자들의 이익
을 위해(즉 노동자들의 표를 얻기 위해, 노동자들과 시시덕거리
기 위해) 위원회와 함께 일할 필요성을 명확히 인식하고 있다
(이 구치코프주의자에 따르면 역시 그것을 "인식"했지만 케렌
스키처럼 명확하게 인식하진 못했던 것이 분명한 치헤이제와는
달리?). 만족스러운 협정[28]이 오늘(3월 1일(14일) 수요일) 체결되
었다. 그로 인해 불필요한 마찰을 모두 피하게 될 것이다.

이 협정이 무엇인지, 이것이 노동자 대표 소비에트 전체의
의사로 체결된 것인지, 조건은 어떤지 우리는 모른다. 이 중요
한 점에 대해 영국인 구치코프주의자는 아무것도 말하지 않는
다. 이상할 것 없다! 이 조건들을 명확하게, 정확하게 밝히고

---

28 1917년 3월 1일(14일) 밤 두마 임시위원회와 페트로그라드 소비에트 집
　　행위원회의 사회주의혁명가당 및 멘셰비키 지도부 사이에 체결된 협정
　　을 가리킨다. 이들은 자발적으로 부르주아에게 권력을 넘기고 두마 임
　　시위원회가 멋대로 임시정부를 구성할 권력을 주었다.─원서 편집자

모두에게 알리는 것은 부르주아의 이익에 맞지 않는다. 그러면 부르주아가 그 조건들을 어기기가 더 어려워지기 때문이다!

* * *

이미 앞의 글들을 써놓은 상황에서 나는 아주 중요한 기사 두 편을 읽었다. 첫 번째는 저 가장 보수적이고 부르주아적인 파리 신문 《르 탕*Le Temps*》[29] 3월 20일자에 실린 것으로, 새 정부에 대한 '지지'를 호소하는 노농자 대표 소비에트의 성명[30]이다. 두 번째는 베를린의 신문(《나치오날 차이퉁*National Zeitung*》[31])에 실렸다가 취리히의 신문(《노이에 취리허 차이퉁》[32], 3월 21일자, 정오

---

29 1861년부터 1942년까지 파리에서 발행된 일간지. 이 신문은 지배층을 대변했으며, 사실상 프랑스 외무부의 기관지였다.—원서 편집자

30 노동자·병사 대표 소비에트 집행위원회의 성명은 르보프 공작을 수반으로 하는 임시정부 수립이 공표된 것과 동시에 1917년 3월 3일(16일)자 《이즈베스티야》 4호에 게재되었다. 집행위원회 가운데 사회주의혁명 가당과 멘셰비키 위원들이 쓴 이 성명은 새 정부가 "그 임무를 수행하고 구체제에 맞서 단호한 투쟁을 하는 한" 민주 세력은 새 정부를 지지할 것이라고 선언했다. 이 성명은 3월 1일(14일) 집행위원회가 "민주 대표들을 정부에 파견하지 않기로" 결정했다는 점을 고려하여 소비에트가 케렌스키에게 새 정부에 참여할 권한을 주었다는 사실을 언급하지 않았다. 《르 탕》은 특파원의 속보로 이 소식을 보도했다. 3월 2일(15일), 소비에트는 "소수파의 항의를 무릅쓰고" 케렌스키가 법무장관으로 정부에 입각하는 것을 승인했다.—원서 편집자

31 1848년부터 1938년까지 베를린에서 발행된 부르주아 신문이다. 1914년부터는 《아흐트우르 아벤트블라트*Acht-Uhr Abendblatt*》('8시 석간'이라는 뜻—옮긴이)라는 이름으로 발행되었다.—원서 편집자

판 1면)에 인용된 3월 1일(14일) 스코벨레프의 두마 연설 발췌문
이다.

프랑스 제국주의자들이 왜곡하지 않았다면 노동자 대표
소비에트의 성명은 제일 주목할 만한 문서다. 이 성명은 적어도
그것이 발표된 시점에는 상트페테르부르크 프롤레타리아트가
소부르주아 정치인들의 지배적인 영향 아래 놓여 있었다는 것
을 보여준다. 이미 앞에서 언급한 것처럼 내가 이런 정치인의
범주에 케렌스키와 치헤이제 유형의 인물들을 포함시키고 있
다는 사실을 여러분은 기억할 것이다.

이 성명에서 우리는 두 개의 정치사상과 그에 상응하는 두
개의 슬로건을 발견하게 된다.

첫째, 이 성명은 정부(새로운 정부)가 "온건파들"로 구성되어
있다고 말한다. 이는 전혀 완전하지 않은 이상한 묘사로, 조금
도 마르크스주의적이지 못하고 순전히 자유주의적이기만 한
묘사다. 나 역시 어떤 의미에서는——정확히 어떤 의미인지는
다음 편지에서 밝힐 것이다——이제 혁명의 첫 번째 단계가 완
결되면서 모든 정부가 "온건"해질 수밖에 없다는 점에 동의할
의사가 있다. 하지만 이 정부가 제국주의 전쟁을 계속하고 싶
어한다는 사실, 영국 자본의 대리인이라는 사실, 군주제를 부

---

32 '새로운 취리히 신문'이라는 뜻. 1780년에 창간한 부르주아 신문이다.
1821년까지는 《취리히 차이퉁》이라는 이름으로 발행되었다. 현재 독일
어권 스위스에서 가장 유력한 신문이다.—원서 편집자

활시키고 지주와 자본가의 지배를 강화하고 싶어한다는 사실을 우리 자신과 인민에게 감추는 것은 절대로 용납할 수 없다.

이 성명은 모든 민주주의자들은 새로운 정부를 "지지"해야 하고, 노동자 대표 소비에트는 케렌스키의 임시정부 입각을 요청하고 승인한다고 선언한다. 그 조건들은 다음과 같다. 전쟁 중이라도 이미 약속된 개혁을 실행할 것, 민족들의 "자유로운 문화"(그것만?) 발전을 보장할 것(완전히 카데트다운, 지독하게 자유주의적인 강령), 임시정부 활동을 감독하기 위한 노동자 대표 소비에트의 구성원과 "병사들"로 이루어진 특별위원회를 설립할 것.[33]

두 번째 범주의 사상과 슬로건에 들어가는 이 감시위원회에 대해서는 나중에 따로 이야기하겠다.

러시아의 루이 블랑(Louis Blanc)인 케렌스키의 임명과 새

---

[33] 외국 언론은 페트로그라드 소비에트가 임시정부를 감독하기 위해 특별 기구를 조직했다고 보도했다. 이 보도를 근거로 하여 레닌은 처음에 이 통제기구의 조직을 환영했지만, 그것이 기대에 부응할지 말지는 오직 경험만이 보여줄 것이라고 지적했다. 실제로 3월 8일(21일) 집행위원회가 임시정부의 활동에 '영향력을 행사'하고 '통제'하기 위해 만든 이른바 연락위원회는 단지 임시정부가 소비에트의 신망을 이용하여 반혁명 정책을 포장하는 것을 도왔을 뿐이다. 연락위원회는 스코벨레프, 니콜라이 수하노프, 유리 스테클로프, 바실리 필리포스키, 치헤이제로 구성되었고, 나중에 체르노프와 이라클리 체레텔리가 합류했다. 이 연락위원회는 권력을 소비에트로 넘기기 위한 대중들의 적극적인 혁명 투쟁을 가로막는 역할을 했다. 이 위원회는 1917년 4월 해산했고, 업무 인수는 페트로그라드 소비에트 집행위원회 사무국이 했다.—원서 편집자

정부에 대한 지지 호소는 혁명의 대의와 프롤레타리아트의 대의를 배신한 고전적인 예라고 할 수 있을 것이다. 이런 배신은 그 정책의 지도자와 지지자 들이 사회주의에 대단히 진지하게 헌신했을 수도 있다는 사실과 무관하게 19세기의 수많은 혁명들의 운명을 결정지었다.

프롤레타리아트는 전쟁 정부, 복고 정부를 지지할 수도, 지지해서도 안 된다. 반동과 싸우려면, 로마노프 일가와 그 친구들이 군주제를 부활시키고 반혁명적 군대를 끌어모으려고 할 수 있다고 예상되는 모든 시도들을 저지하려면, 구치코프 일당을 지지하는 것이 아니라 **프롤레타리아** 의용군을 **조직하고** 확대하고 강화하는 것, 노동자의 지도 아래 인민을 무장시키는 것이 필요하다. 이런 주요하고 근본적이고 급진적인 장치 없이는, 군주제 복고와 약속된 자유를 취소하거나 축소하려는 시도들에 진지하게 저항하는 것도 불가능하고, 인민에게 **빵,** **평화,** 자유를 주는 길로 단호하게 나아가는 것도 불가능하다.

만약 케렌스키와 함께 1차 임시정부(13인 두마 위원회)에 속했던 치헤이제가 앞에 언급한 것 또는 비슷한 성격의 원칙적 고려 때문에 2차 임시정부에 참여하지 않았다는 게 사실이라면, 칭찬할 만하다. 그 점은 솔직하게 얘기해야 할 것이다. 그러나 유감스럽게도 그런 해석은 사실과, 특히 치헤이제와 항상 붙어다니는 스코벨레프의 연설과 모순된다.

앞에서 언급된 보도가 믿을 만한 것이라면, 스코벨레프

는 이렇게 말했다. "사회(? 분명 사회민주주의를 말하는 것이리라) 그룹과 노동자들은 임시정부의 목표에 조금밖에 공감하지 않고 있다(거의 공감하지 않고 있다)", 노동자들은 평화를 요구하고 있다, 전쟁이 계속되면 봄쯤에는 어차피 참화가 벌어질 것이다, "노동자들은 그들의 정치적 목표가 하늘과 땅이 떨어져 있는 만큼이나 사회의 목적과 동떨어져 있음에도 불구하고, 사회(자유주의 사회)와 일시적 협정(eine vorläufige Waffenfreundschaft)을 체결했다, "자유주의자들은 무의미한 (unsinnige) 전쟁의 목표들을 버려야만 한다" 등.

이 연설은 우리가 앞서 《사회민주주의자》의 발췌문에서 부르주아와 프롤레타리아트 사이의 "동요"라고 부른 것의 한 예다. 자유주의자들은 자유주의자로 남아 있는 한 전쟁의 '무의미한' 목표들을 '버릴' 수 없다. 이 목표들은 그들이 결정한 것이 아니라, 수천억 달러를 주무르는 세계적으로 강력한 세력인 영국-프랑스 금융자본이 정한 것이다. 과제는 자유주의자들을 '달래는'것이 아니라, 자유주의자들이 막다른 골목에 다다른 이유, 그들의 손발이 묶여 있는 이유, 그들이 차르 체제와 영국 등 외국들과 체결한 조약 및 러시아 자본과 영국-프랑스 자본 사이에 이루어진 거래들을 모두 감추고 있는 이유 등을 노동자들에게 설명하는 것이다.

스코벨레프는 노동자들이 자유주의 사회와 어떤 성격의 것이든 협정을 체결했다고 말하지만, 그가 그 협정에 항의하지 않았고, 두마 연단에서 그것이 노동자들에게 얼마나 해로운지 설명하지 않았기 때문에, 그것으로 그 협정을 인정한 것이다. 그것이야말로 그가 해서는 안 되는 일이다.

스코벨레프가 직접적이든 간접적이든, 공개적으로든 암묵적으로든 노동자 대표 소비에트와 임시정부 사이의 협정을 승인하는 것은 그가 부르주아 쪽으로 기운다는 의미다. 반면 스코벨레프가 노동자가 평화를 요구하고 있고, 그들의 목표가 자유주의자들의 목표와 하늘과 땅만큼 동떨어져 있다고 말한다면 그것은 그가 프롤레타리아트 쪽으로 기운다는 뜻이다.

순수하게 프롤레타리아적이고, 진정으로 혁명적이며, 구상에서 완전히 올바른 것은 우리가 검토 중인 노동자 대표 소비에트의 선언에서 두 번째 정치사상으로, 바로 프롤레타리아·병사가 임시정부를 감시하는 '감독위원회'(러시아어로 이렇게 부르는 건지 모르겠다. 내가 프랑스어에서 멋대로 번역한 것이기 때문이다)를 설립한다는 생각이다.

자, 이것은 정말 실질적인 것이다! 이것은 자유, 평화, 인민을 위한 빵을 요구하며 피를 흘린 노동자들이 할 만한 것이다. 이것은 차르 체제에, 군주제에, 군주제 지지자인 구치코프, 르보프 일당에 대항하는 실질적인 보장으로 가는 실질적인 한 걸음이다! 이것은 러시아 프롤레타리아트가 많은 결점을 갖고 있다고 하더라도 1848년의 프랑스 프롤레타리아트보다 전진하고 있다는 신호다. 그때 프랑스 프롤레타리아트는 루이 블랑을 '인정'하고 말았던 것이다! 이것은 프롤레타리아 대중의 본능과 정신이 연설들에, 큰 목소리들에, 개혁과 자유의 약속에, '노동자들이 승인한 장관'이라는 직함과 비슷한 허명들에 만족하지 않고, 오직 지지를 찾을 수 있는 곳에서, 즉 프롤레타리아트, 계급의식적인 노동자들이 조직하고 지도하는 무장한 인민 대중 속에서만 지지를 구하고 있다는 증거다.

이것은 올바른 길을 따라가는 한 걸음이다. 하지만 단지 첫걸음일 뿐이나.

만일 이 '감독위원회'가 순수하게 정치적인 유형의 의회 기구, 즉 임시정부에 '질문을 던지고' 응답을 받는 위원회에 머무른다면, 그것은 장난감에 불과할 것이며, 아무런 문제도 되지 않을 것이다.

그러나 감독위원회가 모든 방해물에도 불구하고 **노동자 민병대** 또는 **노동자 의용군**을 즉시 설립하고, 여기에 전 인민, 모든 남녀를 망라한다면, 그것은 근절되고 해체된 경찰력을 대체할 뿐 아니라, 상트페테르부르크나 러시아 다른 어떤 곳에서도 입헌군주제든 민주공화제든 어떤 정부도 그것을 복원할 수 없게 만들 것이다. 그때 러시아의 선진 노동자들은 새롭고 위대한 승리로 나아가는 길, 전쟁에 승리의 거두고 신문 보도에 따르면 상트페테르부르크에서 국가두마 광장에서 시위를 벌이는 기병대의 깃발들을 장식하고 있다는 저 슬로건을 실현하는 길로 나아갈 것이다.

"만국의 사회주의 공화국 만세!"

이 노동자 의용군에 대한 생각은 다음 편지에서 밝히겠다.

그 편지에서, 나는 한편으로 모든 인민을 포괄하며 노동자들이 이끄는 의용군의 설립이 러시아 혁명(그리고 세계 혁명)이 겪고 있는 특수한 이행 국면의 전술적 과제에 부합하는 오늘의 올바른 슬로건이라는 것을 보여주려고 노력할 것이다. 그리고 다른 한편, 그것이 성공적이기 위해서는 이 노동자 의용군은 우선 모든 인민을 포괄해야 하고, **보편적이** 될 정도로 대중조직이 되어야 하며, 신체 건강한 남녀 주민 전체를 실제로 포괄해야만 한다는 것, 둘째로 그것은 순수한 경찰 기능뿐 아니라 일반적인 국가 기능에 군사 기능 및 사회적 생산과 분배에 대한 통제까지 결합하는 방향으로 나아가야 한다는 것을 보여줄 것이다.

N. 레닌

1917년 3월 9일(22일), 취리히에서

추신: 지난 편지에서 3월 7일(20일)이라고 날짜 쓰는 것을 잊어버렸음.

세 번째 편지
프롤레타리아 의용군에 대하여

어제 내가 치혜이제의 동요하는 전술에 대해 내린 결론은 오늘, 즉 3월 10일(23일) 두 가지 문서로 완벽하게 확인되었다. 첫 번째 문서는 스톡홀름 발 전신으로 발송되어 《프랑크푸르터 차이퉁*Frankfurter Zeitung*》[34]에 실린 보도 기사다. 이 기사는 우리 당, 즉 러시아 사회민주노동당 중앙위원회가 상트페테르부르크에서 발표한 성명서를 발췌해서 싣고 있다. 이 문서는 구치코프 정부를 지지하자거나 타도하자는 이야기는 일언반구도 하지 않는다. 단지 노동자와 병사 들에게 차르 체제에 반대하고 공화국을 지지하는 투쟁을 위해, 8시간 노동을 위해, 토지와 곡물의 몰수를 위해, 무엇보다 약탈 전쟁을 끝장내기 위해 소비에트를 중심으로 결집하여 대표자를 선출하자고 요구하고 있을 뿐이다. 이와 관련하여 특히 중요하고 특히 긴급한 것은, 평화를 쟁취하기 위해서는 모든 교전국들의 프롤레타리아

---

34 1856년부터 1943년까지 프랑크푸르트-암-마인에서 발행됐던 독일 부르주아 일간지다. 1949년 《프랑크푸르터 알게마이네 차이퉁*Frankfurter Allgemeine Zeitung*》이라는 이름으로 복간되었다.— 원서 편집자

들과 관계를 수립해야 한다는 우리 중앙위원회의 절대적으로 올바른 생각이다.

부르주아 정부들 사이의 협상이나 대화를 통해 평화를 얻을 수 있다고 기대하는 것은 자신을 기만하고 인민을 기만하는 짓이다.

두 번째 문서 역시 스톡홀름에서 전신으로 보내져 다른 독일 신문(《포시셰 차이퉁*Vossische Zeitung*》[35])에 실린 기사인데, 3월 2일(15일), 두마의 치혜이제 파와 노동자 그룹(Arbeiterfraktion), 15개 노동조합 대표들의 회의와 그 다음 날 발표된 성명에 대한 보도다. 기사 전문은 그 성명의 11개항 가운데 세 가지만 전하고 있다. 1항 공화국 요구, 7항 평화와 즉각적인 평화 교섭 요구, 3항 "러시아 노동계급 대표들이 합당한 수준으로 정부에 참여할 것"의 요구다.

이 보도가 올바른 것이라면, 나는 왜 부르주아가 치혜이제를 찬양하는지를 알 수 있다. 내가 다른 곳에서 인용했던《더 타임스》에 실린 영국인 구치코프 추종자의 찬양에 이어, 왜 《르 탕》에서 프랑스인 구치코프 추종자의 찬양이 울려퍼졌는지 이유를 알 수 있다. 프랑스 백만장자들과 제국주의자들을 대변하는 이 신문은 3월 22일 이렇게 썼다. "노동자 정당의 지도자들, 특히 치혜이제 씨 같은 사람들은 노동계급의 희망들

---

35 베를린에서 1704년부터 1934년까지 발행됐던 온건 자유주의 신문이다.—원서 편집자

을 온건하게 조정하기 위해 자신들이 지닌 모든 영향력을 행사하고 있다."

노동자들에게 구치코프-밀류코프 정부에 '참여'하라고 요구하는 것은 이론적으로든 정치적으로든 실로 어리석기 짝이 없는 짓이다. 소수로 참여하는 것은 볼모 역할을 하는 것을 의미한다. '동등한 자격'으로 참여하는 것은 불가능한데, 계속 전쟁을 하자는 요구는 휴전 협정을 체결하고 평화 교섭을 시작하자는 요구와 양립할 수 없기 때문이다. 다수로 '참여'하는 것은 구치코프-밀류코프 정부를 타도할 힘을 필요로 한다. 실제로 '참여' 요구는 최악의 루이 블랑주의다. 그것은 계급투쟁과 계급투쟁이 벌어지고 있는 현실 상황을 망각하는 것이며, 공문구에 현혹되는 것이며, 노동자들 사이에 환상을 유포하는 것이며, **진정으로 계급적이고 혁명적인 세력인 프롤레타리아 의용군을 건설하는 데 써야 할 귀중한 시간을** 밀류코프나 케렌스키와의 협상에 낭비하는 것이다. 프롤레타리아 의용군은 전체 주민의 커다란 다수를 이루는 모든 빈곤 계층들 전체의 신망을 얻을 수 있을 것이며, 빈곤 계층들이 스스로를 조직하도록 하여 그들이 빵, 평화, 자유를 위한 투쟁에 나서도록 도울수 있을 것이다.

치헤이제와 그의 그룹(나는 지금 O. C., 즉 조직위원회 당파를 이야기하는 것이 아니다. 내가 얻을 수 있는 자료들에는 O. C.에 대해서는 한 마디도 나오지 않기 때문이다)이 발표한 성명의 이런 오류는 스코벨레프가 한 말을 생각해보면 더더욱 이상하다. 이 신문 보도에는 치혜이제의 가장 긴밀한 협력자인 스코벨레프가 3월 2일 (15일) 회의에서 "러시아는 두 번째의, 진정한(wirklich) 혁명의 전야에 있다"고 말했다고 적혀 있기 때문이다.

그 말은 진실이다. 그러나 스코벨레프와 치혜이제는 그로부터 실천적 결론을 내리는 것을 잊었다. 이곳에서는, 이 빌어먹을 먼 곳에서는 그 두 번째 혁명이 얼마나 가까이 왔는지 판단할 수 없다. 스코벨레프는 거기에, 현장에 있기 때문에, 상황을 더 잘 알 수 있다. 따라서 나는 해답을 내리는 데 필요한 구체적인 자료들이 없고 그것을 얻을 수도 없는 상황에서, 내가 해답을 말할 수 없는 문제를 제시하지는 않겠다. 나는 단지 우리 당 소속이 아닌 스코벨레프라는 '외부 증인'이 내가 첫 번째 편지에서 내린 사실적 결론을 확인해주었다는 점만 강조하겠다. 그 결론이란 2~3월 혁명이 단지 혁명의 첫 번째 단계일 뿐이라는 것이다. 러시아는 혁명의 다음 단계로, 스코벨레프의 표현을 빌리자면 "두 번째 혁명"으로 이행하는 독특한 역사적 국면을 겪고 있는 중이다.

만약 우리가 마르크스주의자가 되기를 원하고, 전세계의 혁명 경험에서 배우고자 한다면, 우리는 이런 이행 국면의 특수성이 정확히 어떤 것이며, 그 객관적·구체적 특징들에서 어떤 전술이 나오는지 알려고 노력해야 한다.

구치코프-밀류코프 정부가 비정상적으로 쉽게 최초의 승

리를 획득한 상황의 독특함은 다음의 세 가지 주요한 정세 때문이다. (1)영국-프랑스 금융자본과 그 대리인들의 지원, (2)군 고위층 일부의 지원, (3)러시아 부르주아 전체가 젬스트보 및 시 자치정부의 기관들과 국가두마, 전시산업위원회 등의 형태로 이미 조직되어 있었다는 것.

구치코프 정부는 꼼짝달싹할 수 없다. 자본의 이해관계에 얽혀 있는 이 정부는 이 약탈적인 강도 전쟁을 지속하려고, 자본과 지주들의 엄청난 이익을 보호하려고, 군주제를 부활시키려고 노력할 수밖에 없다. 그러나 이 정부는 혁명 덕에 탄생했기 때문에, 차르 체제에서 민주주의로의 급속한 변화를 요구받고 있기 때문에, 빵과 평화에 굶주린 대중에게 압박받고 있기 때문에, 거짓말을 하고 우물쭈물하며 시간을 벌고 가능한 한 많은 것을 '선언'하고 약속하지만(물가가 미친 듯이 뛰는 시기에 약속은 유일하게 값이 싸다) 가능한 한 적게 실천하며, 한 손으로는 양보를 하지만 다른 손으로는 그것을 철회할 수밖에 없는 것이다.

어떠한 조건에서라면 새로운 정부가 러시아의 부르주아와 부르주아 인텔리겐치아 전체의 조직 능력에 기댐으로써 자신의 붕괴를 늦출 수 있을 것이다. 하지만 그래 봤자 붕괴를 늦추는 것일 뿐이며, 그 경우에도 붕괴를 피하는 것은 불가능하다. 부르주아적인 관계들을 청산하고, 혁명적 조치들로 옮겨가서, 러시아와 세계 프롤레타리아트의 역사상 최고의 영웅성에 호소하지 않는 한, 세계 자본주의가 키운 제국주의 전쟁과 기근이라는 무시무시한 괴물의 발톱에서 달아날 수 없기 때문이다.

따라서 결론은 이렇다. 우리는 새로운 정부를 일격에 타도할 수 없다. 또 혹시 할 수 있다 해도(혁명의 시기에는 가능성의 한계가 천 배나 확장되니 말이다) 러시아 부르주아와 부르주아 지식인을 모두 망라하는 대단한 조직만큼 대단한 **프롤레타리아트 조직**——이 조직이 도시와 농촌의 빈민, 반(半)프롤레타리아트, 소소유자로 이루어진 광대한 대중 전체를 이끌어야 한다——으로 대항하지 않는 한, 우리는 권력을 유지할 수 없을 것이다.

상트페테르부르크에서 "두 번째 혁명"이 벌써 터져나오고 있는지(나는 혁명이 무르익는 실제 속도를 해외에서 평가하려 드는 것은 완전히 우스꽝스러운 일이라고 말했었다), 또는 한동안 늦춰지고 있는지, 아니면 러시아 일부 지방들에서 이미 시작되었는지(그 조짐은 명확히 나타났다)와 무관하게 **어떤 경우에든** 새로운 혁명의 전야와 그 과정, 그리고 그 직후 국면에서의 슬로건은 **프롤레타리아의 조직**이 되어야 한다.

노동자 동지들! 어제 동지들은 차르 군주제를 타도하면서 프롤레타리아의 영웅적인 기적을 보여주었다. 곧 다가올 가까운 미래(어쩌면 내가 이 글을 쓰고 있는 바로 지금)에 동지들은 제국주의 전쟁을 벌이고 있는 지주와 자본가 들의 지배를 무너뜨리는 역시나 영웅적인 기적을 다시 보여주어야 할 것이다. 하지만 동지들이 **프롤레타리아의 조직**이라는 기적을 이뤄내지 못한다면, 다음에 올 이 '진짜' 혁명에서 확고한 승리를 쟁취할 수 없을 것이다!

조직이야말로 이 국면의 슬로건이다. 그러나 거기에만 머무르는 것은 아무것도 말하지 않는 것과 다를 바 없다. 왜냐하면 한편으로 조직은 언제나 필요한 것이기 때문이다. 따라서 그저 '대중을 조직하는 것'의 필요성만을 말하는 것은 절대 아무것도 설명하지 못한다. 다른 한편 거기에만 머무르는 사람은 자유주의자들을 위한 선동가가 된다. 자유주의자들이 자신들의 지배를 강화하기 위해 원하는 것이 바로 노동자들이 자신들의 일반적인('정상적인' 부르주아 사회의 관점에서) '합법' 조직들을 넘어서지 않는 것, 즉 노동자들이 단지 당, 노동조합, 협동조합 등에만 참여하는 것이기 때문이다.

노동자들은 계급적 본능에 의해 혁명의 시기에는 일상적인 조직뿐 아니라 완전히 다른 조직이 필요하다는 사실을 깨달았다. 노동자들은 우리의 1905년 혁명과 1871년 파리 코뮌의 경험이 가리키는 길을 올바르게 따라갔다. 노동자들은 노동자 대표 소비에트를 건설했다. 노동자들은 병사 대표들을 끌어들이고, 농촌 임금노동자들의 대표들도 확실히 끌어들인 다음 (이런저런 형태로) 모든 농촌 빈민들의 대표들을 끌어들여 소비에트를 발전·확대·강화시키기 시작했다.

예외 없이 프롤레타리아와 반프롤레타리아 주민의 모든 직종과 계층, 즉 경제학적으로는 정확하지 못하지만 보다 대중적인 용어로 **표현하자면** 모든 피착취 근로인민을 위해 이런 종류의 조직을 러시아 전 지역에 **빠짐없이** 건설하는 것, 이것이야말로 가장 긴급하고 중요한 최우선 과제다. 조금 앞서 나가자면, 나는 **우리 당**(새로운 프롤레타리아 조직 유형에서 당의 **특별한** 역할에 대해서는 내 다음 편지들 가운데 하나에서 논의할 수 있기를 바란다) 이 전체 농민 대중을 위해, 특히 임금노동자와 곡식을 판매하지 않는 소경작자들의 소비에트를 부유한 농민들과는 **따로** 건설하도록 권해야 한다는 것을 말해두겠다. 그런 소비에트가 없다면, 진정으로 프롤레타리아적인 정책 전반[36]을 실행하는 것도 불가능하고, 곡물을 적절하게 분배하고 곡물 생산을 증가시키는 것 등과 같은 수백만 인민의 생사가 걸린 지극히 중대한 실천적 문제를 올바르게 다루는 것도 불가능할 것이다.

이런 질문이 나올 수 있을 것이다. 노동자 대표 소비에트의 기능은 무엇이어야 하는가? 노동자 대표 소비에트는 "봉기의 기관, 혁명적 통치 기관으로 간주되어야 한다"고 우리는 제네바에서 발행된 1915년 10월 13일자 《사회민주주의자》 47호에 쓴 바 있다.

1871년 코뮌과 1905년 러시아 혁명의 경험에서 도출된 이

---

36 레닌 주 농촌에서는 이제 소농과 중농 일부를 끌어들이기 위한 투쟁이 펼쳐질 것이다. 지주들은 부농들에 의지하여 그들을 부르주아에 복속시키기 위해 노력할 것이다. 우리는 농촌의 임금노동자와 농촌 빈민에 의지하여 그들이 도시 프롤레타리아트와 긴밀한 동맹을 맺도록 이끌어야 한다.

런 이론적 명제는 현재 진행 중인 러시아 혁명의 바로 현 단계의 실천적 경험의 기초 위에서 설명되고, 구체적으로 발전되어야 한다.

우리는 혁명 **정부**가 필요하다. 우리는 (일정한 과도기 동안) 국가가 필요하다. 이것이 우리와 무정부주의자들의 차이점이다. 혁명적 마르크스주의자와 무정부주의자의 차이는 마르크스주의자가 중앙집권적인 대규모 공산주의 생산을 지지하는 반면, 무정부주의자는 고립분산적인 소규모 생산을 지지한다는 것만이 아니다. 사회주의를 향한 투쟁에서 국가의 혁명적 형태를 혁명적 방식으로 활용하는 것을 우리는 **찬성**하고, 무정부주의자는 **반대**한다는 것이 바로 정부에 관한 문제, 국가에 관한 문제에서 우리와 그들이 다른 점이다.

우리는 국가가 필요하다. 하지만 입헌군주제 국가부터 가장 민주적인 공화국에 이르기까지 부르주아가 도처에 만들어 놓은 그런 종류의 국가는 아니다. 그리고 이 점에서 우리는 낡고, 썩어가고 있는 사회주의 정당의 기회주의자들이나 카우츠키주의자들과 다르다. 그들은 파리 코뮌의 교훈과 그 교훈에 대한 마르크스와 엥겔스의 분석을 왜곡하거나 망각하고 있다.[37]

우리는 국가가 필요하다. 하지만 부르주아가 필요로 하는, 즉 인민과 분리되어 대립하는 경찰력, 군대, 관료(공무원 집단)라는 형태로 통치기구를 갖춘 그런 국가는 아니다. 모든 부르주아 혁명은 단지 이런 국가기구를 완성했을 뿐이며, 단지 그 기구를 한 당의 손아귀에서 다른 당의 손아귀로 건네주었을 뿐이다.

프롤레타리아트가 현재 혁명의 성과를 지키고 한 걸음 더 나아가 평화, 빵, 자유를 쟁취하고자 한다면, 마르크스의 표현을 빌리자면 이 "기존의" 국가기구를 "분쇄"하고 그것을 경찰력, 군대, 관료를 무장한 전체 인민과 융합한 새로운 국가기구로 대체해야 한다. 1871년 파리 코뮌과 1905년 러시아 혁명의 경험이 가리키는 길을 따라 프롤레타리아트는 스스로 국가권력 기관을 직접 자기 손에 장악하기 위해, 스스로 이런 국가권력 기관을 건설하기 위해, 주민 가운데 가난하고 착취당하는 모든 층들을 조직하고 무장시켜야 한다.

러시아 노동자들은 1917년 2~3월 첫 번째 혁명의 첫 단계에 이미 그 길로 들어섰다. 이제 모든 과제는 이 새로운 길이 무엇인지 명확하게 이해하고, 그 길을 따라 더 멀리, 과감하게, 단호하게, 끈기 있게 나아가는 것이다.

영국-프랑스 자본가들과 러시아 자본가들은 낡은 국가기

---

37 레닌 주 다음 편지들에서, 또는 별도의 글을 통해 나는 이 분석을 자세히 다루도록 하겠다. 이 분석은 마르크스의 『프랑스 내전』과 엥겔스가 이 책 3판에 붙인 서문 그리고 마르크스가 1871년 4월 12일에 쓴 편지와 엥겔스가 1875년 3월 18일과 28일 사이에 쓴 편지들에 잘 나와 있다. 나는 또 1912년 이른바 "국가 파괴" 문제를 놓고 판네쿡과 논쟁하면서 카우츠키가 저지른 마르크스주의의 완전한 왜곡에 대해서도 다루려 한다.

구, 즉 경찰력과 군대와 관료는 그대로 두고 '단지' 니콜라이 2세만 퇴위시키거나 그저 '겁을 주기'를 바랐을 뿐이다.

노동자들은 더 멀리 나아가 그 국가기구를 분쇄해버렸다. 그리고 이제 영국-프랑스 자본가들뿐 아니라, 독일 자본가들도 예컨대 구치코프와 밀류코프의 지지자 네페닌 제독의 경우에서처럼 러시아 병사들이 자기 상관들을 쏴버리는 것을 보고 분노와 공포로 울부짖고 있다.

나는 노동자들이 낡은 국가기구를 분쇄했다고 말했다. 더 정확하게 말하면 '분쇄하기 시작했다.'

구체적인 예를 들어보자.

상트페테르부르크와 다른 많은 지방에서 경찰력은 일부는 파괴되고 일부는 해체되었다. 부르주아의 지휘를 받고, 인민과 분리되어 대립하는 무장한 사람들의 특수한 조직인 경찰력에 기대지 않고는 구치코프-밀류코프 정부는 군주제를 부활시킬 수도 없고, 결코 권력을 유지할 수도 없다. 그것은 불 보듯 뻔한 일이다.

다른 한편으로 새로운 정부는 혁명적 인민을 고려하지 않을 수 없고, 그들에게 반쪽짜리 양보와 약속 들을 주면서 시간을 벌어야 한다. 정부가 미봉책들에 의존하는 것은 그 때문이다. 정부는 선출된 관리들로 '인민 의용군'을 창건한다(이것은 지독하게 그럴싸하게 들린다! 지독하게 민주적이고, 혁명적이고, 아름답게 들린다!)——하지만…… 하지만 첫 번째로 정부는 이 의용군이 젬스트보와 시 자치체의 통제를 받게 한다. 즉 폭군 니콜라이와 살인마 스톨리핀이 만든 법에 따라 선출된 지주와 자본가의 지휘를 받는다는 말이다!! 둘째로, '인민'의 눈을 흐리게 만들기 위해 그것을 '인민 의용군'이라고 부르지만, 정부는 **모든** 인민에게 이 의용군에 들어오라고 요구하지 **않으며**, 고용주와 자본가 들에게 노동자와 사무직원 들이 **공무**, 즉 의용군 활동에 쓰는 **시간**과 일수에 통상적인 임금을 지불하도록 **강제하지**도 않는다.

이게 바로 저들의 속임수다. 이게 바로 구치코프와 밀류코프의 지주·자본가 정부가 '인민 의용군'이라고 종이에 써놓고, 실제로는 점진적으로 조용히 **부르주아적인**, 반(反)인민적인 의용군을 부활시키고 있는 수법인 것이다. 이 의용군은 처음에는 (외국 신문들이 현재 상트페테르부르크 의용군을 묘사한 바에 따르면) "학생과 교수 8천 명"――이것은 명백한 노리개다!――으로 만들어졌지만, 점차 신구 **경찰력**이 중심을 이루게 될 것이다.

경찰력의 부활을 막아야 한다! 지방자치체들이 동지들의 손에서 **빠져나가도록** 두지 마라! 정말로 모든 인민을 포괄하는, 극히 보편적이고 프롤레타리아트가 지도하는 의용군을 건설하라! 이것이 오늘의 임무이며, 이 국면의 슬로건이다. 이는 올바르게 이해된 우리의 이해관계, 즉 계급투쟁의 전진과 혁명운동의 전진에도 부응하며, 또 경찰, 경비대, 순경, 인민 위에 군림하는 무장 인력에 대한 지주와 자본가 들의 지휘권을 증오할 수밖에 없는 모든 노동자, 모든 농민, 모든 착취당하는 일하는 사람들의 민주적 본능에도 부응하는 슬로건이다.

저들에게, 구치코프들과 밀류코프들에게, 지주와 자본가들에게 필요한 경찰력은 어떤 것인가? 차르 군주제에서 존재하던 경찰력과 같은 것이다. 세상의 모든 부르주아 공화국과 부르주아 민주주의 공화국은 아주 짧은 혁명기가 지난 후엔 곧장 그런 경찰력을 세우거나 부활시키려고 했다. 이 경찰력은 이런저런 방식으로 부르주아에게 종속되어, 인민과 분리된 채 인민과 대립하는 무장 인력의 특수한 조직이다.

우리에게, 프롤레타리아트에게, 모든 근로인민에게 필요한 의용군은 어떤 것인가? 진정한 인민의 의용군이다. 첫째로 전체 주민, 모든 성인 남녀 시민으로 이루어지고, 둘째로 인민의 군대의 기능과 경찰 기능과 가장 중요하고 기본적인 공공질서 및 공공행정 기관의 기능을 겸비한 의용군인 것이다.

이 명제들을 쉽게 이해할 수 있도록 아주 도식적인 예를 하나 들어보겠다. 물론 프롤레타리아 의용군을 위해 어떤 종류의 '계획'을 세우는 것은 우스꽝스런 일이 될 것이다. 노동자와 전 인민이 진짜 대중적인 차원에서 실제로 그 일에 착수할 때, 어떤 이론가보다 백 배나 훌륭하게 그것을 계획하고 준비할 것이기 때문이다. 나는 '계획'을 제시하려는 것이 아니라, 단지 내 구상을 예를 들어 설명해보고 싶을 뿐이다.

상트페테르부르크의 인구는 약 200만 명이다. 이 가운데 반 이상이 15세에서 65세 사이의 나이에 포함된다. 반으로 잡으면 백만 명이다. 신체적 부적합 등 정당한 이유로 지금 공무에 참여할 수 없는 인원 4분의 1을 빼자. 그럼 75만 명이 남는데, 이들이 15일에 하루씩(고용주에게 이 시간에 대한 임금을 지불받으며) 의용군에 복무한다면 5만 명의 군대가 만들어진다.

이것이야말로 우리에게 필요한 '국가'의 유형이다!

이것이야말로 말뿐이 아니라 실천에서 '인민의 의용군'이 될 그런 종류의 의용군이다.

이것이야말로 인민과 분리된 특수한 경찰력이나 특수한 군대의 부활을 막기 위해 우리가 나아가야 하는 길이다.

95퍼센트가 노동자와 농민으로 이루어진 이런 의용군은 엄청나게 많은 인민 다수의 진짜 생각과 의지와 힘과 권력을 보여줄 것이다. 이런 의용군은 전 인민을 진짜로 무장시키고, 그들에게 군사 훈련을 제공할 것이며, 구치코프나 밀류코프의 그것과는 다른 방식으로 반동을 부활시키려는 모든 시도, 차르의 앞잡이들이 꾸미는 모든 음모를 막아낼 것이다. 이런 의용군은 노동자·병사 대표 소비에트의 집행기관이 될 것이며, 인민의 무한한 존경과 신뢰를 누릴 것이다. 왜냐하면 그것 자체가 전체 인민의 조직일 것이기 때문이다. 이런 의용군은 자본가들이 인민을 노예로 만들고 고통스럽게 하는 상황을 은폐하는 아름다운 간판으로부터 대중이 국가의 모든 업무에 참여하도록 실제로 훈련시키는 수단으로 민주주의를 변화시킬 것이다. 이런 의용군은 청소년들을 정치 활동으로 끌어들여 말로만이 아니라 실천을 통해, **노동**을 통해 그들을 교육시킬 것이다. 이런 의용군은 과학적 언어로 말하면 '복지 경찰'의 영역에 속하는 위생 검사 등의 기능을 발전시킬 것이며, 그 활동에 모든 성인 여성들을 끌어들일 것이다. 여성을 공무에, 의용군에, 정치 활동에 끌어들이지 못한다면, 여성을 우둔하게 만드는 집과 부엌세간에서 떼어놓지 않는다면, 진정한 자유를 보장하는 것은 **불가능**할 것이며, 사회주의는 고사하고 민주주의를 건설하는 것도 **불가능**할 것이다.

이런 의용군은 프롤레타리아 의용군이 될 것이다. 도시의 산업노동자들이 1905~7년과 1917년에 벌어진 인민의 모든 혁명적 투쟁에서 지도적 위치를 차지한 것처럼 자연스럽게 필연적으로 빈민 대중에게 지도력을 발휘하게 될 것이기 때문이다.

이런 의용군은 절대적인 질서와 헌신적인 동지적 규율을 보장할 것이다. 동시에 모든 교전국들이 겪고 있는 심각한 위기 상황에서 진정 민주적인 방식으로 이 위기와 싸울 수 있게 만들 것이며, 적절하고도 신속하게 곡물을 비롯한 다른 물자들을 분배하고, '보편적인 노동 복무'를 도입할 수 있게 할 것이다. 이것은 지금 프랑스인들이 "민간인 동원"이라고 부르고 독일인들이 "민간인 복무"라고 부르는 것인데, 그런 것이 없다면 끔찍한 약탈 전쟁이 가했고, 지금도 가하고 있는 상처들을 치유하는 것이 불가능하며, 실제로 불가능하다는 것이 입증되고 있다.

러시아 프롤레타리아트가 피를 흘린 것이 고작 민주주의 정치 개혁이라는 훌륭한 약속을 받기 위해서였던가? 모든 일하는 사람들이 당장 자기 삶에서 일정한 개선을 보고 느껴야 한다고 요구하고 그것을 쟁취할 수는 없는 것인가? 모든 가족이 빵을 얻도록 하는 건? 모든 아이들이 좋은 우유 한 병을 마시고, 모든 아이들에게 우유가 돌아가기 전까지는 부잣집 어른은 단 한 명도 우유를 더 마시지 못하도록 하는 건? 차르와 귀족들이 버린 궁전들과 호화 주택들을 비워두지 말고 노숙자와 빈민 들에게 숙소로 제공하는 건 어떤가? 여성도 남자와 동등하게 의무적으로 참여하는 인민 의용군 말고 누가 이런 조치들을 실행할 수 있는가?

이 조치들은 아직 사회주의가 아니다. 이 조치들은 생산의 재조직이 아니라 소비의 분배에 관한 것이기 때문이다. 이 조치들은 아직 '프롤레타리아트의 독재'가 아니라 단지 '프롤레타리아트와 빈농의 혁명적 민주주의 독재'일 뿐이다. 하지만 지금 중요한 문제는 그것들을 이론적으로 분류하는 것이 아니다. 만일 우리가 이론을 무엇보다도 먼저 행동의 길잡이로 여기는 대신, 편협하게 이해된 '이론'이라는 프로크루스테스의 침대에 복잡하고, 긴급하며, 급속히 발전하고 있는 혁명의 실천적 과제들을 억지로 끼어맞추려고 한다면, 그것은 크나큰 실수가 될 것이다.

러시아 노동자 대중이 실제 혁명 투쟁에서 대담함, 진취성, 자기희생으로 기적을 일구어낸 후에 또다시 '프롤레타리아 조직이란 기적'을 이루어낼 수 있을 만큼 강한 계급의식과 완강함과 영웅성을 갖고 있을 것인가? 우리는 알 수 없다. 그리고 그것을 추측하려고 골몰하는 것은 한가한 짓이다. 그 질문에 답을 줄 수 있는 것은 오직 실천뿐이기 때문이다.

우리가 확실히 아는 것, 우리가 당으로서 대중에게 설명해야 하는 것은 한편으로 유례없는 위기와 굶주림과 헤아릴 수 없는 고난을 초래하고 있는 역사라는 기관차가 지닌 엄청난 힘이다. 그 기관차는 전쟁이다. 교전국 진영 양측 모두에서 자본가들이 약탈을 목적으로 벌이고 있는 전쟁이다. 이 '기관차'는 가장 부유하고 가장 자유로우며 가장 계몽된 많은 나라들을 파멸 직전의 상태로 몰고 갔다. 이 기관차는 각국 인민들에게 모든 에너지를 최대한 쥐어짜도록 강요하고, 그들을 견딜 수 없는 상황으로 몰아넣고, 특정 '이론'을 적용하는 것(마르크스가 항상 사회주의자들에게 그 위험을 경고했던 착각)이 아니라 실천적으로 가능한 가장 극단적인 조치들을 실행하는 것을 당면 안건으로 제기하고 있다. 극단적인 조치를 취하지 않는다면, 죽음——굶주림으로 인한 즉각적이고 확실한 죽음——이 수백만 인민을 기다리고 있기 때문이다.

객관적 정세가 전체 인민에게 극단적인 조치를 요구할 때, 선진적 계급의 혁명적 열정이 많은 일을 할 수 있다는 것은 굳이 증명할 필요가 없는 일이다. 이 점은 러시아의 모든 사람이 명확히 보고 느끼고 있는 것이다.

중요한 것은 혁명의 시기에는 객관적 정세가 일반적인 삶의 흐름이 그렇듯이 빠르고 갑작스럽게 변한다는 것이다. 그러므로 우리는 모든 주어진 상황의 **구체적 특징들**에 맞추어 우리의 전술과 당면 임무를 **조정할 수 있어야** 한다. 1917년 이전에 당면 임무는 혁명적·국제주의적 선전을 과감하게 수행하고, 대중을 투쟁에 불러들이며, 그들을 일깨우는 것이었다. 2~3월에는 눈앞의 적인 차르 체제를 분쇄하기 위해 헌신적으로 투쟁하는 영웅성이 요구되었다. 이제 우리는 혁명의 첫 단계에서 두 번째 단계로, 차르 체제와의 '싸움'에서 구치코프-밀류코프의 지주·자본가 제국주의와의 '싸움'으로 이행하고 있다. 현재 당면 임무는 **조직**이다. 하지만 그것은 일상적인 조직화 사업을 한다는 상투적인 의미에서만이 아니라, 억압받는 계급들의 유례없이 광범위한 대중을 조직으로 끌어들여 이 조직 자체가 군사·국정·국민경제의 임무들을 실현한다는 의미에서 그렇다.

프롤레타리아트는 다양한 방식으로 이 독특한 임무를 수행해왔고, 또 수행할 것이다. 러시아 일부 지방에서 2~3월 혁명은 거의 완전한 권력을 프롤레타리아트의 손에 쥐어주었다. 다른 지방의 프롤레타리아트는 어쩌면 '빼앗는' 방식으로 프롤레타리아 의용군을 창설하고 확대시킬 수도 있다. 또 다른 지방에서는 프롤레타리아 조직이 발전하고, 병사와 노동자 사이의 친밀감이 높아지며, 농민운동이 성장하고, 구치코프·밀류코프의 전쟁-제국주의 정부에 많은 사람들의 환멸이 증대하여 그 정부가 노동자 대표 소비에트 '정부'로 대체될 시간이 가까워질 때까지 시의회와 젬스트보로부터 혁명의 구심 등을 만들어내기 위해 보통선거와 기타 선거권에 기초한 선거를 즉각 실시하도록 노력할 것이다.

우리는 상트페테르부르크와 가까운 곳에 가장 선진적인 나라 가운데 하나이며 사실상 공화국이나 다름없는 나라, 즉 핀란드가 있다는 사실을 잊어서는 안 된다. 이 나라는 1905년부터 1917년까지 러시아의 혁명적 투쟁들 덕에 보호를 받으며 비교적 평화로운 방식으로 민주주의를 발전시켰고, 사회주의에 대한 인민 다수의 지지를 얻었다. 러시아 프롤레타리아트는 핀란드 공화국에 분리 독립의 자유를 포함한 완전한 자유를 보장할 것이다(카데트인 로디체프가 대러시아 민족의 특권을 위해 헬싱키에서 매우 비열한 거래를 벌이고 있는 마당에 지금 사회민주주의자는 거의 한 명도 이 문제에 동요하지 않을 것이다[38]). 그리고 바로 이런 방식으로 전체 러시아 프롤레타리아의 대의에 대한 핀란드 노동자들의 완전한 신뢰와 동지적 지원을 얻게 될 것이다. 어렵고도 큰 과업에서 실수는 불가피하며, 우리도 실수를 피할 수는 없을 것이다. 핀란드 노동자들은 우리보다 뛰어난 조직가들이며, 그 영역에서 우리를 도와줄 것이다. 그리고 자기 나름의 방식으로 사회주의 공화국의 수립을 추진해나갈 것이다.

러시아 본토에서 혁명의 승리를 거두고, 이 승리의 보호를 받아 핀란드에서 평화롭게 조직 사업의 성공을 얻고, 러시아 노동자들이 새로운 규모의 혁명적 조직을 건설하는 임무로 이행하고, 프롤레타리아와 주민 가운데 가장 빈곤한 층이 권력을 장악하고, 서유럽의 사회주의 혁명을 고무하고 발전시키는 것——이것이 우리를 **평화**와 **사회주의**로 이끄는 길이다.

1917년 3월 11일(24일), 취리히에서

N. 레닌

---

38 임시정부는 수립 직후 10월당의 미하일 스타호비치를 핀란드 총독으로, 카데트의 표도르 로디체프를 핀란드 담당 장관으로 임명했다. 3월 8일 (21일), 임시정부는 "핀란드 대공국 헌법의 승인과 집행에 관한" 성명서를 발표했다. 이에 따라 핀란드는 핀란드 의회가 반포하는 법률은 러시아 정부의 승인을 받는 조건으로 자치권을 얻었다. 핀란드 법령과 모순되는 법은 전쟁 동안 효력을 유지하기로 했다. 임시정부는 핀란드 의회가 헌법을 수정하여 "러시아 국민에게 핀란드 국민과 동등한 상공업적 권리"를 부여해주기를 바랐다. 차르 정부에서는 핀란드 법령을 무시한 그런 권리를 부여받았기 때문이었다. 또 임시정부는 "제헌의회 소집 전에" 핀란드의 민족자결권 문제를 논의하지 않겠다고 하여 핀란드와 심한 마찰을 빚었다. 10월 혁명 이후에야 핀란드는 완전한 독립을 허용받았다.—원서 편집자

네 번째 편지
평화를 쟁취하는 방법

나는 방금(3월 12일〔25일〕) 《노이에 취리허 차이퉁》(3월 24일 자, 517호)에서 다음과 같은 베를린 발 전신 특보를 읽었다.

스웨덴의 보도에 따르면, 막심 고리키(Maxim Gorky)가 정부와 집행위원회에 열정적인 환영 인사를 했다고 한다. 고리키는 반동 지주에 대한 인민의 승리를 축하하고, 러시아의 모든 아들들에게 새로운 러시아 국가 체계를 세우는 일을 도우라고 요청했다. 동시에 고리키는 평화조약을 체결하여 해방의 대의에 대미를 장식할 것을 정부에 촉구했다. 평화를 얻기 위해 어떤 대가든 치를 필요는 없다. 러시아는 이제 어떤 대가를 치르고라도 평화를 추구해야 할 이유가 예전 어느 때보다 적다. 지구상 다른 나라들 앞에 명예롭게 존재할 수 있게 하는 평화여야 한다. 인류는 많은 피를 흘렸다. 새로운 정부가 조기에 평화조약을 체결하는 데 성공한다면, 러시아뿐 아니라 전 인류에게 지대한 공헌을 하게 될 것이다.

이런 식으로 막심 고리키의 편지가 보도되었다.

통속적인 편견으로 점철된 이 편지를 읽으면 쓰디쓴 유감을 느낄 것이다. 이 글을 쓰고 있는 나는 카프리 섬에서 고리키를 만날 때마다 고리키가 저지른 정치적 실수들을 지적하면서 자주 타박을 주곤 했다. 그럼 고리키는 특유의 비할 데 없이 매력적인 미소로 그런 타박들을 받아넘기며 해맑게 대꾸했다. "내가 서투른 마르크스주의자라는 건 나도 잘 압니다. 게다가 우리 예술가들은 다들 약간 무책임하기도 하지요." 상대가 그런 태도로 나오면 논쟁을 하기는 쉽지 않다.

고리키가 대단히 재능 있는 예술가이며, 세계 프롤레타리아트 운동에 큰 도움이 되었고 앞으로도 도움이 되리라는 것은 확실하다.

하지만 왜 고리키가 정치에 끼어드는가?

내 생각으로는 고리키의 편지는 소부르주아뿐 아니라 소부르주아의 영향을 받는 일부 노동자들에게도 아주 널리 퍼져 있는 편견들을 표현하고 있다. 우리 당의 모든 에너지, 계급의식적인 노동자들의 모든 노력은 이런 편견들에 맞서는 완강하고 끈기 있고 전면적인 투쟁에 집중되어야 한다.

차르 정부는 약소국들을 짓밟고 수탈하는 제국주의 약탈 전쟁으로 지금의 전쟁을 시작하고 수행했다. 구치코프들과 밀류코프들의 정부, 즉 지주와 자본가의 정부는 바로 그런 전쟁을 계속할 수밖에 없고 계속하기를 바라고 있다. 그 전쟁에 대해 민주적 평화조약을 체결하라고 촉구하는 것은 포주에게 도덕을 설교하는 것과 다를 바 없다.

무슨 말인지 설명해보겠다.

제국주의란 무엇인가?

혁명이 일어나기 얼마 전에 파루스 출판사[39]에 원고를 보냈고, 출판이 결정되어 잡지 《레토피스*Letopis*》[40]에 출간 예고가 실린 내 책 『제국주의, 자본주의의 최고 단계*Imperialism, the Highest Stage of Capitalism*』[41](본 전집 63권 『제국주의, 자본주의의 최고 단계』—편집자)에서 나는 이 질문에 이렇게 답했다.

"제국주의란 독점과 금융자본의 지배가 형성되고, 자본수출이 중요한 의미를 획득하며, 국제 트러스트들에 의한 세계 분할이 시작되고, 가장 큰 자본주의 나라들에 의해 지구의 모든 영토 분할이 완료된 발전 단계에 도달한 자본주의다."(앞에

---

39 막심 고리키가 페트로그라드에 세운 출판사.—원서 편집자

40 고리키가 창간한 잡지로, 문학, 과학, 정치 분야의 글을 실었다. 기고자들 중에는 볼셰비키 출신(마하주의자들이었던 V. A. 바자로프와 A. A. 보그다노프(Bogdanov))과 멘셰비키가 섞여 있었다. 문학 편집자는 고리키였다. 이 잡지에 글을 쓴 유명 작가들로는 알렉산드르 블로크(Alexander Blok), 발레리 브류소프(Valeri Bryusov), 표도르 글라드코프(Fyodor Gladkov), 세르게이 예세닌(Sergei Yesenin), A. V. 루나차르스키(Lunacharsky), 블라디미르 마야콥스키(Vladimir Mayakovsky), 브야체슬라프 시슈코프(Vyacheslav Shishkov), A. 차플리긴(Chaplygin) 등이 있다. 1915년 12월부터 1917년 12월까지 발행되었다.—원서 편집자

언급된 책의 7장. 검열이 아직 존재할 때, 《레토피스》에서 저자 V. 일린의 『현대 자본주의』라는 제목으로 출간을 예고했다.)

모든 것은 결국 자본이 거대한 규모로 성장했다는 사실로 요약된다. 소수의 가장 거대한 자본가들의 연합(카르텔, 신디케이트, 트러스트)이 수십억을 주무르며, 자기들끼리 전세계를 분할하고 있다.

세계는 완전히 분할되었다. 전쟁은 세계를 재분할하려는 천만장자들의 가장 강력한 두 그룹, 즉 영국-프랑스와 독일의 충돌 때문에 발생한 것이다.

영국-프랑스 자본가 그룹은 먼저 독일을 약탈해서 독일의 식민지를 빼앗고(이미 거의 모두 빼앗았다) 그 다음에는 터키를 약탈하려고 한다.

4I 레닌은 『제국주의, 자본주의의 최고 단계』를 1916년 상반기에 집필하여, 6월 19일(7월 2일) 파리를 경유하여 페트로그라드에 있는 파루스 출판사로 보냈다. 이 책은 파루스 출판사가 출간했는데, 이 출판사는 막심 고리키의 지휘 아래, 전쟁에 참여한 서유럽 국가들에 대한 대중 개괄서 시리즈를 내고 있었다. 레닌은 이 시리즈의 편집자였던 M. N. 포크롭스키(Pokrovsky)를 통해 출판사와 연락을 취했다. 1916년 9월 29일, 고리키는 파리에 있던 포크롭스키에게 레닌의 책이 "매우 훌륭하다"며 시리즈에 포함되지 않고 별개로 출판될 것이라는 편지를 썼다. 그러나 파루스 출판사의 편집자들은 카우츠키의 변절자적 입장에 대한 레닌의 비판을 강력하게 반대해서, 상당 부분 글을 고치고, 카우츠키의 초제국주의에 대한 비판을 모두 삭제했으며, 레닌의 정식들을 다수 왜곡했다. 책은 1917년 중반에야 1917년 4월 26일로 날짜가 적힌 레닌의 서문과 함께 출판되었다.─원서 편집자

독일 자본가 그룹은 터키를 독식하고, 이웃의 작은 나라들 (벨기에, 세르비아, 루마니아)을 병합해서 식민지 손실을 보상받으려 한다.

이것이 진상이며, '해방', '민족' 전쟁, '정의를 위한 전쟁' 등 부르주아의 온갖 거짓말들과 자본가들이 늘 보통사람들을 속이는 데 써먹는 비슷한 꾸밈말들이 감추고 있는 것이다.

러시아는 자기 돈으로 이 전쟁을 하고 있는 게 아니다. 러시아 자본은 영국-프랑스 자본과 **한통속**이다. 러시아는 아르메니아, 터키, 갈리치아를 약탈하기 위해 전쟁을 하고 있다.

우리의 현직 장관들인 구치코프, 르보프, 밀류코프는 어쩌다 등장한 인물들이 아니다. 이들은 지주와 자본가계급 전체의 대표자이자 지도자들이다. 이들은 자본의 이해에 **묶여** 있다. 사람이 머리카락을 잡고 자기 몸을 들어올릴 수 없듯이, 자본가들은 자신들의 이익을 포기할 수 없다.

둘째로, 구치코프-밀류코프 일당은 영국-프랑스 자본에 묶여 있다. 그들은 외국 돈으로 이 전쟁을 벌여왔고 지금도 벌이고 있다. 그들은 수십억을 빌렸고, 매년 이자로 수억씩을 지불할 것을 약속했으며, 러시아의 노동자와 농민 들을 쥐어짜서 이 **공물**을 바치고 있다.

셋째로, 구치코프-밀류코프 일당은 이 전쟁의 약탈적인 목적과 관련된 직접적인 **조약**으로 영국, 프랑스, 이탈리아, 일본을 비롯한 다른 강도 자본가 집단들에 **묶여** 있다. 이 조약들은 차르 니콜라이 2세가 체결한 것이다. 구치코프-밀류코프 일당은 차르 군주제에 맞서 일어난 노동자들의 투쟁 덕분에 권력을 잡았으면서도 차르가 체결한 이 조약들을 인정했다.

상트페테르부르크 전신국이 3월 7일(20일)에 유포한 성명을 통해 구치코프-밀류코프 정부 전체가 이런 짓을 했음이 밝혀졌다. "〔구치코프와 밀류코프의〕 정부는 다른 강대국들과 맺은 모든 조약들을 성실하게 지킬 것이다"라고 성명은 말한다. 신임 외무장관 밀류코프도 1917년 3월 5일(18일) 러시아의 모든 해외 대표 기관들에 보낸 전보에서 같은 이야기를 했다.

그 조약들은 죄다 비밀 조약들인데, 밀류코프 일당이 그것의 공개를 거부하고 있는 이유는 두 가지다. (1)약탈 전쟁을 원치 않는 인민을 두려워하기 때문이다. (2)조약들을 비밀로 유지해야 한다고 고집하는 영국-프랑스 자본에 그들이 묶여 있기 때문이다. 하지만 신문을 읽으며 상황을 관심 있게 지켜본 사람이라면 누구나 이 조약들이 일본의 중국 강탈, 러시아의 페르시아·아르메니아·터키(특히 콘스탄티노플)·갈리치아 강탈, 이탈리아의 알바니아 강탈, 프랑스·영국의 터키 및 독일 식민지 강탈 등에 관련된 것이라는 사실을 잘 알고 있다.

바로 이것이 실제 상황이다.

그러므로 구치코프-밀류코프 정부에게 빠르고 정직하게 민주적으로 선린우호적인 평화조약을 체결하라고 촉구하는 것은 마을의 선량한 신부가 지주와 상인 들에게 "주님의 길을 걸으라"고 말하며, 이웃들을 사랑하라고, 한쪽 뺨을 맞으면 반대쪽 뺨을 내밀라고 촉구하는 것과 마찬가지다. 지주들과 상인들은 이런 설교를 들은 후에도 계속하여 인민을 억압하고 수탈하면서, 신부가 '무지크(muzhiks)'를 달래고 어르는 데 효용이 있음을 기뻐할 것이다.

지금 제국주의 전쟁에서 의식적으로든 무의식적으로든 부르주아 정부에 경건하게 평화를 호소하고 있는 사람들은 모두 이와 같은 역할을 하고 있다. 부르주아 정부들은 어떤 때는 그런 호소에 귀를 막고 심지어 금지하기도 한다. 그러다 또 어떤 때는 그것들을 허용하면서, 자신들은 가장 빠르게 '가장 정의로운' 평화조약을 맺으려고 싸우고 있을 뿐이고, 모든 잘못은 적에게 있다고 사방에 공언하기도 한다. 부르주아 정부에게 평화를 호소하는 것은 사실상 인민을 속이는 짓이나 다름없다.

영토, 시장, 특권을 나눠 갖기 위해 세계를 피로 물들인 자본가 집단들은 '명예로운' 평화조약을 체결할 수 없다. 그들은 오직 수치스러운 평화조약만을, 즉 전리품들의 분배에 기초한, 터키와 그 식민지들의 분할에 기초한 평화조약만을 맺을 수 있을 뿐이다. 뿐만 아니라 구치코프-밀류코프 정부는 지금 결코 평화를 지지하지 않는다. 지금 가질 수 있는 '유일한' '전리품'이 아르메니아와 갈라치아 일부에 불과하기 때문이다. 하지만 이 정부는 콘스탄티노플도 갖고 싶어하며, 한 술 더 떠 폴란드를 독일에게서 다시 빼앗아오고 싶어한다. 차르 체제가 언제나 너무나 비인간적으로, 파렴치하게 억압해왔던 폴란드를 말이다. 게다가 구치코프-밀류코프 정부는 본질적으로 영국-프랑스 자본의 대리인에 불과한데, 이들은 독일로부터 빼앗은 식민지들을 유지하고 싶어할 뿐만 아니라, 독일에게서 벨기에와 프랑스 일부 지역을 돌려받고 싶어한다. 영국-프랑스 자본이 구치코프들과 밀류코프들이 니콜라이 2세를 퇴위시키는 것을 도운 것은 독일에게 '승리'하는 데 그들의 도움을 받으려 했기 때문이다.

그럼 무엇을 할 것인가?

평화를 달성하기 위해서는(나아가 진짜 민주적인, 진짜 명예로운 평화를 달성하기 위해서는) 지주와 자본가 들이 아니라 **노동자와 가장 가난한 농민** 들이 정치권력을 잡아야만 한다. 지주와 자본가 들은 주민 가운데 얼마 안 되는 소수에 지나지 않으며, 자본가들은 모두 알다시피 전쟁으로 인해 엄청난 이익을 보고 있다.

노동자들과 가장 가난한 농민들은 주민 가운데 **압도적** 다수를 차지하고 있다. 그들은 전쟁에서 이익을 보지 않는다. 그들은 반대로 파산과 굶주림에 내몰렸다. 그들은 자본에도, 자본가 약탈 집단들 사이의 조약에도 묶여 있지 않다. 그들은 전쟁을 끝낼 수 있고, 진심으로 그것을 원하고 있다.

만일 러시아의 정치권력이 노동자·병사·농민 대표 소비에트들과 그 소비에트들이 선출한 전 러시아 소비에트의 손에 들어간다면, 노동자·병사·농민 대표 소비에트들과 전 러시아 소비에트는 우리 당(러시아 사회민주노동당)이 일찍이 1915년 10월 13일에 중앙기관지 《사회민주주의자》(당시 차르 검열의 억압 때문에 제네바에서 발간되었다)를 통해 윤곽을 제시한 평화 강령을 시행하는 데 동의할 수 있을 것이며, 틀림없이 동의할 것이다.

이 강령은 아마도 다음과 같은 것이 될 것이다.

1) 전 러시아 노동자·병사·농민 대표 소비에트(또는 그것을 임시로 대행하는 상트페테르부르크 소비에트)는 차르 군주제나 부르주아 정부들 어느 쪽이 체결한 어떤 조약에도 구속되지 않는다는 것을 즉각 선포할 것이다.

2) 차르 군주제와 예외 없이 모든 부르주아 정부들이 품고 있는 약탈적 목적을 만천하에 드러내기 위해 이 모든 조약들을 즉각 공개할 것이다.

3) 모든 교전국들에게 즉각 휴전 협정을 체결하자고 즉시 공개적으로 제안할 것이다.

4) 우리, 즉 노동자와 농민의 평화 조건——모든 식민지의 해방, 종속되고 억압받고 불평등을 당하는 모든 민족의 해방——을 모든 인민에게 즉시 알린다.

5) 부르주아 정부들에게 선한 것이라고는 일체 기대하지 않으며, 만국의 노동자들에게 부르주아 정부를 타도하고 모든 정치권력을 노동자 대표 소비에트로 넘길 것을 제안한다고 선언할 것이다.

6) 이 범죄적인 약탈 전쟁을 벌이기 위해 부르주아 정부들이 끌어다 쓴 수십억의 외채는 **자본가 신사분들이 스스로 갚을** 수 있으며, 노동자와 농민 들은 이 부채를 인정하지 않는다고 선언할 것이다. 이 부채의 이자를 지불하는 것은 자본가들이 전리품들을 나눠 가지려고 자비롭게도 노동자들이 서로 살해할 수 있도록 허락해준 것에 대해 그들에게 오랫동안 감사의 공물을 바친다는 뜻이 될 것이다.

노동자와 농민 들이여!——노동자 대표 소비에트는 이렇게 말할 것이다——여러분들은 아프리카 식민지들과 터키 등을 분할하려고 벌어진 전쟁을 위해 매년 수억 루블을 이 신사분들에게, 자본가들에게 흔쾌히 지불하시겠습니까?

이런 평화 조건을 위해서라면, 내 생각에 노동자 대표 소비에트는 **어떤** 부르주아 정부에 맞서서라도, 세상 모든 부르주아 정부들에 맞서서라도 **전쟁**을 벌이는 데 동의할 것이다. 왜냐하면 이것은 정말로 정의를 위한 전쟁이 될 것이기 때문이며, 만국의 모든 노동자들이 **승리**를 위해 노력할 것이기 때문이다.

지금 독일 노동자는 러시아의 호전적인 군주제가 호전적인 공화국으로 바뀌는 것을, 즉 제국주의 전쟁을 계속하고 싶어 하고, 차르 군주제가 맺은 약탈적 조약들을 승인해준 자본가들의 공화국으로 대체되고 있는 것을 보고 있다.

스스로 판단해보라. 독일 노동자가 그런 공화국을 신뢰할 수 있겠는가?

스스로 판단해보라. 만일 러시아 인민이 1905년의 위대한 혁명의 생생한 기억에 힘입어 완전한 자유를 쟁취하고 모든 정치권력을 노동자·농민 대표 소비에트에 넘긴다면, 과연 전쟁이 계속 이어질 수 있겠는가? 또 지구상에서 자본가의 지배가 지속될 수 있겠는가?

1917년 3월 12일(25일), 취리히에서

N. 레닌

다섯 번째 편지
혁명적 프롤레타리아 국가를
건설하기 위해 필요한 임무들

나는 앞의 편지들에서 러시아의 혁명적 프롤레타리아트의 당면 임무를 다음과 같이 정리했다. (1)혁명의 다음 단계, 즉 두 번째 혁명으로 넘어가는 가장 확실한 길을 찾아야 한다. (2)그 혁명은 정치권력을 지주들과 자본가들(구치코프들, 르보프들, 밀류코프들, 케렌스키들)의 정부로부터 노동자와 가난한 농민 들의 정부로 넘기는 것이 되어야 한다. (3)후자의 정부는 노동자와 농민 대표로 이루어진 소비에트의 유형에 따라 조직되어야 한다. 다시 말해 (4)그것은 모든 부르주아 국가가 공통으로 갖고 있는 낡은 국가기구, 즉 군대, 경찰, 관료(공무원 집단)를 분쇄·박멸하고, 이 기구를 (5)대중적일 뿐 아니라, 무장한 전체 인민의 보편적인 조직으로 대체해야 한다. (6)오직 '그런' 계급 구성('프롤레타리아트와 농민의 혁명적 민주주의 독재')을 가진, 그런 통치기구('프롤레타리아 의용군')를 가진 정부만이 이 국면에서의 지극히 어렵고 절대적으로 긴급한 주요 임무를 성공적으로 수행할 수 있을 것이다. 그 임무는 평화를 달성하는 것이다. 이는 제국주의적인 평화가 아니라, 즉 자본가 및 자본가 정부들의 전리품 분배에 관련된 제국주의 열강들 간의 거래가 아니라, 많은 나라들에서 프롤레타리아 혁명 없이는 달성할 수 없는 진짜로 지속적이고 민주적인 평화를 말한다. (7)러시아에서 가까운 미래에 프롤레타리아트가 승리를 거두는 것은 첫 단계에서부터 노동자들이 모든 지주 소유지이 몰수를 위해(그리고 만일 우리가 '104인' 농업 강령[42]을 여전히 본질적으로 농민 자신의 농업 강령으로 받아들인다면, 모든 토지의 국유화를 위해) 투쟁하는 엄청난 다수 농민들의 지지를 받는 경우에만 가능하다. (8)그런 농민 혁명과 연결되어야만, 그 혁명을 기초로 하여, 프롤레타리아트가 농민의 가장 가난한 층과 동맹하여 가장 중요한 생산물의 생산과 분배의 통제를 향해, '보편적 노동 복무제'의 도입 등을 향해 한 걸음, 한 걸음 나아갈 수 있고, 나아가야만 한다. 이러한 발걸음들은 전쟁이 만들어낸 정세 조건이 절대적인 필연성을 갖고 지시하는 것이다. 전쟁 이후에 정세는 많은 면에서

[42] '104인' 농업 강령은 1900년 5월 23일(6월 5일) 1차 두마 13차 회의에 트루도비키 당원들이 제출한 토지 개혁 법안이다. 법안의 목적은 "모든 토지 및 그 지표 아래 내용물과 물이 전 인민에게 속하며, 단지 자기 노동으로 경작하는 사람들에게만 농토를 부여하는 체제를 수립하는 것"이었다. 트루도비키들은 모든 국가, 왕실, 수도원, 교회 소유의 토지가 포함되는 "전국 토지기금"의 조직을 지지했는데, 소유 규모가 토지에 정해진 노동규준을 초과하는 경우, 개인 소유지도 기금에 강제로 양도되며, 이에 대해서는 약간의 보상금이 지불된다. 소소유지는 당분간 소유자의 재산으로 유지되지만, 법안은 이러한 토지들도 점진적으로 공공의 소유로 전환시킨다고 제안했다. 이러한 개혁은 보편·직접·평등·비밀투표로 선출된 지역위원회에 의해 수행된다.— 원서 편집자

더욱 첨예해질 것이다. 전체 정세와 그 발전 속에서 이 걸음들은 **사회주의로** 이행하는 과정이 될 것이다. 사회주의는 러시아에서 과도적인 조치들 없이 곧바로, 단방에 실현될 수 없다. 하지만 그런 과도적인 조치들의 결과로서는 완전히 실현 가능하며, 반드시 필요한 것이다. (9)이 점에서 농촌의 노동자 대표 소비에트, 즉 농업 임금노동자 소비에트를 다른 농민 대표 소비에트들과 **별도로** 즉시 따로 조직하는 임무가 매우 긴급하게 전면에 떠오른다.

러시아와 세계 혁명에서 계급 세력들에 대한 평가에 기초하여, 또 1871년과 1905년의 경험에 기초하여 우리가 제시하는 강령을 짧게 요약하면 이러하다.

이제 이 강령 전체를 전반적으로 검토하면서 잠시 K. 카우츠키가 이 문제에 접근한 방식을 살펴보자. 그는 '제2인터내셔널'(1889~1914년)의 가장 중요한 이론가이자, 현재 모든 나라에서 관찰되는 사회배외주의자와 혁명적 국제주의자 사이에서 동요하는 경향인 '중앙파', '늪지파' 경향의 가장 유명한 대표자다. 카우츠키는 자신의 잡지 《노이에 차이트》 4월 6일(신력)자에 실린 "러시아 혁명의 전망"이라는 제목의 기사에서 이 주제를 다루고 있다.

카우츠키는 이렇게 쓰고 있다. "무엇보다 우리는 혁명적 프롤레타리아 체제(국가 체제)에 제기되는 임무들을 명확히 밝혀야 한다."

카우츠키는 계속해서 말한다. "두 가지가 프롤레타리아트에게 절실히 필요하다. 민주주의와 사회주의."

불행하게도 카우츠키는 이 절대적으로 명명백백한 테제를 지나치게 일반적인 형태로 제시하고 있다. 그래서 본질적으로 아무것도 말하지 않고, 아무것도 설명하지 않는다. 부르주아 제국주의 정부의 구성원들인 밀류코프와 케렌스키는 이러한 일반적 테제를 기꺼이 승인할 것이다. 한 사람은 전자를, 다른 한 사람은 후자를……[43]

| 1917년 3월 26일(4월 8일) 집필

[43] 원고는 여기서 중단되었다.—옮긴이

포로수용소에 있는
우리의 동지들에게

1917년 3월 초 레닌이 쓴 이 글은 《사회민주주의자》 편집부” 명의로 베른에서 인쇄되었다. 유인물에는 다음과 같은 공지가 덧붙어 있었다. “동지들, 포로 지원 위원회로 계속 연락을 해주십시오. 주소는 다음과 같습니다. 스위스, 베른, 팔겐베크 9. 슈클롭스키 박사. 우리 동지들이 책 등의 지원품을 지속적으로 보내려 노력할 것입니다.” 독일과 오스트리아 수용소에 있는 러시아 전쟁 포로들과의 접촉은 러시아 사회민주노동당 해외조직위원회가 베른에 '전쟁 포로들과의 연락을 위한 사회민주주의 위원회'를 세운 1915년에 시작되었다. 20개 이상의 수용소들에 수감되어 있는 포로들이 매달 250통씩에 가까운 편지들을 주고받았다. 대부분 볼셰비키 또는 그 지지자들인 수용소의 사회민주주의자들과 연락선이 만들어졌고, 그들을 통해 수용소 도서관, 다양한 선전 활동, 메이데이 기념식 등이 조직되었다. 볼셰비키 중앙기관지 《사회민주주의자》와 《사회민주주의자 논집》, 《코뮤니스트》, 알렉산드라 콜론타이의 팸플릿 「누가 전쟁을 필요로 하는가?」(두 가지 판본), 토지 문제에 대한 유인물, 고리키의 유인물 「유대인 박해 선동자 흑백인조와 유대인들」을 비롯해 다양한 교과서와 문헌이 수용소에 공급되었다. 1917년 2월 《포로수용소》 1호가 포로들의 모금으로 발간되었다. 2호는 1917년 3월 말 볼셰비키가 러시아로 출발하기 전날 발간 예정으로 준비되었으나, 인쇄되지는 못했다. 레닌은 본국으로 송환되면 혁명 투쟁에 참여하게 될 포로들에 대한 활동을 굉장히 중시했다. 그가 포로들과 자주 개인적인 접촉을 하는 것은 불가능했지만, 수용소를 탈출한 포로 두 명이 1917년 1월 말 취리히에 있는 레닌을 만나러 오기도 했다. 포로들은 볼셰비키의 사상을 그 지역 거주민들에게 퍼뜨리는 역할도 했으며, 1917~8년에 독일에 있던 러시아 전쟁 포로들은 독일 노동계급의 혁명 투쟁에 적극적으로 참여했다.—원서 편집자 동지들, 러시아에서 혁명이 일어났습니다.

페트로그라드와 모스크바 노동자들은 또다시 위대한 해방 운동의 선봉에 섰습니다. 그들은 정치파업을 선포했습니다. 그들은 붉은 깃발 아래 거리로 나섰습니다. 그들은 차르의 경찰과 헌병대, 그리고 곧바로 민중의 편에 서지 않은 소수의 군대와 맞서 사자처럼 싸웠습니다. 죽거나 다친 사람이 페트로그라드에서만 2천 명이 넘습니다. 러시아 노동자는 자신의 피로 조국의 해방을 샀습니다.

노동자들이 요구한 것은 **빵, 자유, 평화**였습니다.

빵——이 강탈 전쟁에 뛰어든 거의 모든 나라와 마찬가지로 러시아에서도 민중이 기아에 허덕이고 있기 때문입니다.

자유——차르 정부가 이 전쟁을 이용하여 러시아 전체를 하나의 견고한 감옥으로 만들었기 때문입니다.

평화——모든 나라의 계급의식적인 노동자들이 그렇듯 러시아 노동자들도 한 줌밖에 안 되는 부자들의 이익을 위해 죽고 싶지 않기 때문입니다. 왕관을 썼거나 쓰지 않은 약탈자들이 시작한 이 범죄적인 전쟁을 지속하고 싶지 않기 때문입니다.

페트로그라드와 모스크바 수비대의 병사들 대부분은 반란 노동자들의 편에 섰습니다. 군복을 입은 노동자와 농민은 군복을 입지 않은 노동자와 농민에게 형제애로 손을 내밀었습니다. 정직한 마음을 지닌 장교들 또한 혁명에 가담했습니다. 인민에 맞서려고 한 장교들은 병사들의 총에 쓰러졌습니다.

혁명을 일으킨 것은 노동자와 병사 들이었습니다. 하지만 다른 혁명들에서도 종종 그랬던 것처럼, 당장에 권력을 장악한 것은 부르주아였습니다. 지주와 자본가 들이 압도적 다수를 이루고 있는 국가두마는 차르 니콜라이 2세와 타협하기 위해 할 수 있는 모든 것을 했습니다. 페트로그라드 거리에서 내전이 벌어지고 있던 마지막 순간에도, 국가두마는 차르의 왕관을 구하기 위해 사소한 양보들에 동의해달라고 애원하는 전보를 잇달아 보냈습니다. 국가두마, 즉 지주들과 부자들의 두마가 아니라, 봉기한 노동자들과 병사들이 차르를 타도했습니다. 하지만 국가두마는 새로운 임시정부를 지명했지요.

임시정부는 자유주의 부르주아와 대지주의 대표자들로 이루어져 있습니다. 정부의 주요 직위는 르보프 공(대지주이자 초온건 자유주의자), A. 구치코프(스톨리핀의 동료, 그는 혁명가들을 군사재판에 넘기는 것에 찬성했습니다.), 테레셴코(Tereshchenko)(백만장자 설탕왕), 밀류코프(차르 니콜라이와 그 일당들이 우리나라를 끌고 들어간 약탈 전쟁을 언제나 지지했고, 끝까지 지지해온 자입니다)가 차지했습니다. '민주주의자' 케렌스키는 구치코프들과 르보프들이 인민의 뜻에 반해 **활동하는** 동안 단지 '인민의' 정부라는 겉치레를 만들기 위해, 허세를 부리는 공허한 **미사여구**로 인민의 마음을 달래줄 '민주주의적'인 거리 연설가로서 불려 나왔을 뿐입니다.

새 정부는 강도 전쟁을 계속 이어가려 합니다. 그들은 독일 자본가들과 마찬가지로, 전리품의 가장 좋은 부분을 차지하기 위해 '끝까지 싸우기로' 결정한 러시아, 영국, 프랑스 자본가들의 대리인입니다. 새 정부는 러시아에 평화를 가져다줄 수도 없고, 그것을 원하지도 않습니다.

그들은 대토지를 인민에게 돌려주기를 바라지 않으며, 부자들이 전쟁의 부담을 지는 것도 원치 않습니다. 그렇기 때문에 그들은 인민에게 빵을 줄 수 없고, 대부분의 노동자와 빈민은 전과 똑같이 굶주림을 겪고 있을 수밖에 없습니다.

새 정부는 자본가와 지주로 이루어져 있습니다. 이 정부는 러시아에 완전한 자유를 주기를 원하지 않습니다. 반란에 나선 노동자와 병사 들의 압박 때문에 이 정부는 러시아가 어떻게 통치되어야 하는지를 결정할 제헌의회를 소집하기로 약속했습니다. 하지만 예전에 비슷한 정부들이 몇 번이나 그래왔듯이 이 정부는 시간을 벌고 인민을 기만하기 위해 제헌의회 선거를 연기하고 있습니다. 정부는 러시아가 민주공화국이 되는 것을 바라지 않습니다. 정부가 원하는 것은 나쁜 차르 니콜라이 2세를 이른바 좋은 차르 미하일로 바꾸는 것뿐입니다. 정부는 인민이 아니라 새로운 차르가 부르주아와 함께 러시아를 다스리기를 원합니다.

이것이 바로 이 새 정부입니다.

하지만 그것과 나란히 또 하나의 정부가 페트로그라드에서 점차 모습을 갖춰가고 있습니다. 노동자와 병사 들은 노동자나 병사 천 명당 한 명씩으로 선출된 대표로 이루어진 소비에트를 건설하고 있습니다. 이 소비에트는 이제 천 명이 넘는 대표들이 타브리다 궁에 모여 회의를 하고 있습니다. 이 정부야말로 진정으로 인민을 대표합니다.

소비에트는 처음엔 몇 가지 작은 실수를 저지르기도 했지만 지금은 크고 강력한 목소리로 평화와 빵과 민주공화국을 요구하는 데로 나아가고 있습니다.

노동자와 병사 대표들의 소비에트는 제헌의회의 **즉각적인** 소집과 함께 그 선거 및 전쟁과 평화 문제를 결정하는 데 병사들을 참여시킬 것을 강력하게 요구합니다. 그들은 차르와 지주 소유의 토지를 농민들에게 양도할 것을 주장합니다. 그들은 공화국을 요구하며, 새로운 '좋은' 차르에 대한 이야기는 듣지 않을 것입니다. 그들은 모든 남녀들의 보통·평등 선거권을 요구합니다. 그들은 차르와 황후를 체포할 것을 약속합니다. 소비에트는 새 정부의 모든 조치들을 점검하고, 그 자체가 실질적인 정부가 될 감시위원회를 지명하기를 원합니다. 소비에트는 자본가들에 대한 공동 공격을 위해 다른 모든 나라의 노동자들과 동맹을 맺으려 노력하고 있습니다. 많은 혁명적 노동자들이 새롭게 쟁취한 자유를 이용하여 전쟁을 끝장내기 위한, 인민에게 권리를 보장하며 러시아의 자유를 공고히 굳히기 위한 공동의 행동을 병사들과 합의하기 위하여 차례로 전선으로 떠났습니다. 사회민주주의 신문 《프라우다》'는 페트로그라드에서 발간을 재개하여, 노동자들이 이 모든 위대한 과업을 수행하는 것을 돕고 있습니다.

동지들, 이것이 바로 오늘의 상황입니다.

그대들, 전쟁 포로들도 무심히 있을 수만은 없습니다. 동지들은 아마도 조만간 그대들에게 주어질 위대한 과업에 대비해야 합니다.

러시아의 자유의 적들은 간혹 동지들에게 기대를 걸기도 합니다. 저들은 이렇게 말합니다. 해외에 포로로 있는 러시아인이 약 200만 명이나 된다. 만약 그들이 고향에 돌아와 차르의 편에 선다면, 우리는 니콜라이나 그의 '사랑받는' 동생을 다시금 왕좌에 올릴 수 있을 것이다. 역사는 타도된 황제와 화해한 어제의 적들이, 황제가 자신의 인민들과 싸우는 것을 돕기 위해 포로들을 돌려주었던 선례를 알고 있다……[2]

동지들, 기회만 있다면 어디에서든 우리 조국에서 벌어진 위대한 사건에 대해 토론하십시오. 동지들이 러시아 병사의 가장 훌륭한 부위의 편에 함께 서 있다는 것을, 차르를 원치 않

는다는 것을, 자유로운 공화국·농민에게 토지를 무상 양도하
는 것·하루 8시간 노동·제헌의회의 즉각 소집을 요구한다는

I 페테르부르크에서 발행된 볼셰비키의 합법 일간지로서, 1912년 4월에
   페테르부르크 노동자들이 발기인으로 참가하여 창간되었다.
   《프라우다》는 대중적으로 널리 구독된 노동자계급 신문으로서, 노동
   자들 스스로 모금한 돈으로 발행되었다. 이 신문의 주위에 대규모 노동
   자 통신원·선전원 집단이 형성되었다. 노동자들이 보내온 통신원 투고
   가 한 해에 1만 1천 편 이상 실렸다. 발행부수는 하루 평균 4만 부였는
   데 6만 부까지 배포되는 경우도 있었다.
   레닌은 국외에서 《프라우다》를 지도했다. 그는 거의 매일 《프라우다》
   를 위해 글을 썼고, 편집위원회에 훈령을 보냈으며, 당의 가장 수준 높
   은 문필 역량들을 그 신문 주위로 결집시켰다.
   《프라우다》는 상시적으로 경찰의 탄압을 받았다. 창간 첫해에만 41
   차례나 압수당했고, 편집위원들이 36차례나 기소되어 총 47.5개월의 실
   형을 살았다. 27개월이 지나는 동안 차르 정부에 의해 여덟 차례 정간
   당했지만, 《라보차야 프라우다Rabochaya Pravda》, 《세베르나야 프라우
   다Severnaya Pravda》 등 제호를 바꿔 발행했다. 1차 세계대전 전야인
   1914년 7월 8일(21일)에 폐간됐다.
   발행이 재개된 것은 2월 혁명 이후였다. 1917년 3월 5일(18일)에 《프
   라우다》가 정식으로 러시아 사회민주노동당 중앙기관지로 발행되었다.
   레닌은 외국에서 귀국하여 4월 5일(18일) 편집위원회에 합류했다. 1917
   년 7월 5일에 《프라우다》 편집사무소는 사관생도들과 카자크의 침탈
   을 받았다. 7월과 10월 사이에는 임시정부의 탄압 때문에 《리스톡 프라
   우디Listok Pravdy》, 《프롤레타리Proletary》 등으로 제호를 자주 바꿔야
   했다. 10월 27일(11월 9일)에 다시 《프라우다》 제호로 발행하기 시작했
   다.─원서 편집자
2 레닌은 1870~1년의 프랑스-프러시아 전쟁의 교훈을 지적하고 있다. 당
   시 프러시아는 파리 코뮌을 탄압하는 것을 돕기 위해 반혁명적인 베르
   사유 정부에게 프랑스군 포로들을 돌려주었다.─원서 편집자

것을 목청껏 선언하십시오. 그대들이 페트로그라드 노동자·병사 대표 소비에트의 편이라는 것을, 러시아에 귀국하자마자 차르 편이 아니라 그의 반대편에, 지주와 부자의 편이 아니라 그들의 반대편에 설 것임을 선언하십시오.

기회가 있는 모든 곳에서 조직하고, 앞에 나온 요구들을 지지하는 결의들을 채택하고, 자신보다 후진적인 동지들에게 우리 조국에서 벌어진 위대한 사건이 갖는 의미를 설명하시기 바랍니다.

동지들은 전쟁 동안 포로로서 차고 넘칠 만큼 고통을 겪었습니다. 이제 우리는 더 나은 날들을 위해 전진하고 있습니다. 자유의 새벽이 밝아오고 있습니다.

차르의 군대가 아니라 혁명의 군대로, 인민의 군대로 러시아에 돌아오십시오. 1905년에도 일본에서 돌아온 전쟁 포로들은 자유를 위한 최고의 투사들이었습니다.

동지들이 돌아오면 전국 방방곡곡으로 가게 될 것입니다. 동지들은 머나먼 구석구석까지, 굶주림과 세금과 굴욕감에 고통받고 있는 모든 러시아 농촌에 자유의 메시지를 전해야 합니다. 동지들의 농민 형제들을 깨우치고, 농촌에서 무지를 몰아내고, 가난한 농민들에게 도시와 시골에서 영광스러운 투쟁을 벌이고 있는 노동자들을 지지하라고 요구하십시오.

공화국을 쟁취한 러시아 노동자들은 다른 모든 나라의 노동자들과 단결하여, 용감하게 전 인류를 사회주의로 이끌 것입니다. 그 체제에서는 부자도 빈자도 없고, 더 이상 한 줌의 부자가 수백만 인민을 임금노예로 전락시키지 못할 것입니다.

동지들, 우리는 기회가 오면 곧장 러시아로 돌아가 투쟁하고 있는 우리의 형제들, 노동자와 병사 들의 대오에 합류할 것입니다. 하지만 러시아에서도 우리는 동지들을 잊지 않을 것입니다. 자유로운 러시아에서 우리는 동지들에게 책과 신문과, 우리 조국에서 벌어지고 있는 일들의 소식을 전하려고 노력할 것입니다. 우리는 동지들이 돈과 식량을 충분하게 지급받을 수 있도록 요구할 것입니다. 그리고 혁명을 일으킨 노동자와 병사 들에게 말할 것입니다. 당신들은 포로수용소에 갇혀 힘겨워하고 있는 우리 형제들을 신뢰해도 된다고. 그들은 인민의 아들들이며, 차르에 맞서 싸우는 전투에서 우리와 어깨를 나란히 하고 자유와 공화국을 위해 함께 싸울 것이라고 말입니다.

《사회민주주의자》 편집부

| 1917년 3월 중순에 집필

러시아 혁명과
만국 노동자의 임무

이 글은 「먼 곳에서 보낸 편지들」의 네 번째 편지를 쓰던 중
또는 그 글을 다 쓴 직후에 작성한 것으로 보인다. 국제 프롤레타
리아트에게 보내는 볼셰비키 중앙위원회의 호소문으로 작성된
것으로 추정되나 마무리되지 못했다.—원서 편집자

노동자 동지들,

사회주의에 충실했던, 야만적이고 잔혹한 전쟁의 히스테리에 굴하지 않았던 사회주의자들의 예언이 옳았음이 증명되었다. 여러 나라 자본가들 사이에 벌어진 세계적인 약탈 전쟁으로 초래된 최초의 혁명이 일어났다. 제국주의 전쟁, 즉 전리품을 자본주의적으로 분할하기 위한 전쟁, 약소민족의 목을 조르기 위한 전쟁이 내전으로 전화되기 시작했다. 자본가들에 맞선 노동자들의 전쟁, 억압하는 자들에 맞선 전쟁, 차르와 군주와 지주와 자본가 들에 대항하는 일하는 사람들과 억압받는 사람들의 전쟁, 전쟁과 대중을 짓누르는 빈곤과 인간에 의한 인간의 억압으로부터 인류의 완전한 해방으로 나아가기 위한 전쟁이 시작된 것이다!

혁명을 가장 먼저 시작했다는 명예와 행운이 러시아 노동자들에게 주어졌다. 이 혁명은 위대하고 유일하게 적법하고 정당한 전쟁, 억압하는 자들에 대한 억압받는 자들의 전쟁이다.

페트로그라드 노동자들은 군주제를 타도했다. 비무장 상태로 기관총 앞에서 봉기를 일으킨 노동자들, 경찰과 차르의 군대에 맞서 영웅적으로 투쟁한 노동자들은 다수의 페트로그라드 수비대 병사들을 자기 편으로 끌어들였다. 모스크바와 다른 도시들에서도 똑같은 일이 벌어졌다. 군대에게 버림받은 차르는 항복할 수밖에 없었다. 차르는 자신과 아들의 퇴위에 서명했다. 차르는 동생 미하일에게 양위를 제안했다.

혁명의 엄청나게 빠른 속도 덕분에, 영국과 프랑스의 자본가들이 그들을 직접적으로 지원해준 덕분에, 페트로그라드 노동자 대중의 불충분한 계급의식 덕분에, 러시아 지주와 자본가 들의 조직과 준비 덕분에, 그들이 권력을 장악했다. 이 새로운 러시아 정부, '임시정부'의 주요 직위, 수상과 내무장관과 전쟁장관의 자리는 학살자 니콜라이와 살인마 스톨리핀이 1905년 혁명을 짓밟고, 토지와 자유를 위해 투쟁하는 노동자와 농민 들을 총살하고 목매다는 것을 돕는 데 최선을 다했던 르보프와 구치코프, 즉 10월당에게 돌아갔다. 덜 중요한 장관 자리는 카데트에게 돌아갔다. 외무장관에 밀류코프, 교육장관에 마누일로프(Manuilov), 농업장관에 신가료프가 임명되었다. 별로 중요하지 않은 한 자리, 법무장관직은 말주변 좋은 트루도비키 케렌스키에게 돌아갔다. 자본가들은 지키지 못할 약속들로 민중을 달래고, 거창한 문구들로 그들을 속이고, 지주와 자본가의 정부와 민중들을 화해시키기 위해 케렌스키가 필요했다. 영국과 프랑스의 자본가들과 동맹을 맺은 자본가들은 이 약탈 전쟁을 지속하기를 원한다. 이 전쟁은 아르메니아·콘스탄티노플·갈리치아를 강탈하려는 전쟁이며, 영국-프랑스 자본가들이 독일 자본가들에게 빼앗은 노획물(독일의 모든 아프리카 식민지)을 유지하려는 전쟁인 동시에 독일 자본가 강도들에게 빼앗긴 전리품(프랑스의 일부·벨기에·세르비아·루마니아 등)을 되찾으려는 전쟁이다.

노동자들은 당연히 그런 정부를 믿을 수 없었다. 노동자들은 평화와 빵과 자유를 얻으려는 투쟁 속에서 군주제를 타도했다. 그들은 구치코프와 밀류코프 일당이 노동인민의 손에서 승리를 빼앗아가는 데 성공한 이유를 단박에 깨달았다. 그 이유는 러시아의 지주들과 자본가들이 잘 준비하고 있었고, 잘 조직되어 있었기 때문이다. 자본의 힘, 즉 러시아 자본가들과 세계에서 가장 부유한 영국과 프랑스 자본가들의 부가 그들의 편이었기 때문이다. 노동자들은 평화, 빵, 자유를 위해 투쟁하기 위해, 일하는 계급들, 노동자와 병사와 농민 들이 자본가들로부터 독립되어 자본가들에 맞서 조직하고, 결속하고, 단결해야 한다는 사실을 애초부터 알고 있었다.

그래서 차르 제정을 타도한 페트로그라드 노동자들은 즉시 자신들의 조직, 노동자 대표 소비에트를 건설했고, 즉시 그것을 계속 강화하고 확대하여, 노동자·병사 대표들의 독립적인 소비에트들을 조직했다. 혁명이 일어나고 불과 며칠 만에, 페트로그라드 노동자·병사 대표 소비에트는 1,500명이 넘는 군복 입은 노동자와 농민 대표들로 구성되었다. 소비에트는 철도 노동자들과 전체 노동인민들 사이에서 자신이 진정한 **인민의 정부**로 발전하기 시작했다는 폭넓은 자신감을 얻었다.

심지어 구치코프–밀류코프의 가장 충실한 친구들과 후원 자들조차, 영국–프랑스 강도 자본의 가장 **충실한** 주구들조차, 영국 자본가들의 가장 부유한 신문《더 타임스》의 직원인 로 버트 윌슨(Robert Wilson)[1]과 프랑스 자본가들의 가장 부유한 신문《르 탕》의 직원인 샤를 리베(Charles Rivet) 같은 자들조차, 소비에트에 욕설을 퍼부으면서도, 러시아에 두 개의 정부가 존 재한다는 사실을 인정할 수밖에 없었다. 두 개의 정부 중 하나 는 '모두'(실제로는 부자들 모두)가 알고 있는, 구치코프들과 밀류 코프들의 지주와 자본가의 정부다. 다른 하나는 (부유한 계급들 은) '아무도' 모르는 노동자와 농민들의 정부, 상트페테르부르 크 노동자·병사 대표 소비에트다. 이 정부는 러시아 전역에 노 동자 대표 소비에트들과 농민 대표 소비에트들을 건설하려고 노력하고 있다.

이제, 이 두 정부가 각기 무엇을 말하고 행하고 있는지 살 펴보자.

---

[1] 로버트 윌슨이라고 적혀 있으나, 1917년 《더 타임스》의 페트로그라드 특파원은 로버트 윌턴(Robert Wilton, 1868~1925년)이었기 때문에 오 자로 보인다.—옮긴이

1. 르보프–구치코프–밀류코프의 지주 및 자본가 정부는 무엇을 하고 있는가?

지주와 자본가의 정부는 가장 빛나는 약속들을 사방에 뿌려대고 있다. 이 정부는 러시아 민중에게 최대의 자유를 약속한다. 러시아의 정부 형태를 결정하기 위해 전국적인 제헌의회를 소집할 것을 약속한다. 케렌스키와 카데트 지도부는 민주공화국을 지지한다고 선언했다. 구치코프들–밀류코프들은 연극적 혁명론의 탁월한 대가들이다. 그들의 홍보기관은 전속력으로 돌아가고 있다. 하지만 그들의 **행동**은 어떠한가?

자유를 약속하면서도, 새로운 정부는 실제로는 왕조와 군주제를 복구하는 전망을 놓고 차르 가족과 협상을 했다. 정부는 미하일 로마노프에게 섭정, 즉 임시 차르가 되어달라고 요청했다. "토지와 자유! 폭군들에게 죽음을!"이라고 적힌 깃발을 들고 페트로그라드 거리를 행진한 노동자들이 구치코프들과 밀류코프들을 막지 않았다면 러시아는 군주제로 돌아갔을 것이다. 노동자들은 기병대와 함께 두마 앞 광장에 운집하여 "만국에 사회주의 공화국 만세!"라고 적힌 깃발을 펄럭였다. 구치코프들–밀류코프들의 동맹인 미하일 로마노프는 상황이 이렇다면 우선은 제안을 거절하고 제헌의회가 자신을 왕위에 선출하는 것을 기다리는 쪽이 현명하리라는 것을 깨달았다. 그리하여 러시아는 잠정적으로 공화국으로 남았다.

정부는 전직 차르의 자유를 박탈하지 않았다. 노동자들은 차르의 체포를 강력하게 요구했다. 정부는 군통수권을 니콜라이 니콜라예비치 로마노프[2]에게 넘기기를 원했다. 노동자들은 그의 해임을 강제했다. 노동자·병사 대표 소비에트가 존재하지 않았다면 틀림없이 지주들, 르보프들-구치코프들은 로마노프나 누군가 다른 지주와 타협했을 것이다.

인민에 대한 정부의 포고문과 밀류코프가 모든 러시아 해외 대표기관들에 보낸 전보에서 정부는 러시아가 체결한 모든 국제조약들을 준수할 것이라고 선언했다. 이 조약들은 퇴위한 차르가 체결한 것이었다. 정부는 감히 그 포고문을 공표하진 못했다. 첫째, 러시아, 영국, 프랑스 자본이 정부의 손발을 묶고 있기 때문이고, 둘째는 자본가들이 콘스탄티노플을 획득하고 갈리치아를 압박하는 것 등을 위해서 500만, 천만의 노동자, 농민 들을 더 희생시킬 준비가 돼 있다는 사실을 알게 된다면 인민들이 구치코프들과 밀류코프들을 갈기갈기 찢어버릴지도 모른다고 두려워하기 때문이다.

지주 차르가 맺은 조약들——그것을 위해 자본가들이 더욱더 많은 병사들의 피를 흘릴 준비가 돼 있는——에 대한 진실을 인민이 알아서 안 된다면, 그럼 이런 자유의 약속들은 대체 무슨 가치가 있는가?

2 퇴위한 차르 니콜라이 2세의 본명이다.—옮긴이

그리고 기근에 위협받는 인민에게, 그들이 러시아, 영국, 프랑스 자본가들이 독일 자본가들을 강탈하기 위한 학살에 눈감기를 원하는 인민에게 다양한 자유들에 대한 약속, 심지어 민주공화국에 대한 약속이 지니는 가치는 무엇인가?

동시에 구치코프들과 밀류코프들의 정부는 러시아 노동자들이 자신들의 형제인 다른 나라의 노동자들과 교감하려는 모든 시도를 순전히 힘으로 억누르고 있다. 정부는 혁명이 일어난 후 페트로그라드에서 발간을 재개한 《프라우다》와 우리 당, 러시아 사회민주주의 노동당 중앙위원회가 페트로그라드에서 발표한 성명서들, 두마 의원 치헤이제와 그의 그룹이 발표한 성명서들을 해외로 보내는 것을 금지하고 있다.

노동자들과 농민들! 그대들은 가만히 있을 수 있다. 그대들은 자유를 약속받았다. 죽은 자들을 위한 자유, 굶어 죽은 사람들과 전쟁에 끌려나가 학살당한 사람들을 위한 자유를 말이다!

새 정부의 정책 어디에서도 농민에게 토지를 주거나 노동자에게 더 높은 임금을 주는 일에 대한 언급을 전혀 찾아볼 수 없다. 제헌의회 소집 날짜는 정해지지 않았다. 페트로그라드 시의회 선거는 아직도 소식이 없다. 인민 의용군은 스톨리핀의 법에 따라 자본가와 가장 부유한 지주들끼리 뽑아놓은 젬스트보 및 시정부의 관할 아래 들어가고 있다. 지방관들은 지주계급 가운데서 임명되고 있다. 이것이 지금까지 주어진 '자유'인 것이다!

   2. 노동자와 농민들의 정부는 무엇을 하고 있으며, 그것은 무엇을 해야 하는가?[3]

| 1917년 3월 12일(25일) 집필

---

3   원고는 여기서 중단되었다.―원서 편집자

러시아 혁명에서 러시아 사회민주노동당의 임무

강연 보고

'러시아 혁명에서 러시아 사회민주노동당의 임무'('러시아 혁명, 그 중요성과 과제')라는 강연은 1917년 3월 14일(27일) 취리히에 있는 민중의 집에서 열린 스위스 노동자들의 모임에서 독일어로 진행되었다. 레닌은 《폴크스레히트》에 이 강연 보고를 보냈고, 그 글은 「러시아 혁명에 대한 레닌」이라는 제목으로 1917년 3월 31일(4월 13일)과 4월 2일(15일)자 《폴크스레히트》(77·78호)에 나뉘어 게재되었다. 3월 31일(4월 13일), 열차를 타고 러시아로 귀국하던 레닌은 스톡홀름을 지나며 스웨덴 좌파 사회민주주의 신문 《폴리티켄*Politiken*》의 편집부에게도 이 기사를 보냈다. 4월 2일(15일)자 《폴리티켄》 86호에 「러시아 혁명에 대한 레닌. 정부가 아닌 인민들 사이의 직접 평화교섭」이라는 제목으로 약간 분량이 줄여져서 게재되었다. 1929년 소련에서 축약되지 않은 독일어 원고를 러시아어로 번역하여 출판했다.―원서 편집자

두 시간 반 동안 진행된 레닌의 강연은 두 부분으로 이루어져 있다. 앞부분에서 레닌은 차르 군주제가 8일 만에 붕괴하는 '기적' 같은 일이 일어날 수 있었던 역사적 조건을 간략히 설명했다. 그 가운데 가장 중요한 것은 1905~7년에 일어난 '대반란'이었다. 현 정세를 주도하고 있는 구치코프들과 밀류코프들은 1917년의 '명예혁명'을 찬양하며 1905~7년의 사건을 심하게 비방하고 있지만, 진실로 깊었던 1905년 혁명이 '땅을 갈아놓지' 않았다면, 그 혁명이 모든 당과 계급 들의 행동을 보여주지 않았다면, 그 혁명이 차르 도당의 저 모든 미개함과 야만성을 폭로해주지 않았다면, 1917년의 신속한 승리는 가능하지 않았을 것이다.

1917년에는 아주 예외적인 상황들의 결합이 차르 체제에 대한 극히 다양한 사회세력들의 공격을 하나로 뭉치게 만들수 있었다. 첫째, 1905년에는 전세계를 가장 많이 지배하고 약탈하고 있던 영국과 프랑스 금융자본이 1905년 혁명을 반대하고 차르가 그것을 분쇄하는 것을 원조했다(1906년의 차관). 하지만 지금 영국-프랑스 금융자본은 니콜라이 2세를 퇴위시키거나 양보를 강요하기 위해 구치코프 씨들, 밀류코프 씨들 및 군사령부 일부와 노골적인 음모를 조직하며, 혁명에 직접적으로, 가장 적극적으로 참여하였다. 세계 정치와 국제 금융자본의 관점에서 볼 때, 구치코프-밀류코프 정부는 단지 '영국과 프랑스'라는 은행 기업의 외판원이자 제국주의 살육을 지속시키기 위한 도구에 불과하다. 둘째, 차르 군주제의 패배는 군대의 낡은 지휘관들을 쓸어내고 그 자리를 젊고 부르주아적인 인사들로 새로이 채웠다. 셋째, 1905~14년에, 특히 1914~7년에 강력하게 힘을 조직한 전체 러시아 부르주아지는 아르메니아, 콘스탄티노플, 갈리치아 등을 점령하여 부를 불릴 심산으로 쇠락하는 차르 체제에 맞서 지주와 공동 투쟁을 하기로 했다. 넷째, 이러한 제국주의적 세력들에다 깊고 강력한 프롤레타리아 운동이 가세했다. 혁명을 일으킨 프롤레타리아트는 평화, 빵, 자유를 요구했다. 프롤레타리아트는 제국주의자 부르주아와 아무런 공통점이 없었으며, 그것은 노동자와 농민으로 구성된 군대의 대다수를 이끌었다. 제국주의 전쟁의 내전으로의 전화가 시작되었다.

따라서 이 혁명의 근본적인 모순은 그 자신을 제국주의 전쟁이 불러일으킨 최초의 혁명의 첫 번째 단계에 불과한 것으로 드러낸다. 구치코프-밀류코프의 지주 자본가 정부는 민중에게 평화도 빵도 자유도 줄 수 없다. 이 정부는 약탈 전쟁을 지속하기 위한 정부다. 정부는 차르가 맺은 국제 조약들을 준수할 것이라고 공공연하게 선포했는데, 그 조약들이란 죄다 약탈적인 것들뿐이다. 이 정부는 잘해야 위기를 연기시킬 수 있을 뿐, 나라를 기근에서 구할 수는 없다. 아무리 많은 '약속'을 한다 한들(약속은 돈이 들지 않는다) 이 정부는 자유를 가져다줄 수 없는데, 지주의 토지 소유 및 자본의 이해와 그 자신이 유착되어 있기 때문이다. 처음부터 이 정부는 군주제를 복구시키기 위해 왕가와 거래를 했다.

이것이 바로 '반동과의 투쟁'이라는 명분을 위해 새 정부를 '지지'하는 전술을 택하는 것이 어리석음의 극치인 이유다. 반동과 투쟁하려면 프롤레타리아트의 무장이 필요하다. 그것만이 반동과, 차리즘 및 군주제를 복원하려는 구치코프들과 밀류코프들 둘 모두에 맞설 수 있는 유일하게 진지하고 효과적인 방법이다.

그러므로 스코벨레프 의원이 러시아는 "두 번째의, 진정한 혁명의 전야에" 있다고 말했을 때 그 말은 옳았다.

그 혁명을 위한 민중의 조직은 이미 존재하며, 성장하고 있다. 그 조직은 노동자·병사 대표 소비에트다. 영국-프랑스 자본의 외판원들, 《더 타임스》와 《르 탕》의 특파원들이 그토록 그 조직의 평판을 떨어뜨리려고 안달하는 것은 괜한 짓이 아니다.

레닌은 노동자 대표 소비에트에 대한 언론 보도들을 면밀히 연구한 끝에 소비에트 내에 세 개의 다른 경향이 존재한다는 결론을 내렸다. 첫 번째는 사회애국주의에 가장 가깝다. 이 경향은 케렌스키, 저 빈말의 영웅이자, 구치코프와 밀류코프가 쥐고 있는 장기판의 졸이며, '루이 블랑 정치'[1]의 가장 나쁜 유형의 대표자인, 카우츠키 부류들의 유럽 사회애국주의와 사회평화주의풍의 공허한 약속과 듣기 좋은 말의 대가를 신뢰한다. 하지만 현실에서 그는 노동자들과 약탈 전쟁의 지속을 '화해시킨다.' 케렌스키를 통해 제국주의 부르주아는 노동자들에게 이렇게 말한다. 우리는 당신들에게 공화국과 8시간 노동(이것은 상트페테르부르크에서는 이미 확립되어 있다)을 선사할 것이다. 우리는 당신들에게 그 모든 자유를 약속한다. 하지만 그 모든 것은 당신들이 우리가 터키와 오스트리아를 약탈하여 독일 제국주의의 전리품을 뺏고, 영국-프랑스 제국주의에게 전리품을 보장하는 것을 돕는다는 분명한 목적을 위해서다.

I 레닌은 이후 《프라우다》(1917년 4월 8일자, 27호)에 실린 「루이 블랑 정치」라는 글에서 이렇게 쓰고 있다. "프랑스 사회주의자 루이 블랑은 1848년 혁명 동안 계급투쟁의 관점에서 소부르주아적인 환상으로 넘어가는 바람에 어쩔 수 없이 악명을 얻었는데, 그 환상은 '사회주의적'이라고 생각된 어구로 치장돼 있지만 실제로는 프롤레타리아트에 대한 부르주아의 영향력을 강화하는 기능을 할 뿐이었다. 루이 블랑은 부르주아가 '노동 조직'——이 모호한 단어는 사회주의 경향을 표현한다고 생각되었다——문제에서 노동자들을 도울 수 있다고 희망하고, 다른 사람들에게도 그 희망을 품게 하면서 부르주아의 지원을 기다렸다."—원서 편집자

두 번째 경향은 우리 러시아 사회민주노동당 중앙위원회가 대표한다. 신문들은 3월 18일 상트페테르부르크에서 발췌된 우리 중앙위원회의 성명서를 발췌해서 실었다. 그 성명은 구치코프와 밀류코프의 정부가 아니라 노동자·병사 대표 소비에트가 수행하는 민주주의 공화국, 8시간 노동제, 토지의 몰수와 농민에게로의 양도, 비축 곡물의 몰수, 즉각적인 평화 협상을 요구했다. 이 성명서의 견해로는 이 소비에트야말로 진정한 혁명 정부다. (레닌은 《더 타임스》의 특파원 역시 러시아에 존재하는 두 개의 정부에 대해 말하고 있다고 덧붙였다.) 평화 협상은 부르주아 정부가 아니라 모든 교전국들의 프롤레타리아트에 의해 이루어져야 한다. 이 성명서는 모든 노동자, 농민, 병사 들에게 노동자 대표 소비에트에 참가할 대표를 선출하라고 요청한다.

이것이 진실로 사회주의적이고 진실로 혁명적인 유일한 전술이다.

세 번째 경향은 치헤이제와 그의 친구들이 대표한다. 그들은 동요하고 있는데, 이는 어느 순간에는 그들을 칭찬했다가 다음 순간에는 맹렬히 비난하는 《더 타임스》와 《르 탕》의 비평들에 반영되어 있다. 치헤이제가 2차 임시정부에 입각을 거절하고, 그가 전쟁은 양측 모두에 제국주의 전쟁이라고 선언하는 등의 때, 그는 프롤레타리아의 정책을 추구하고 있었다. 하지만 치헤이제가 1차 임시정부(두마 위원회)에 참여했을 때, 자신의 성명서 3절에서 "정부에 러시아 노동자 계급의 대표자들이 충분히 참여할 것"(제국주의 전쟁 정부에 국제주의자들의 참여!)이라고 요구했을 때, (제국주의와 단절할 수 없는 금융자본의 이해가 부르주아지의 손발을 묶고 있다는 점을 설명하는 대신) (스코벨레프와 함께) 이 제국주의 정부에게 평화 협상을 시작할 것을 요청했을 때, 치헤이제의 친구들——툴랴코프와 스코벨레프——이 구치코프와 밀류코프 정부의 명령에 따라 자유주의 장군들(네페닌 제독의 피살은 독일 제국주의자들조차 슬퍼했다!)에 맞서 들고 일어난 병사들을 '진정'시키려고 애쓸 때,——그때 치헤이제와 그의 친구들은 '루이 블랑 정치'의 가장 나쁜 형태로 떨어져, 부르주아 정책을 따르고 혁명에 해를 끼친다.

레닌은 고리키의 사회평화주의적인 호소도 비판하며, 이 위대한 작가가 정치에 빠져 소부르주아적 편견을 반복해서 드러내고 있다는 사실에 개탄했다.

레닌은 뒷부분 강연은 프롤레타리아트의 전술을 설명하는 데 할애했다. 그는 현 시기의 독특한 역사적 상황을 혁명의 첫 번째 단계에서 두 번째 단계로 이행하는 시기로 묘사한다. 즉 차르 체제에 맞선 반란에서 부르주아와 제국주의 전쟁에 맞선 반란으로 이행하는 시기, 또는 만일 정부가 그것의 소집 '약속'을 지킨다면 제헌의회가 변해서 될지도 모르는 대표자 회의로 이행하는 시기인 것이다.

이 시기의 특별한 임무, 즉 이러한 이행기 정세에 부합하는 임무는 프롤레타리아트를 조직하는 것이다. 사회주의를 배신한

자들, 카우츠키 추종자들은 말할 것도 없고 모든 나라의 사회
애국주의자와 기회주의자가 벗어나지 못하고 있는 진부한 조
직 형태가 아니라, **혁명적인 조직**. 그것은 첫째로는 **전체** 민중
을 포괄해야 하며, 둘째로는 **군사와 통치** 기능을 겸비하고 있어
야 한다.

　　제2인터내셔널을 장악한 기회주의자들은 혁명의 시기에
국가에 대한 마르크스와 엥겔스의 학설을 왜곡했다. 카우츠키
또한 1912년에 판네쿡과 논쟁할 때 마르크스의 견해에서 이탈
했다.[2] 마르크스는 1871년 코뮌의 경험을 기초로 하여 "노동
자계급이 단순히 기존의 국가를 장악하는 것만으로는 그것을
자기 자신의 목적을 위해 가동시킬 수 없다"[3]고 우리에게 가르
쳤다. 프롤레타리아트는 이 기구(군대, 경찰, 관료)를 **분쇄**해야 한
다.[4] 기회주의자들(사회애국주의자들)과 카우츠키 추종자들(사회
평화주의자들)이 부정하거나 얼버무리는 것이 바로 이것이다. 이
것이 파리 코뮌과 1905년 러시아 혁명이 가르쳐준 가장 중요한

----

[2]　이에 대한 더 자세한 논의는 『국가와 혁명』 6장 3절 "카우츠키와 판네
　　쿡의 논쟁"에 나와 있다.―원서 편집자

[3]　이 부분은 마르크스가 국제노동자협회(제1인터내셔널) 총평의회 명의
　　의 담화문으로 쓴 『프랑스 내전』(1871년)에서 가져온 문장으로 『공산당
　　선언』의 1872년 독일어판 서문에도 재인용되어 있다.―옮긴이

[4]　관련해서 마르크스의 『루이 보나파르트의 브뤼메르 18일』, 『프랑스 내
　　전』, 국제노동자협회 총평의회의 담화문, 엥겔스가 쿠겔만에게 보낸 편
　　지(1871년 4월 12일), 마르크스·엥겔스의 『공산당 선언』의 1872년 독일
　　어판 서문을 보라.―원서 편집자

실천적 교훈이다.

우리는 혁명적 변혁을 위해 국가가 필요하다는 사실을 인정한다는 점에서 무정부주의자와 구별된다. 그러나 우리는 가장 민주적인 부르주아 공화국에 존재하는 것과 같은 '기존의' 국가기구가 아니라 무장되고 조직된 노동자들의 직접 권력이 필요하다고 말한다는 점에서 기회주의자나 카우츠키 추종자들과 구별된다. 우리가 필요로 하는 국가는 바로 그것이다. 1871년의 파리 코뮌과 1905년 및 1917년의 노동자 대표 소비에트야말로 본질적으로 그러한 국가였다. 이 토대 위에서 우리는 계속 건설을 해야만 한다. 경찰의 재건을 저지하라! 민중의 민병대에서 프롤레타리아트가 이끄는 진정한 모든 민중의 민병대를, '우리의 국가'를 건설하라. 그래서 노동자들이 민병대에 복무하는 시간에 대해 자본가들이 보수를 지급하도록 하라. 어제 차르와 펼친 전투에서 프롤레타리아트가 발휘했던, 그리고 내일 구치코프들과 밀류코프들과의 전투에서 발휘할 '프롤레타리아트 영웅주의의 기적'을 '프롤레타리아트 조직의 기적'으로 보완하라. 그것이 현재의 슬로건이다! 그것이 성공을 위한 보증금이다!

기근, 빵을 분배해야 할 필요성, '민간인 의무 복무'5의 불가피성, 평화를 보장할 필요성 등 객관적 상황들이 노동자들을

---

5 전시에 민간인을 공공사업에 의무적으로 봉사하게 하는 것을 말한다. 원서에는 독일어 "Zivildienstpflicht"로 적혀 있다.─옮긴이

그 길로 밀어넣고 있다. 레닌은 우리의 평화협정 조건은 다음과 같다고 말했다. (1)혁명정부로서 노동자 대표 소비에트는 차르 정부나 부르주아지가 체결한 어떤 조약에도 구속되지 않는다는 사실을 즉시 선포한다. (2)소비에트는 이 모든 야비하고 약탈적인 조약들의 내용을 즉각 공개한다. (3)소비에트는 모든 교전국들에게 즉각적인 휴전을 공개적으로 제안한다. (4)소비에트는 모든 식민지와 모든 억압받는 민족들의 해방을 평화의 조건으로 제안한다. (5)소비에트는 자신이 어떤 부르주아 정부도 신뢰하지 않으며 만국의 노동자들에게 그 정부들을 타도할 것을 요구한다고 선언한다. (6)소비에트는 전쟁 차관을 체결한 것은 부르주아이므로, 자본가들이 그것을 갚아야 한다고 선언한다.

이러한 정책은 다수의 노동자와 빈농 들을 노동자 대표 소비에트로 끌어들일 것이다. 토지의 몰수는 보장될 것이다. 이것은 아직 사회주의는 아닐 것이다. 그것은 평화와 자유와 빵을 보장할 노동자와 빈농의 승리를 의미할 것이다. 그러한 평화협정 조건을 위해, 우리도 혁명 전쟁을 준비할 것이다! 레닌은 이미 《사회민주주의자》 47호(1915년 10월 13일자)에서 사회민주주의 운동은 그러한 혁명 전쟁을 미리 단념하지 않는다고 표명했음을 상기시켰다. 만국의 사회주의 프롤레타리아트로부터 지원을 받을 수 있을 것이다. ("우선 승리하고, 그 다음에 공화국"이라는 게드의 수치스러운 편지와 같은) 사회애국주의자들의 비굴한 호소는 연기처럼 사라질 것이다.

강연자는 다음과 같은 말로 강연을 마무리했다. "러시아 혁명 만세! 이미 시작된 세계 노동자 혁명 만세!"

| 1917년 3월 15~6일(28~9일) 집필

공화파 국수주의자들의
속임수

이 글은 4월 5일자 《폴크스레히트》(85호)에 실렸고, 4월 10일자 《아반티!》(99호)에는 축약되어 실렸다. 러시아 사회민주노동당 중앙위원회 사무국에 보낸 3월 24일(4월 6일)자 하네키의 편지로 보건대, 이 글은 3월 22일(4월 4일) 페트로그라드에도 전해졌지만 《프라우다》에 실리지는 않았다. 아마 그 전에 이미 언론에 경찰 스파이 체르노마조프(Chernomazov)에 대한 해명 기사가 실렸기 때문인 듯하다.—원서 편집자

나는 오늘 발행된 《노이에 취리허 차이퉁》의 조간판(3월 30일, 557호)에서 다음과 같은 기사를 읽었다.

"밀라노, 3월 29일. 혁명이 일어난 후 복간한 사회주의 신문 《프라우다》의 편집자 아무개 체르노마조프가 체포됐다는 소식을 상트페테르부르크에 있는 우리 특파원이 알려왔다. 체르노마조프는 구체제 아래에서 비밀경찰 요원으로 활동하며 200루블의 월급을 받았다. 그가 편집한 신문은 사회주의 공화국을 요구하며 명백히 반동에게 도움을 줄 목적으로 임시정부를 격렬하게 비판해왔다. 무책임한 그룹들의 반정부 선동은 대부분 구체제나 적과 공모한 게 아닌지 의심케 한다. 임시정부에 비해 확실히 급진적인 노동자·병사 대표 소비에트조차 그런 그룹들을 외면하고 있다."

이 기사는 국수주의적인 이탈리아 신문 《코리에레 델라 세라*Corriere della Sera*》[1](밀라노, 3월 29일)에 게재된 전보문을 고

1876년 밀라노에서 창간된 유력한 이탈리아 부르주아 신문이다.—원서 편집자

쳐 쓴 것이다. 그 전보는 3월 26일 밤 10시 30분에 상트페테르부르크에서 밀라노로 보낸 것이다. 국수주의자들 사이에서 꽤 흔히 일어나는 이러한 날조를 독자들에게 해명하기 위해서는 과거로 조금 거슬러 올라가보아야 한다.

"구체제" 아래에서, 1912년부터 1914년까지 상트페테르부르크에서 사회민주주의 일간지 《프라우다》가 발행되었다. 《프라우다》는 실질적으로 우리 당, 러시아 사회민주노동당 중앙위원회의 기관지였다. 당시 정치적 망명자로 크라쿠프[2]에서 지내던 나는 거의 매일 그 신문에 기고를 했다. 우리 당 소속이었으며, 나중에 차르가 제국주의 전쟁 반대 선동죄로 시베리아로 유형을 보낸 사회민주주의 두마 의원 바다예프, 무라노프, 페트롭스키, 샤고프, 사모일로프(1914년 여름까지는 말리놉스키(Malinovsky)도 이 그룹에 포함돼 있었다)가 정기적으로 크라쿠프로 와서, 나와 함께 그 신문의 정책을 논의하기도 했다.

차르 정부는 발행부수가 6만 부 가까이나 되는 《프라우다》 주변에 당연히 첩자들을 깔아놓았을 뿐 아니라, 직원 중에도 밀정을 심어놓으려 했다. 이런 밀정들 가운데 한 사람이, 바로 당 내부에는 '미론'이라고 알려졌던 체르노마조프였다. 그는 당의 신뢰를 얻는 데 성공해 1913년에 《프라우다》의 서기가 되었다.

2   크라쿠프는 당시 오스트리아에 속했던 폴란드의 도시로, 레닌은 1912년 6월부터 1914년 8월까지 그곳에 살았다.—옮긴이

두마 의원단과 함께 체르노마조프의 활동을 관찰했던 우리는 우선 그의 기사들이 우리의 정치노선에서 어긋났으며, 둘째로 그의 정치적 성실성이 의심스럽다는 결론에 이르렀다. 그러나 그를 대신할 사람을 찾는 것이 쉽지 않았다. 두마 그룹이 크라쿠프로, 또는 크라쿠프에서 두마 그룹으로 연락을 취할 때 비합법적인 수단을 이용해야 했기에 더더욱 그랬다. 두마 의원들이 크라쿠프로 직접 와서 소통하기도 했지만, 의원들이 자주 방문하는 것은 불가능했다. 결국 우리는 1914년 봄에 로젠펠트(카메네프)3를 상트페테르부르크로 보내는 데 성공했다. 하지만 로젠펠트는 1914년 말경에 두마 그룹과 함께 시베리아로 추방당했다.

로젠펠트(카메네프)는 체르노마조프를 쫓아내라는 지시를 받았다. 그는 체르노마조프를 모든 신문 업무에서 쫓아냈다. 체르노마조프는 해임되었다. 우리 중앙위원회는 조사를 명령했지만, 체르마조프에 대한 의심을 입증할 확실한 증거를 찾지 못했기 때문에, 상트페테르부르크 동지들은 그를 공개적으로 밀정으로 지목하지는 못했다. 우리는 그를 《프라우다》에서 몰아내는 선에서 그칠 수밖에 없었다.

---

3   레프 보리소비치 로젠펠트는 카메네프(1863~1936년)의 본명이다. 그는 1907년 체포되었다가 이듬해 석방된 뒤 줄곧 해외에 있었는데, 연이은 체포로 러시아 국내 볼셰비키 지도부가 와해되자 국내 활동을 지도하기 위해 1914년 1월 상트페테르부르크로 잠입했다.—옮긴이

체르노마조프와 다른 밀정들은 차르가 두마 의원들을 시베리아로 추방하는 것을 도왔다. 그것에 대해서는 의심할 여지가 없다.

우리 당의 상트페테르부르크 '중앙위원회 사무국'이 1916년 11월 13일에 보낸 통신문은 체르노마조프가 다시 비합법 조직에 늘어오려고 시도하고 있으며, "사무국"은 미론과 그와 연루된 한 사람을 조직에서 추방했고, "그와 계속 관계를 갖는 누구에게나 유사한 조취를 취할" 것이라고 전했다.

우리의 답변은 당연히 체르노마조프는 당에서 용납될 수 없다는 것이었다. 왜냐하면 중앙위원회와 두마 그룹이 그를 추방해야 한다는 결정을 내렸기 때문이었다.

구체제에서 발행되다가 전쟁이 나기 전인 1914년 7월 탄압을 당한 옛《프라우다》에 얽힌 사연은 이러하다.

여기서 의문이 발생한다. 체르노마조프가 혁명 이후 상트페테르부르크에서 발행을 시작한 **새로운**《프라우다》와 직접적이든 간접적이든 연관이 있는 것 아닌가? 그것에 대해 나는 아무것도 모른다. 왜냐하면 혁명의 첫날부터 구치코프-밀류코프 정부는 내 전보가《프라우다》에 전달되는 것을 허락하지 않았기 때문이다. 물론《프라우다》의 전보가 내게 오는 것도 마찬가지다. 나는 중앙위원회 사무국이 여전히 존재하는지, 카메네프와 두마 의원들이 상트페테르부르크로 돌아왔는지조차 알지 못한다. 그들은 미론을 알고 있으며, 그자가 새로운 사람

들이 자리에 있는 것을 이용하여 슬며시 조직에 다시 들어오려 한다면 즉시 그를 쫓아낼 것이다.[4]

프랑스의 사회배외주의 신문 《뤼마니테》의 3월 28일자는 《프티 파리지앵*Petit Parisien*》[5]이 상트페테르부르크로부터 받았을 것으로 추측되는 전보를 인용했다. 이 전보에서 체르노마조프는 "과격한 사회민주주의 신문 《프라우다》의 전(前) 편집자"로 언급되고 있다.

독자들은 이제 구치코프-밀류코프 정부와 그 친구들이 우리 당이 구체제 및 적과 공모하여 활동하고 있다는 추측을 통해 우리 당을 음해하려고 시도하면서 사용한 배신 행위와 더러운 방법들을 알아차렸기를 바란다. 이 정부와 그들의 친구

---

4 4차 두마의 볼셰비키 의원이었던 마트베이 무라노프는 3월 12일(25일) 시베리아에서 페트로그라드로 돌아오자마자, 체르노마조프와 《프라우다》의 관계에 대해 해명하는 글을 《디엔*Dyen*》에 보냈다. 그의 편지는 3월 14일(27일)에 게재되었다. 무라노프는 체르노마조프가 1913년 5월부터 1914년 2월까지 《프라우다》에서 일했으나 경찰 정보원이라는 혐의로 해임되었으며, 러시아 사회민주노동당 중앙위원회 사무국은 당 조직들과 당원들에게 그와의 모든 접촉을 중단하라는 방침을 전달했다고 썼다. 무라노프에 따르면, "M. 체르노마조프는 《프라우다》의 주요하고 유일한 책임자가 아니었고 그럴 수도 없었다. 《프라우다》의 지도부는 러시아 사회민주노동당 중앙위원회 위원들과 두마 의원단으로 구성된 편집진이었다."—원서 편집자

5 1876년부터 1944년까지 파리에서 인기리에 발행됐던 황색 일간지다. 1차 세계대전 동안 그 지면은 최악의 국수주의 선전으로 채워졌다.—원서 편집자

들은 우리 당을 증오하고 모함하고 있다. 우리가 이미 1915년 10월 13일, 우리 신문《사회민주주의자》(제네바) 47호에서 차르 정부가 아니라 러시아의 **배외주의적인 혁명 정부, 배외주의적인 공화정부**가 수행하는 제국주의 전쟁이라 해도 우리는 무조건 그 전쟁에 반대한다고 선언했기 때문이다.

구치코프-밀류코프 정부는 그런 정부다. 왜냐하면 이 정부는 차르 체제가 영국-프랑스 제국주의와 체결한 약탈적인 조약들을 승인하고, 이 전쟁에서 **약탈적 목표**(아르메니아, 갈리치아, 콘스탄티노플 등의 정복)를 추구하고 있기 때문이다.

(내일 나는 이 글을《폴크스레히트》와《아반티!》에 보낼 것이다!)

| 《폴크스레히트》81호, 1917년 4월 5일

해외협의회, 중앙위원회, 러시아 사회민주노동당의 결정

이 결정문에는 레닌과 그리고리 지노비예프가 서명했다.—
원서 편집자

러시아 사회민주노동당의 해외협의회, 중앙위원회는 로베르트 그림 동지가 제안한, 귀국을 원하는 망명자들이 독일을 거쳐 러시아로 돌아가는 방안을 받아들이기로 결의한다.[1]

[1]   레닌은 2월 혁명 소식을 듣고 곧바로 러시아로 돌아갈 준비를 시작했다. 그는 1917년 3월 2일(15일) 이네사 아르망에게 "내가 스칸디나비아로 갈 수 없다는 현실이 너무 화가 납니다! 1915년에 그곳으로 가는 위험을 무릅쓰지 않은 것에 대해 나 자신을 용서할 수 없습니다"라고 썼다. 임시정부와 연합국 측, 즉 영국과 프랑스는 러시아의 국제주의 사회주의자들이 귀국하는 것을 막을 방법을 강구했다. 러시아 경찰은 국경에서 체포해야 할 인물들의 블랙리스트를 작성했다. 명단 대부분이 제국주의 전쟁을 반대하는 치머발트 회원들의 이름으로 채워졌다. 조국 방위론자들만 입국이 허용되었다. 자신의 귀국이 강력한 방해에 부딪히리라는 것을 안 레닌은 다른 사람의 여권으로 돌아갈 수 있는 가능성을 따져보았다. 그는 제네바의 카르핀스키와 스톡홀름의 하네키에게 편지를 보내 이 문제를 논의했다. 3월 6일(19일) 러시아 당의 중심인물들이 베른에서 모인 비공식 회의에서 마르토프는 러시아에 억류되어 있는 독일인들을 돌려보내주는 대신 독일을 거쳐 귀국하는 방법을 제안했다. 레닌은 이 계획을 열렬히 지지했고, 3월 11일(24일)에 베른의 러시아 공사관이 다수의 망명자들에게 귀국 허가를 내주자 더욱 그러했다. 러시아인 정치적 망명자들이 독일을 경유해 귀국하는 것을 허락받기 위해 사회민주당 소속 스위스 연방의회 의원 로베르트 그림이 베른의 독일 공사와 협상

해외협의회는 다음과 같은 사실을 기록한다.

1) 로베르트 그림 동지는 중립국 정부의 구성원인 호프만 (Hoffmann) 장관과 협상했는데, 그는 영국이 국제주의자들의 통행을 허락하지 않은 이래로, 영국 정부가 이를 분명 중립성

을 했다. 그림이 불분명한 태도를 보이자 볼셰비키는 치머발트 좌파이자 스위스 사회민주당 서기인 프리츠 플라텐에게 협상을 대신 맡아달라고 요청했다. 독일 정부는 레닌이 작성하고 플라텐이 제안한 조건(망명자 그룹은 독일 땅에서 치외법권을 허용받는다. 망명자 그룹은 통관 검사와 정치검증을 받지 않는다. 독일 당국은 여정 중에 러시아인들과 동행하는 플라텐하고만 대화한다)에 동의했다.

망명자 그룹은 3월 27일(4월 9일)에야 러시아로 떠났다. 출발이 지연된 이유는 멘셰비키가 독일인 억류자들과 러시아인 망명자들을 교환하는 것에 대해 임시정부나 페트로그라드 소비에트와 사전 합의할 것을 요구했기 때문이다. 그러나 임시정부가 이들 제국주의 전쟁에 대한 단호한 혁명적 반대자들의 귀국을 방해하기 위해 뭐든 할 것이라는 사실이 분명했다. 그래서 볼셰비키는 즉시 떠나기로 결정했다. 합의된 조항과 절차는 공식적으로 의정서에 기록되어, 독일의 파울 레비(하르트슈타인), 프랑스의 페르낭 로리오와 앙리 길보, 폴란드의 미에슬라프 브론스키, 스위스의 플라텐 등 치머발트 좌파 회원들에게 전달되었다. 덧붙여 그들의 이름으로 언론에 발표할 성명서가 작성되어 스톡홀름에서 스웨덴 좌파 사회민주당원 카를 린드하겐, 프레드리크 스트룀, 카를 칼레손, 카를 킬봄, 투레 네르민과 노르웨이 좌파 사회민주당원 아르비드 한센이 연서명했다. 성명서의 일부는 다음과 같다. "연서명한 우리는 협상국 정부들이 러시아 국제주의자들의 귀국을 막으려 만들어놓은 장벽들을 알고 있다. 우리는 독일 정부가 스웨덴 행을 허용한 조건을 알고 있다. …… 연서명한 프랑스·스위스·폴란드·독일·스웨덴·노르웨이의 국제주의자들은 우리의 러시아 동지들이 러시아로 귀국할 수 있는 이 기회를 활용할

의 위반으로 해석할 것이라는 단 하나의 이유 때문에 스위스가 공식적으로 개입하는 것이 불가능하다고 생각했다.

2) 그림의 제안은 전적으로 받아들일 수 있는 것인데, 왜냐하면 그것이 정치적 소속이나 '조국 방위' 문제, 즉 러시아가 전쟁을 지속하든 강화를 맺든 그에 대한 태도와 상관 없이 자유

권리뿐 아니라 의무가 있다고 생각한다. 우리는 러시아 부르주아지의 제국주의 정책에 맞선 투쟁──노동계급의 해방과 사회주의 혁명을 위한 우리의 공동 투쟁의 일부──에서 그들이 승리하기를 기원한다." 이 성명서는 스웨덴 좌파 사회민주주의 신문 《폴리티켄》 1917년 4월 15일자(86호)에 실렸다. 외무장관 밀류코프가 망명자들을 반역죄로 체포한다고 위협했다는 프랑스 언론의 보도 때문에, 레닌과 모든 망명자들은 정치적 소속과 상관 없이 다음과 같은 문서에 서명했다.

"나는 이 문서로 다음의 항목들을 증명한다.

1. 나는 플라텐과 독일 공사관이 정한 조건들을 숙지했다.

2. 나는 이 그룹의 지도자로서 플라텐의 모든 명령에 따른다.

3. 나는 러시아 임시정부가 독일을 거쳐 오는 모든 러시아 시민들을 반역죄로 재판할 것이라고 위협하고 있다는 사실을 《프티 파리지앵》의 보도로 알고 있다.

4. 나는 이 여정에 참가한 것에 대해 전적으로 정치적 책임을 진다.

5. 플라텐은 이 여정이 오직 스톡홀름으로만 간다는 것을 보장했다.

1917년 4월 9일, 베른-취리히."(소련공산당 중앙위원회 마르크스-레닌주의 연구소, 중앙당 기록보관소)

레닌은 기차를 타고 베른에서 취리히까지 가는 동안 이 문서에 가장 먼저 서명했다. 따라서 여행 참여자 가운데 누군가가 그것이 불러올 결과를 몰랐다고 변명하며 주동자들을 비난할 수 없게 되었다. 문서의 원문은 레닌이 그것을 기초하는 데 관여했다는 사실을 암시한다. 망명자 그룹은 3월 27일(4월 9일)에 출발했다. 3월 31일(4월 13일) 그들은 스톡홀름에 도착했다. 같은 날 레닌은 핀란드를 경유하여 러시아를 향해 떠났다.─원서 편집자

로운 통행을 보장하기 때문이다.

3) 그 제안은 러시아의 독일인 억류자들과 러시아 망명자들을 교환한다는 생각에 기초를 두고 있으며, 망명자들은 러시아에서 그런 교환을 요구하는 운동이 일어나는 것을 사양할 이유가 전혀 없다.

4) 그림 동지는 정치적 망명자들 사이에 존재하는 모든 경향의 대표자들에게 이 제안을 전달하면서, 이것이 유일한 방법이며 지금 상황에서 온전히 받아들일 수 있는 제안이라는 점을 지적했다.

5) 우리의 경우에는 다른 경향의 대표자들에게, 이 제안을 받아들여야 할 필요성과 결코 지연시켜서는 안 됨을 납득시키기 위해 할 수 있는 모든 것을 했다.

6) 일부 경향들의 대표자들은 불행히도 출발을 더 연기시킬 것을 주장하고 있다. 이는 우리로서는 심각한 실수로 여길 수밖에 없는, 러시아 혁명운동에 커다란 해를 끼칠 결정이다.

이런 고려에 따라 중앙위원회의 해외협의회는 우리가 이 제안을 받아들여 즉각 출발한다는 사실을 우리 당 모든 당원들에게 알리기로 결의했다. 그리고 당원들에게 여행에 참여하기를 바라는 모든 사람들을 등록해달라고 요청하고, 다른 모든 경향들의 대표자들에게 이 결정의 사본을 보내기로 결의했다.

1917년 3월 31일, 취리히

스위스 노동자들에게 보내는 고별 편지

이 편지는 3월 19일(4월 1일) 그림이 독일 공사와의 협상에서 애매모호한 태도를 취했다고 알려지기 전인 1917년 3월 중순에 작성되었다. 원문은 그림이 아직 협상 중이던 시기에 씌어졌고, 모든 준비가 플라텐에게 넘어간 후에 레닌은 이를 언급하는 구절들을 삭제했다. 이 편지는 3월 26일(4월 8일) 러시아로 귀환하는 볼셰비키들의 회의에서 토론되어 승인되었다. 레닌은 1914년 포로닌에서 베른에 도착했을 때 접촉했던 스위스 사회민주당의 여러 지도자들과 친분을 갖고 있었다. 취리히에 있던 볼셰비키 당원들의 증언에 따르면, 레닌은 취리히 노동조합 소속이었던 그들에게 스위스 사회민주당에서 활동할 필요성을 강력하게 설득했고, 그래서 그들은 스위스 당의 취리히 조직에 가입했다. 레닌은 처음에는 베른에서, 다음에는 취리히에서, 사회애국주의자 그로일리히가 이끄는 우파와 그림이 이끄는 중앙파에 대항하는 당내 투쟁에 깊이 관여했다. 그는 치머발트 좌파들(플라텐, 놉스 등)에 대해 자신의 모든 영향력을 행사하며, 그들이 중앙파와의 투쟁에서 우유부단한 태도를 극복하도록 도왔다. 좌파가 기회주의에 대항하여 제출한 수많은 문서들은 레닌과의 긴밀한 협력 속에서 작성되었다. 주로 독일어로 된 그 문서들의 일부(「1916년 11월 4일 스위스 사회민주당 대회 연설」, 「H. 그로일리히의 조국 방위 옹호에 대한 열두 개의 짧은 테제」)는 스위스 사회주의 매체에 실려 발표되었지만, 대다수는 1917년 1월에 주도권을 장악한, 사회애국주의에 반대하는 당 조직들에서 회람되었다. 퇴스에서 열린 취리히 주 당대회(1917년 2월 11~2일)에서, 좌파는 전쟁 문제에 대한 중앙파의 결의안에 대해 레닌의 수정안(「전쟁 문제에 관한 결의안」)의 수정안을 제출했다. 비록 중앙파의 결의가 채택되었지만, 대회 참가자의 5분의 1은 레닌의 수정안에 투표했다. 공식 당 지도부는 레닌을 "외국인"이라고 맹렬히 공격하며 그가 사회민주당 노동자들에게 영향을 미치는 것을 막으려고 애썼다. 하지만 1915년에 이미 스위스 사회주의자들 중에는 제2인터내셔널과의 단절과 제3인터내셔널의 창설을 지지하는 사람들이 존재했으며, 러시아, 폴란드, 독일의 망명자들을 포함하는 스위스 치머발트 좌파 그룹도 존재했다.—원서 편집자

스위스 노동자 동지 여러분,

중앙위원회로 결집한 우리 러시아 사회민주노동당(같은 당명을 갖고 있지만 조직위원회로 결집한 또 하나의 당과는 구별되는) 당원들은 우리나라에서 혁명적·국제주의적 활동을 이어가고자 러시아를 향해 스위스를 떠납니다. 이에 여러분께 동지로서의 인사와 더불어 정치 망명자들을 동지로 대우해준 것에 대해 깊은 동지적 감사의 표현을 전하고 싶습니다.

'그뤼틀리안' 같은 스위스의 **공공연한** 사회애국주의자와 기회주의자 들은 모든 나라의 사회애국주의자와 마찬가지로 프롤레타리아 진영에서 부르주아 진영으로 넘어갔지만, 그들이 여러분에게 외국인들이 스위스 노동운동에 끼치는 해악적인 영향과 싸우라고 **공공연하게** 요구하고 있지만, 스위스 사회당의 지도자들 가운데 다수파를 이루고 있는 **변장한** 사회애국주의자와 기회주의자 들이 은밀히 비슷한 전술을 추구하고 있지만, 우리는 스위스의 혁명적·국제주의적 사회주의 노동자들로부터 따뜻한 공감을 받았습니다. 그리고 동지적 관계를 통해 굉장히 큰 은혜를 입었습니다. 이 사실을 언급하는 것이 우리의 의무라고 생각합니다.

우리는 스위스 운동에서 오랫동안 활동해야 잘 알 수 있는 문제들에 대해서 이야기할 때마다 극도로 신중한 자세로 접근하려 해왔습니다. 하지만 우리 가운데 스위스 사회당의 당원인 사람들은——열 명에서 열다섯 명 사이에 불과한 수지만 말입니다——국제 사회주의 운동의 일반적이고 기본적인 문제에 대해 치머발트 좌파의 관점을 확고히 고수하는 것이 우리의 의무라고 생각했습니다. 우리는 사회애국주의뿐 아니라 이른바 '중앙파' 경향——스위스의 R. 그림, F. 슈나이더, 자크 슈미트 등, 독일의 카우츠키, 하제, 노동그룹[1], 프랑스의 롱게, 프레스만 등, 영국의 스노든(Snowden), 램지 맥도널드(Ramsay MacDonald) 등, 이탈리아의 투라티, 트레베스(Treves)와 그 친구들, 그리고 러시아에서는 앞에서 언급한 조직위원회(악셀로트, 마르토프, 치헤이제, 스코벨레프 등)가 이끄는 당이 여기에 속합니다——에 맞서서도 단호하게 투쟁하는 것이 우리의 의무라고 생각했습니다.

우리는 특히 《프라이에 유겐트*Freie Jugend*》[2]를 중심으로

---

1   독일 중앙파의 의회 내 그룹인 사회민주주의노동그룹을 가리킨다.—옮긴이

2   스위스 사회민주당 청년 조직의 기관지였다. 1906년부터 1918년 2월까지 취리히에서 발행되었으며 치머발트 좌파와 제휴했다.—원서 편집자

하여 모인 스위스의 혁명적 사회민주주의자들과 연대했습니다. 그들은 전쟁에 대한 태도 문제를 해결하기 위해 1917년 4월에 당대회 소집을 요구하는 총투표 발의문을 (독일어와 프랑스어로) 작성해서 배포했습니다. 또한 그들은 퇴스에서 열린 취리히 주 당대회에서 전쟁 문제에 대해 청년과 '좌파'를 대표해서 결의안[3]을 상정했으며, 1917년 3월엔 프랑스어를 사용하는 스위스의 몇몇 지방에 독일어와 프랑스어로 「우리의 평화협정 조건」이라는 제목의 전단을 제작해서 배포하는 활동 등을 했습니다.

우리와 견해를 같이하고 함께 손을 잡고 활동했던 이 동지들에게 우리는 동지로서 인사를 전합니다.

우리는 제국주의 영국 정부가, 러시아 국제주의자들이 러시아로 돌아가는 것을 무슨 일이 있어도 허용하지 않을 것이라는 사실을 조금도 의심해본 적이 없습니다. 러시아 국제주의자들은 구치코프-밀류코프 일당의 제국주의 정부와 러시아가 제국주의 전쟁을 계속하는 데 있어 화해 불가능한 반대자이기 때문입니다.

이와 관련해서 러시아 혁명의 과제에 대해 우리가 어떻게 이해하고 있는지를 간단하게 설명해야 할 것 같습니다. 아직 평화의 혜택과 상대적으로 가장 큰 정치적 자유를 누리고 있

---

3   이 책에 실린 「전쟁 문제에 관한 결의안의 수정안」을 가리킨다.—옮긴이

는 나라인 스위스 주민과 같은 말을 쓰는 독일, 프랑스, 이탈리아 노동자들에게 스위스 노동자들을 통해서 말을 걸 수 있고 또 말을 해야만 하기 때문에 더더욱 그렇게 하는 것이 필요하다고 생각합니다.

우리는 제네바에서 발행된 우리 당의 중앙기관지《사회민주주의자》(47호, 1915년 10월 13일)에 실린 우리의 선언을 무조건 지킬 것입니다. 그 선언에서 우리는 러시아에서 혁명이 승리하여 공화정부가 권력을 잡는다 해도, **제국주의 전쟁**, 즉 영국과 프랑스의 제국주의 부르주아와 동맹한 전쟁, 콘스탄티노플·아르메니아·갈리치아 등을 점령하고자 하는 전쟁을 계속하고자 하는 정부가 권력을 잡는다면, 우리는 가장 단호하게 그 정부에 반대하고 **그런** 성격의 전쟁에서의 '조국 방위'도 반대할 것이라고 말했습니다.

그와 흡사한 일이 실제로 발생했습니다. 제정 복고를 위해 니콜라이 2세의 동생과 협상을 했으며, 군주제 지지자인 르보프와 구치코프가 가장 중요하고 영향력 있는 자리를 차지한 러시아의 새로운 정부는 '독일인들은 빌헬름을 타도해야 한다'(맞습니다! 하지만 영국인, 이탈리아인 등이 자기 나라 왕들을 타도해야 한다는 것, 그리고 러시아인들은 르보프와 구치코프 같은 자기 나라 군주제 지지자들을 타도해야 한다는 것은 왜 덧붙이지 않는 것입니까?)는 슬로건으로 러시아 노동자들을 기만하려 애쓰고 있습니다. 이 슬로건을 제기하지만, 차르가 프랑스, 영국 등과 체결하고 **구치**

코프-밀류코프-케렌스키의 정부가 승인한 제국주의적·약탈적 조약들의 내용을 밝히는 것을 거부함으로써, 이 정부는 독일과의 **제국주의 전쟁**을 '방위' 전쟁으로(즉 프롤레타리아트의 입장에서도 정당한 정의로운 전쟁으로) 묘사하려고 애쓰고 있습니다. 그 정부는 러시아, 영국 등의 자본의 탐욕스럽고 제국주의적이며 약탈적인 목적을 방어하기 위한 전쟁을, 러시아 공화국(그것은 아직 존재하지 않으며, 르보프들과 구치코프들이 약속하지도 않은 것입니다!)의 '방위'를 위한 전쟁으로 묘사하려고 애쓰고 있습니다.

만일 '독일인들이 빌헬름을 타도할 때까지는 우리의 전쟁은 계속 방위 전쟁이다'라는 공동의 슬로건에 기초하여 (플레하노프·자술리치·포트레소프 등과 같은) 공인된 러시아 사회애국주의자들과 '중앙파 당' 즉 '조직위원회'의 당, 치헤이제·스코벨레프 등의 당 사이의 화해에 대한 가장 최근의 언론 보도에 어떠한 진실이 있다면,──이것이 진실이라면, 그렇다면 우리는 우리가 항상 그것의 기회주의적이고 동요하는 불안정한 정치적 행동에 대해 투쟁해온 치헤이제, 스코벨레프 등의 당과의 싸움에 우리의 에너지를 두 배로 쏟아야 할 것입니다.

우리의 슬로건은 '구치코프-밀류코프 정부에 대한 지지는 없다!'입니다. 제정 복고를 막기 위해 그들을 지지해야 한다고 말하는 사람은 인민을 속이고 있는 것입니다. 오히려 반대로 구치코프 정부가 러시아의 제정 복고를 위한 협상을 이미 진행하고 있습니다. 프롤레타리아트의 무장과 조직만이 구치코프 일당이 러시아에서 군주제를 부활시키는 것을 막을 수 있습니다. 국제주의로 충실하게 남아 있는 러시아와 전 유럽의 혁명적 프롤레타리아트만이 인류를 제국주의 전쟁의 공포에서 벗어나게 할 수 있습니다.

우리는 러시아 프롤레타리아트의 혁명적-국제주의 전위가 직면하고 있는 엄청난 어려움들에 눈을 감지 않습니다. 가장 급격하고 빠른 변화는 현재와 같은 시기에 가능합니다.《사회민주주의자》47호에서 우리는 '만약 혁명이 지금 당장 우리 당으로 하여금 권력을 잡게 해준다면, 당은 무엇을 할 것인가'라는 당연히 제기될 수밖에 없는 물음에 명확하고 직설적인 답변을 내놓았습니다. 우리의 답변은 다음과 같습니다. (1)우리는 즉시 모든 교전국들에게 평화를 제안할 것입니다. (2)우리는 "모든 식민지와 모든 억압받고 주권을 빼앗긴 민족들의 즉시 해방"이라는 우리의 평화협정 조건을 발표할 것입니다. (3)우리는 즉시 대러시아인에게 억압받는 모든 민족의 해방에 착수하여 완수할 것입니다. (4)우리는 한순간도 우리 자신을 기만하지 않을 것이며, 이러한 조건들은 군주제 지지자뿐 아니라 독일의 공화주의 부르주아지도, 독일뿐 아니라 영국과 프랑스의 자본가 정부들도 받아들일 수 없는 것임을 알고 있습니다.

우리는 독일에 맞서고——독일뿐 아니라 다른 나라들에 대해서도——부르주아에 맞서는 혁명 전쟁을 수행할 수밖에 없을 것입니다. 그리고 우리는 그 전쟁을 수행할 것입니다. 우리는 평화주의자가 아닙니다. 우리는 자본가들끼리 전리품을 나눠 갖기 위한 제국주의 전쟁을 반대하지만, **사회주의의 이익**에 필요하다고 판명될 수도 있는 혁명 전쟁을 혁명적 프롤레타리아트가 거부하는 것은 어리석은 일이라고 항상 생각해왔습니다.

《사회민주주의자》 47호에서 우리가 개괄한 과제는 거대한 것입니다. 그것은 오직 프롤레타리아트와 부르주아 간의 커다란 계급투쟁들이 오랜 기간 지속되고 나서야 이룩될 수 있습니다. 하지만 인류 **전체**를 곤경에 빠뜨리고 수백만 명의 인명을 더 죽게 만들고 유럽 문명을 완전히 끝장낼 것인가, 아니면 모든 문명 국가들에서 권력을 혁명적 프롤레타리아트에게 넘겨주고 사회주의 혁명을 완수할 것인가의 양자택일의 상황에 처하게 하는 것은 우리의 안달이나 희망이 아니라 제국주의가 창출한 객관적 조건입니다.

제국주의 전쟁이 객관적인 필연성으로 만든 혁명의 잇따른 발발을 시작하는 커다란 영광이 러시아 프롤레타리아트에게 주어졌습니다. 하지만 러시아 프롤레타리아트가 세계의 노동자들 가운데 선택된 혁명적 프롤레타리아트라는 생각은 우리에게 완전히 낯선 것입니다. 우리는 러시아 프롤레타리아트가 다른 나라의 프롤레타리아트보다 덜 조직되었고, 덜 준비되었으며, 덜 계급의식적이라는 사실을 매우 잘 알고 있습니다. **특정한, 아마도 아주 짧은 시기 동안** 러시아 프롤레타리아트를 전 세계 혁명적 프롤레타리아트의 전위로 만든 것은 러시아 프롤레타리아트가 지닌 특별한 자질이 아니라 역사적 상황들의 특별한 결합이었습니다.

러시아는 농업 국가입니다. 유럽 국가들 가운데 가장 후진적인 나라에 속합니다. 사회주의는 그곳에서 직접적이고 즉각적인 승리를 거둘 수 없습니다. 하지만 이 나라의 농민의 성격과 귀족의 수중에 광대한 토지가 집적되어 있는 현실은 1905년의 경험으로 판단컨대 러시아 부르주아 민주주의 혁명에 강력한 추동력을 줄 수 있으며 우리 혁명을 세계 사회주의 혁명의 서막으로, 그것을 향한 일보 전진으로 만들 수 있습니다.

우리 당은 1905년과 1917년 봄의 경험이 완전히 확인된 이러한 사상을 위한 투쟁 속에, 다른 모든 당들에 대한 타협 없는 투쟁 속에 만들어졌고 발전했습니다. 그리고 우리는 이러한 사상을 위해 계속 투쟁해나갈 것입니다.

러시아에서 사회주의는 직접적이고 즉각적으로 승리할 수 없습니다. 하지만 농민 대중은 피할 수 없이 절박한 농업 개혁을 귀족들이 가진 모든 대소유지를 몰수하는 데까지 밀고 갈 수 있습니다. 이것은 항상 우리의 슬로건이었으며, 지금 다시 상트페테르부르크에서 우리 당의 중앙위원회와 당의 신문《프라우다》에 의해 제기되고 있습니다. 프롤레타리아트는 이 슬로건을 위해 투쟁하며, 농업 노동자들과 그들과 긴밀하게 동맹한 가장 가난한 농민들을 한편으로 하고, 스톨리핀의 농업 '개혁'(1907~14년)으로 입지가 강화된 부농들을 또 한편으로 해서 필연적으로 벌어질 수밖에 없는 무자비한 계급투쟁에 눈을 감지 않을 것입니다. 1차 두마(1906년)와 2차 두마(1907년)에서 104명의 농민 대표들이, 모든 토지의 국유화와 완전한 민주주의를 기초로 하여 선출된 지방위원회가 그것을 분배할 것을 요구하는 혁명적 농업법안을 제출했었다는 사실을 간과해선 안 됩니다.

그런 혁명은 그 자체가 사회주의가 되진 않을 것입니다. 하지만 그것은 세계 노동운동에 커다란 추진력을 부여해줄 것입니다. 그리고 러시아에서 사회주의 프롤레타리아트의 입지를 넓히고 그들이 농업 노동자나 극빈 농민들에게 끼치는 영향력을 엄청나게 강화시켜줄 것입니다. 그것은 도시 프롤레타리아트가 이 영향력의 힘 위에 노동자 대표 소비에트 같은 혁명적 조직을 발전시킬 수 있게 할 것입니다. 이 조직은 부르주아 국가들이 사용하는 낡은 억압 기구인 군대, 경찰, 관료제를 대체하고, 견딜 수 없이 부담스러운 제국주의 전쟁과 그 결과의 압박 아래서 상품의 생산과 분배를 통제하기 위한 일련의 혁명적 방책들을 수행할 것입니다.

러시아 프롤레타리아 혼자만의 힘으로 사회주의 혁명을 승리의 결말로 이끌 수는 없습니다. 하지만 그것은 사회주의 혁명을 위한 가장 유리한 조건을 창출하고, 어떤 의미에서 사회주의 혁명을 출발시킬 강력한 추동력을 러시아 혁명에 줄 수 있습니다. 그것은 정세의 고양을 촉진시킬 수 있습니다. 그 속에서 그것의 으뜸가는, 가장 믿을 수 있고, 가장 확실한 협력자인 유럽과 아메리카의 사회주의 프롤레타리아트가 결정적인 전투에 참전할 수 있을 것입니다.

독일의 샤이데만·레기엔·다비트 일당, 프랑스의 상바·게드·르노델 일당, 영국의 페이비언4과 노동당5 같은 제국주의 부르주아의 구역질나는 하인들이 유럽 사회주의 운동 내부에

4 레닌이 언급하고 있는 것은 1884년에 설립된 영국 개량주의 단체인 페이비언 협회다. 그 이름은 기원전 3세기경 활약한 로마 장군 파비우스 막시무스에서 유래되었다. 파비우스의 별명은 '꾸물거리는 사람('쿵크타토르')'이었는데, 이는 그가 카르타고의 맹장 한니발과 결전을 피하며 기다리는 전술을 썼기 때문에 붙여졌다. 페이비언 협회의 회원은 주로 부르주아 지식인, 즉 웹 부부, 램지 맥도널드, 버나드 쇼 등과 같은 과학자, 작가, 정치가로 이루어져 있었다. 이들은 계급투쟁과 사회주의 혁명의 필연성을 부정하고, 개량을 통한 사회의 점진적 변화에 의해 자본주의에서 사회주의로 평화적인 이행이 가능하다고 주장했다. 레닌은 페이비언주의를 "극히 기회주의적인 조류"로 규정했다.—원서 편집자

5 영국 노동당은 노동자 대표를 의회에 진출시키기 위해 노동조합과 독립노동당(1893년 창당), 그리고 페이비언 협회와 사회민주연맹 같은 사회주의 단체들이 연합하여 노동대표위원회(Labour Representation Committee)라는 이름으로 1900년에 결성되었다. 1906년 노동대표위원회는 노동당으로 개명했다. 노동조합 조합원은 당비를 내면 자동으로 당원이 되었다. 애초에 구성상 노동자의 당으로 만들어진 노동당(이후에 많은 소부르주아 출신 당원이 가입했다)은 이데올로기와 전술에 있어 기회주의적인 조직이었다. 창당 이래 노동당 지도부는 부르주아와 계급협조 노선을 추구해왔다. "노동당은 철저하게 부르주아적인 정당입니다. 노동자로 구성되어 있긴 하지만, 반동들, 부르주아의 정신으로 행동하는 최악의 반동들이 그 당을 이끌고 있기 때문입니다."(레닌, 「코민테른 2차 대회, 영국 노동당 가입에 관한 연설」, 1920년)—원서 편집자

서 일시적이나마 승리를 거두고 있기 때문에 회의주의자들이 절망하게끔 내버려둡시다. 우리는 혁명의 파도가 세계 노동운동 표면의 이런 더러운 거품을 곧 쓸어가버릴 거라고 굳게 확신합니다.

독일에서 프롤레타리아 대중의 불만은 이미 **들끓고** 있습니다. 그들은 1871년부터 1914년까지 유럽의 '고요함'이 수십 년간이나 길게 지속되는 동안, 끈질기고 굽힘 없는 조직화 작업을 통해 인류와 사회주의에 너무나 많은 기여를 했습니다. 독일 사회주의의 미래를 보여주는 것은 샤이데만, 레기엔, 다비트 일당 같은 배신자들도, '평화' 시기의 일상에 젖어 나약해진 하제나 카우츠키 부류의 우유부단하고 줏대 없는 정치가들도 아닙니다.

미래는 우리에게 카를 리프크네히트를 준 그 경향에 있습니다. 리프크네히트는 스파르타쿠스단을 창건했으며, 브레멘의 《아르바이터폴리티크*Arbeiterpolitik*》[6]는 그러한 입장을 선전하고 있습니다.

제국주의 전쟁의 객관적 환경은 이 혁명이 러시아 혁명의 첫 단계에 국한되지 않으리라는 것, 이 혁명이 러시아에 국한되지 않으리라는 것을 확실하게 만들고 있습니다.

독일 프롤레타리아트는 러시아와 세계 프롤레타리아 혁명의 가장 믿을 만하고, 가장 확실한 동맹입니다.

1914년 11월, 우리 당이 '제국주의 전쟁을 (사회주의의 쟁취

를 위한 억압자에 맞선 억압받는 자들의) 내전으로'라는 슬로건을 제
기했을 때, 사회애국주의자들은 증오에 찬 심술궂은 비웃음으
로, 사회민주주의 '중앙파'는 의심스러워하는 회의적이고 무기
력하며 방관자 같은 침묵으로 그 슬로건을 대했습니다. 독일의
사회국수주의자이자 사회제국주의자인 다비트는 그 슬로건을
두고 "미쳤다"고 말했고, 사회배외주의, 즉 입으로는 사회주의
를 말하지만 행동으로는 제국주의를 따르는 러시아(그리고 영
국-프랑스)의 대표적인 인물인 플레하노프 씨는 그것이 "우스꽝
스러운 몽상(Mittelding zwischen Traum und Komödie)"[7]이라고 말

6   '노동자 정치'라는 뜻. 1916년부터 1919년까지 브레멘 급진좌파 그룹
    을 이끌던 J. 크니프(Kniff)와 P. 프뢸리히(Froelich)가 브레멘에서 발간
    한 과학적 사회주의 잡지다. 이 그룹은 1919년 독일 공산당에 합류했다.
    《아르바이터폴리티크》는 독일과 국제 노동운동에서 사회배외주의와 투
    쟁했다. N. I. 부하린(Bukharin), 길보, 알렉산드라 콜론타이(Alexandra
    Kollontai), 나데즈다 크룹스카야(Nadezhda Krupskaya), 판네쿡, 라데
    크(Radek), Y. M. 스테클로프 등이 이 잡지에 기고했다.
        10월 혁명 이후, 《아르바이터폴리티크》는 소비에트 러시아에서 혁명
    의 진행 과정을 널리 소개했다. 1917~8년에 이 잡지는 레닌의 여러 글
    과 연설들을 실었다(「위기가 무르익고 있다The Crisis Has Matured」(본
    전집 73권에 수록―편집자), 「소비에트 정부의 당면 임무에 대한 보고
    Report on the Immediate Tasks of the Soviet Government」(본 전집
    77권에 수록―편집자), 「모스크바 노동자·농민·적군 대표 소비에트 회
    의에서의 연설, 1918년 4월 23일Speech at a Meeting of the Moscow
    Soviet of Workers', Peasants' and Red Army Deputies, April 23,
    1918」(본 전집 76권에 수록―편집자) 등).― 원서 편집자
7   괄호 속 독일어 구절은 '꿈과 희극 사이의 어떤 것'이란 뜻이다.―옮긴이

했습니다. 중앙파의 대표자들은 침묵하거나 '빈 공간에 그려진 직선'에 대한 시시껄렁한 싸구려 농담만 하고 있습니다.

이제 1917년 3월 이후로 그것이 올바른 슬로건이라는 사실을 볼 수 없는 것은 오직 눈먼 사람들뿐일 것입니다. 제국주의 전쟁의 내전으로의 전환은 현실이 되고 있습니다.

유럽에서 시작되고 있는 프롤레타리아 혁명 만세!

1917년 4월 8일(신력), 이 편지를 승인한 (중앙위원회로 결집한) 러시아 사회민주노동당 소속의 떠나는 동지들을 대표해서.

N. 레닌

| 1917년 3월 26일(4월 8일) 집필

《유겐트 인터나치오날레》8호, 1917년 5월 1일

전쟁에서 내전으로!

이 책은 1917년 1월부터 같은 해 4월 4일 레닌이 러시아로 귀국하기 직전까지의 글을 담고 있다. 혁명이 시작되기 바로 전, 그 긴장의 순간들이 기록되어 있는 것이다.

러시아에서 2월 혁명이 일어나기까지 두 달 동안 레닌의 관심은 주로 유럽 열강들의 전쟁 정책 변화와 스위스 사회민주당 내부 투쟁에 집중되어 있었다.

1916년 말, 유럽에서 잠시 종전 협상 가능성이 대두되면서, 치머발트 회의와 키엔탈 회의를 통해 추진해온 혁명적 좌파의 결집이 위기를 맞고, 그에 적극적으로 개입해왔던 스위스 사회민주당 내부 투쟁으로 비화되었기 때문이다.

치머발트 연합의 분열
제2인터내셔널은 1907년 슈투트가르트 대회와 1912년 바젤 대회를 통해 노동자계급은 약탈적 제국주의 전쟁에 반대하며, 전쟁이 발발할 경우 사회주의 혁명을 위해 투쟁할 것이라고 거듭 경고했다. 그러나 1914년 8월 실제로 전쟁이 일어나자 이런 엄포는 공갈에 불과했다는 것이 즉각 드러났다. 대다수의 제2인터내셔널 소속 정당들이 적국의 침략에 맞서 조국을 방위한다는 명목으로 자국 정부에 협조했기 때문이다.

제2인터내셔널을 주도해온 독일 사회민주당은 8월 4일 독일 정부가 전쟁 비용을 조달하기 위해 제국의회에 요청한 최초의 전쟁공채 찬반 투표에서 찬성을 당론으로 정했다. 카를 리프크네히트처럼 전쟁에 반대하는 의원들도 당의 통일을 깨지 않기 위해 기권할 도리밖에 없었다. 영국과 프랑스 등지에서는 아서 핸더슨, 마르셀 상바, 알베르 토마 같은 사회주의 운동의 주요 지도자들이 내각에 입각하여 자국 정부의 전쟁 활동에 협조했다. 인터내셔널의 국제주의는 스스로에게 배신당했다.

하지만 시간이 흐르면서 소수의 국제주의 반대파들도 당 주류로부터 배신당한 것에 대한 충격에서 조금씩 벗어나 목소리를 내기 시작했다. 1915년 9월 마침내 최초로 반전 경향의 사회주의자들의 회의가 스위스의 휴양지 치머발트에서 개최되었다. 이 회의는 원래 당시 중립국이었던 이탈리아 사회당이 전쟁으로 중단된 제2인터내셔널 회의를 대신하기 위해 제안했지만, 주류 정당들의 외면 속에서 각국 소수파들의 호응을 받아 성사되었다.

레닌과 볼셰비키 당은 이 대회를 최대한 활용하기로 결정했다. 11개국 38명의 대표가 모인 치머발트 회의의 과반수는 평화라는 일반적인 요구를 지지하는 중도 성향의 사회주의자들이었다. 레닌은 이들에 맞서, 사회주의 운동 내부의 배외주의자들과의 결별과 혁명적 계급투쟁을 지지하는 8명의 대표자들을 치머발트 좌파로 조직했다. 1916년 4월에 치머발트 회의의 후속으로 열린 키엔탈 회의에서 치머발트 좌파는 전보다 늘어난 12명의 대표를 확보했으며, 일반적 평화주의에 대한 비판과 제2인터내셔널 집행 조직인 국제사회주의사무국에 대한 비판을 결의안에 포함시키는 성과를 얻었다.

그러나 1916년 말, 장기화되고 있는 전쟁에 대한 염증이 확대되고 위기감을 느낀 중립국 정부들, 특히 미국 대통령 우드로 윌슨의 활동으로 교전국들 사이에 종전 협상 분위기가 조성되면서 좌파와 우파 사이에서 동요하던 중도 경향은 우파로 급속히 끌려가기 시작했다. 우파와 중앙파의 재통합 흐름이 공공연하게 등장했다(이 책에 수록된 「부르주아 평화주의와 사회주의 평화주의」, 「국제사회주의위원회와 모든 사회주의 정당들에 제언하기 위한 테제」, 「투쟁을 지지하는 노동자들에게」, 「세계 정치의 전환」 등 참조). 레닌은 이런 치머발트 우파의 평화주의를 강력하게 비판했으며, 레닌이 신력으로 1917년 1월 초에 작성한 「국제사회주의위원회와 모든 사회주의 정당들에 제언하기 위한 테제」는 그의 상황 인식 및 비판의 요점을 잘 보여주고 있다.

1. 세계 정치는 제국주의 전쟁으로부터 다수의 부르주아 정부들이 공개적으로 제국주의 평화를 호소하는 상황으로 전환

했으며, 이는 지금 세계 사회주의의 발전에서 나타난 전환과 조응한다.

2. 첫 번째 전환은 평화주의의 선량하고 감상적인 문구들, 약속과 맹세 들의 범람을 낳았다. 이를 통해 제국주의 부르주아들과 제국주의 정부들은 인민에 대한 기만을 더더욱 강화한다. 즉 약탈 전쟁의 비용을 순순히 지불하도록 인민을 '평화적으로' 길들이고, 수백만 프롤레타리아를 평화적으로 무장해제시키려고 하며, 약간의 양보를 통해 식민지를 분할하고 약소민족들을 금융적으로(가능하다면 정치적으로도) 억압하기 위한 거래를 준비하고 있다는 사실을 감추려고 한다. 임박한 제국주의 평화의 내용을 구성하는 이런 거래들은 특히 전시에 체결된 현존하는 거래, 즉 교전 중인 **양측** 제국주의 연합에 속한 모든 열강들 사이에 비밀리에 맺어진 약탈적인 조약들의 직접적인 연속이다.

3. 두 번째 전환은 사회주의를 배반하고 부르주아 민족주의 또는 제국주의 편으로 넘어간 조류인 사회배외주의자들과 독일의 카우츠키 일당, 이탈리아의 투라티 일당, 프랑스의 롱게·프레스만·메렘 등이 대표하는 **치머발트 우파**의 '화해'에 있다. 실천적으로 제국주의 정책과 제국주의 평화를 은폐하며, 그것들을 폭로하는 대신 **미화**하는 데 봉사하는, 공허하고 무의미하

며 아무 구속력 없는 평화주의 문구들을 기초로 하여 단합한 이 두 조류는 노동자들에 대한 가장 큰 기만을 향해 결정적인 한 걸음을 내딛고 있다. 즉 정부들과 부르주아가 약탈적인 제국주의 전쟁을 수행하는 것을 '조국 방위'라고 부르며 협조한 노동 계급 내부의 특권 계층과 지도자들의 사회주의 문구로 위장한 부르주아 노동 정책이 노동운동에 지배력을 강화하는 방향으로 말이다.

—「국제사회주의위원회와 모든 사회주의 정당들에
제언하기 위한 테제」

제국주의 시대의 부르주아 정부들의 협정으로 맺어지는 평화는 또 다른 전쟁을 위한 일시적인 제국주의 평화주의일 뿐이며, 자국 정부에 대한 혁명적 투쟁과 결합되지 않은 평화주의는 부르주아 평화주의와 다름없는 것이다. 이러한 투쟁을 위해서는 배외주의자 경향과 단절하고 새로운 인터내셔널을 건설해야 한다는 것은 1915년 이후 레닌이 일관되게 주장해온 바였다.

그러나 치머발트에 합류한 유럽 좌파들 대부분은, 「보리스 수바린에게 보내는 공개 서한」에 나타나듯이 심지어 급진적인 사회주의자들조차 소수파의 빈약한 결집보다는 제2인터내셔널의 재건을 바라고 있었다. 또한 레닌이 제시하는 혁명적 패전주의보다 합병 및 배상 없는 평화와 같은 더 현실적으로 보이는 슬로건으로 기울어지고 있었다. 1917년 벽두, 혁명과 새로운 혁명적 인터내셔널의 건설은 더욱 요원한 것으로 나타나고 있었던 것이다.

멀어지는 혁명

전쟁이 발발한 직후 중립국 스위스로 옮겨온 레닌은 다른 망명지에서와는 달리 현지의 사회주의 운동과 노동운동에 적극적으로 개입했다. 1차 세계대전 전의 레닌이 주로 러시아의 주요한 혁명 지도자에 머물렀다면, 이 전쟁을 계기로 치머발트 회의와 키엔탈 회의 등을 거치며 그는 국제 사회주의 운동에서도 주요 인물로 떠올랐다. 레닌은 스위스에 있는 볼셰비키 망명자들에게도 스위스 사회민주당 가입을 권유하고, 당내 좌익 및 청년 조직과의 연대를 통해 혁명적 국제주의자들의 분파를 만들려고 노력했다.

노골적인 배외주의자들의 탈당으로 스위스 사회민주당은 반전 경향이 다수파를 이루고 있었다. 스위스 사회민주당의 실력자 로베르트 그림은 반전 사회주의자들의 치머발트 및 키엔탈 회의의 조직자이자 국제사회주의위원회 위원장으로서 치머발트 연합의 간판 역할을 하고 있었다. 그러나 여전히 그 당에는 상당수의 배외주의자들이 남아 있었으며 이들은 스위스 사회민주당이 전쟁에 대해 하나의 목소리를 내는 것을 방해하고 있었다. 때문에 스위스 사회민주당 당대회는 1917년 2월 비상 당대회를 개최하여 조국 방위 입장에 대한 당의 최종 입장을 정하기로 결정했다.

그러나 1월 7일 스위스 사회민주당 당 위원회 회의에서 그림은 배외주의자들과 손을 잡고 2월로 예정되어 있던 비상 당대회를 무기한 연기하기로 결정했다. 레닌은 그림과 우파의 행태를 폭거로 규정하고, 즉각 광범위한 반대 투쟁을 조직하려 했다(이 책에 수록된 「V. A. 카르핀스키에게 보내는 편지」, 「베른의 국제 사회주의위원회 위원인 샤를 넨에게 보내는 공개 서한」, 「H. 그로일리히의 조국 방위 옹호에 대한 열두 개의 짧은 테제」, 「중립 방위」 참조). 하지만 그는 취리히 당대회에서 중앙파 결의안에 수정안을 제출하여 통과시키는 부분적인 성과만을 거두었고, 이 과정에서 초기에 그림의 독단적 조치에 반대했던 샤를 넨 등 스위스 사회당 다수파 상당수가 그림의 편으로, 이후 완전히 우파로 넘어가게 되었다(이 책에 수록된 「전쟁 문제에 관한 결의안의 수정안」, 「어느 사회주의 당의 한 짧은 시기의 역사」 참조).

이 시기에 작성된 몇몇 문서, 대표적으로 「세계 정치의 전환」을 보면 레닌은 실제로 교전국들 사이에 평화협정이 체결될 가능성이 있다고 생각했던 듯하다. 따라서 전쟁이 창출한 위기도 일시적으로 봉합될 가능성이 있다고 보았을 것이다. 이런 분위기 속에서 1월 9일 취리히에 있는 '민중의 집'에서 진행한 러시아 혁명에 대한 강연에서 레닌은 청중인 스위스의 젊은 노동자들에게 그답지 않게 자신 없는 이야기를 했다.

우리 구세대는 도래할 이 혁명의 결정적 전투를 보지 못하고 죽을지도 모르겠습니다. 하지만 저는 제가 자신 있게 다음과 같은 희망을 표할 수 있다고 생각합니다. 스위스의, 그리고 전세계의 사회주의 운동에서 너무나 훌륭하게 분투하고 있는 젊은이들은 다가올 혁명 속에서 싸울 뿐만 아니라 승리하기도 할 행운을 거머쥘 것이라고 말입니다.

—「1905년 혁명에 대한 강연」

그러나 레닌이 혁명을 못 보고 죽을지도 모르겠다고 이야기한 지 불과 44일 뒤, 러시아에 혁명이 일어났다.

혁명이 도둑처럼 찾아오다

1917년 러시아 혁명은 지금도 매년 열리고 있는 '3·8 국제 여성의 날' 시위로 촉발되었다. '국제 여성의 날'은 1909년 2월 28일 1만 5천 명이 참여한 미국 여성 노동자 파업투쟁을 기념하여 1910년 제2인터내셔널에서 클라라 체트킨 등 여성 사회주의자들이 주창한 날로, 많은 나라에서 큰 호응을 얻었다. 특히 1913년부터 참여한 러시아의 여성 노동자들은 정치 집회가 금지된 전시에도 국제 여성의 날 행사를 이어나갔다.

1917년 2월 23일, 현재 사용되고 있는 그레고리력(양력)으로는 3월 8일, 노동자 지구에서 영향력을 발휘하고 있던 볼셰비키 활동가는 여성의 날 행사를 준비하고 있던 여성 노동자 활동가들에게 '성급한 행동'을 하지 말라고 자제를 당부했다.

그러나 수천 명의 러시아 여성 노동자들은 작업을 거부하고 페트로그라드 시가지를 행진하기 시작했다. 식량 부족으로 페트로그라드에 불만이 팽배했고, 푸틸로프 공장을 비롯한 몇몇 공장에서는 이미 파업이 진행 중이었다. 파업 중인 많은 노동자들이 시위대에 합류했고 시위는 곧 '빵! 전쟁 중단! 차르 퇴진!'을 외치는 대규모 시위로 발전했다. 특별한 명령을 받지 못한 카자크 기병대는 별다른 대응을 하지 않았다. 다음 날과 다다음 날 시위는 더욱 확대되어 대대적인 파업으로 발전했다. 이미 2월 24일 저녁부터 일부 공장들에서는 노동자들이 1905년 혁명의 전례를 따라 소비에트(평의회)에 보낼 대표를 선출하기 시작했다.

25일 저녁, 전선에 나가 있던 황제는 마침내 시위를 무력 진압하라는 전보를 보냈다. 도시 전역에서 혁명가들이 체포되기 시작했다. 2월 26일 군대는 시위대에 본격적으로 발포를 시작했다. 수백 명이 사망하고 혁명의 기세는 꺾이는 것 같아 보였다. 이에 고무된 러시아 정부는 만지작거리고 있던 수습카드를 버리고 두마에 해산 명령을 내리며 강경책으로 선회했다. 볼셰비키들을 비롯한 많은 혁명가들에게 이 날의 양상은 이제 물러설 시점으로 보였다.

그러나 2월 27일 아침이 밝자 시위 진압을 명령받은 병사들이 속속 시위대에 합류하는 대반전이 일어났다. 군대의 반란은 수도의 주둔 부대들 사이로 급속히 퍼져나갔다. 군대 반란을 진압하라는 명령을 받고 출동한 부대들은 줄줄이 시위대 속으로 사라져버렸다.

당황한 두마 의장 로지안코와 상원인 국가협의회 의원들은 차르에게 '조국과 왕조를 구하기 위해' 즉시 조치를 취해달라는 전보를 보냈지만, 사태의 심각성을 깨닫지 못한 차르는 답신조차 보내지 않았다. 병사들의 합류로 사기가 오른 시위 군중들은 병기고를 탈취하고 감옥을 습격하여 정치범을 포함한 수만 명의 수감자들을 석방시켰다. 전날 두마 해산과 강경책을 결정했던 내각은 겁에 질려 붕괴되었다.

공포에 휩싸인 두마 의원들이 타브리다 궁에서 비공식 회의를 하고 있는 동안, 시위 군중들이 궁을 둘러싸고 있었고, 건물 다른 곳에서는 노동자 대표 소비에트 첫 회의가 열렸다. 결국 두마 의원들은 임시위원회를 선출하여 사태 수습에 나섰다. 임시위원회는 차르에게 퇴위를 요구하기로 결정했고, 3월 1일 밤, 사회주의혁명가당과 멘셰비키로 구성된 소비에트 집행위원회와 두마 임시위원회 사이에 협정이 체결되어 3월 2일 새로운 임시정부의 수립이 선포되었다. 내각은 총리인 르보프 공작과 육군장관 겸 해군장관 구치코프, 외무장관 밀류코프를 필두로 대부분 부르주아 자유주의자들인 10월당과 카데트 당원들이었고, 혁명 진영에서는 사회주의혁명가당원인 케렌스키만이 법무장관으로 입각했다.

그러나 혁명을 두려워한 부르주아들은 니콜라이 2세만 퇴위하는 조건으로 최후까지 제정을 유지하고자 했다. 니콜라이 2세는 동생 미하일 로마노프에게 양위하는 조건으로 퇴위했으나, 대중의 심상찮은 분위기를 목격한 미하일이 제위를 일단 거부하면서 로마노프 왕조는 막을 내렸다.

임시정부의 신임 외무장관 밀류코프가 3월 4일 자신의 첫 임무로 해외의 모든 러시아 외교기관들에게 보낸 전보에 쓴 대로 300여 년 이어온 로마노프 왕조가 '단 8일' 만에 무너지는 기적이 벌어졌다.

먼 곳으로부터 러시아로

해외 망명 중이던 레닌은 2월 혁명의 첫 단계가 종료된 3월 2일에야 처음으로 러시아 혁명의 소식을 들었다. 레닌은 그 소식을 접하자마자 혁명에서 프롤레타리아트의 임무에 관한 테제 초안을 작성한다.

레닌의 입장을 요약하면, '노동자계급은 새로운 정부를 지지해서는 안 된다. 혁명은 프롤레타리아트가 권력을 장악하는 두 번째 단계로 발전해야 한다. 이를 위해 소비에트의 강화 및 확대와 프롤레타리아트의 무장이 필요하다'는 것이었다.

이러한 입장은 레닌이 3월 7일에서 12일 사이에 쓴 「먼 곳에서 보낸 편지들」로 이어진다. 이 다섯 통의 편지들은 이후 레닌이 펼칠 전술의 기초를 명확히 표현하고 있다. 그 첫 번째 편지는 러시아 가까이 있는 노르웨이 오슬로에서 국내 연락을 담당하고 있던 알렉산드라 콜론타이가 직접 가지고 러시아로 입국하여 《프라우다》 편집진에게 전달했다. 하지만 유형지에서 돌아와 당을 장악한 카메네프, 스탈린 등 국내의 볼셰비키 지도부는 이미 임시정부에 대한 지지로 기울고 있었다.

국내의 동향은 몰랐지만, 레닌은 너무 늦게 러시아로 귀국했던 1905년의 전철을 반복하지 않기 위해 최대한 빨리 러시아로 돌아가기 위해 모든 수단을 강구했다. 그러나 전시에 스위스에 있는 망명자들이 국경을 몇 개씩 넘어 러시아로 들어가기는 어려웠다. 게다가 적국인 독일, 오스트리아의 영역을 거치지 않고 러시아로 돌아가는 것은 불가능했다. 독일 정부와 협상을 하자는 마르토프의 아이디어에 따라 레닌은 스위스 국회의원인 로베르트 그림을 중재인으로 내세워 독일 정부와의 협상을 제안했다. 그러나 로베르트 그림은 협상에 매우 소극적인 모습을 보였고, 레닌은 이 임무를 스위스 사회민주당 좌파 프리츠 플라텐에게 맡긴다. 결국 플라텐은 독일 정부와의 교섭에 성공하여 레닌과 일행은 독일 정부가 제공한 그 유명한 봉인열차를 타고 러시아로 귀국하게 되었다(이 책에 수록된 「해외협의회, 중앙위원회, 러시아 사회민주노동당의 결정」 참조).

지금은 핀란드 역에서의 레닌에 대한 열광적인 환대와 "모든 권력을 소비에트로!"라는 유명한 연설만이 익히 알려져 있지만, 사실 봉인열차를 타고 귀국하는 것은 심각한 정치적 위험을 갖고 있었다. 독일 정부와 내통했다는 혐의를 사전에 예방하기 위해 동승한 플라텐이 독일인과의 모든 대화를 담당한다는 조건이 덧붙었다. 그럼에도 이후 독일 간첩이라는 비난은 상당히 오랫동안 레닌을 괴롭혔다. 게다가 러시아 임시정부가 독일을 거쳐 들어오는 해외 망명객들을 반역죄로 체포하겠다고 공언했기 때문에 자칫 신변이 위태로울 수 있는 상황이었다. 그러나 이러한 위험에도 불구하고 봉인열차를 타기 직전 레닌은 「스위스 노동자들에게 보내는 고별 편지」에서 자신의 올바름에 대해 다음과 같이 자신만만하게 선언할 수 있었다.

1914년 11월, 우리 당이 '제국주의 전쟁을 (사회주의의 쟁취를 위한 억압자에 맞선 억압받는 자들의) 내전으로'라는 슬로건을 제기했을 때, 사회애국주의자들은 증오에 찬 심술궂은 비웃음으로, 사회민주주의 '중앙파'는 의심스러워하는 회의적이고 무기력하며 방관자 같은 침묵으로 그 슬로건을 대했습니다. 독일의 사회국수주의자이자 사회제국주의자인 다비트는 그 슬로건을 두고 "미쳤다"고 말했고, 사회배외주의, 즉 입으로는 사회주의를 말하지만 행동으로는 제국주의를 따르는 러시아(그리고 영국-프랑스)의 대표적인 인물인 플레하노프 씨는 그것이 "우스꽝스러운 몽상"이라고 말했습니다. …… 이제 1917년 3월 이후로 그것이 올바른 슬로건이라는 사실을 볼 수 없는 것은 오직 눈먼 사람들뿐일 것입니다. 제국주의 전쟁의 내전으로의 전환은 현실이 되고 있습니다.

　유럽에서 시작되고 있는 프롤레타리아 혁명 만세!

　　　　　　　—「스위스 노동자들에게 보내는 고별 편지」

　레닌이 미친 사람 소리를 들으며 주장했던 대로, 전쟁이 내전으로 전화되고 있었던 것이다.

　　　　　　　　　　　　　　　　　　　이정인

찾아보기

먼 곳에서 보낸 편지들　　**065**　레닌
　　　　　　　　　　　　　　　　전집

Владимир
Ильич
Ленин

1판 1쇄 발행 2018년 10월 30일

지은이 블라디미르 일리치 레닌
옮긴이 이정인
펴낸이 김찬

펴낸곳 도서출판 아고라
출판등록 제2005-8호(2005년 2월 22일)
주소 경기도 파주시 가온로 256 1101동 302호
전화 031-948-0510
팩스 031-948-4018

ⓒ아고라, 2018
ISBN 978-89-92055-73-4 04300
ISBN 978-89-92055-59-8 04300세트

이 책은 박연미 디자이너, 대현지류,
HEP프로세서, 더나이스, 코리아금박, 경일제책
노동자들의 노동을 통해 만들어졌습니다.

* 일부(7~256쪽) 초벌번역 참여: 김현우
* 독자교정 참여: 권용석·백건우·우빈·이선민
* 책값은 뒤표지에 있습니다.
* 레닌 전집 후원회 가입 문의:
leninbookclub@gmail.com